特别感谢湖北山河律师事务所、湖北晨丰律师事务所对本书的资助

破产法
文献分类索引

主　编　张善斌

副主编　宁　园

武汉大学出版社

图书在版编目(CIP)数据

破产法文献分类索引/张善斌主编.—武汉:武汉大学出版社,
2017.12

ISBN 978-7-307-19875-3

Ⅰ.破… Ⅱ.张… Ⅲ.破产法—分类索引—中国 Ⅳ.Z89:
D922.291.92

中国版本图书馆 CIP 数据核字(2017)第 293092 号

责任编辑:陈 帆 责任校对:汪欣怡 整体设计:汪冰滢

出版发行:**武汉大学出版社** (430072 武昌 珞珈山)
(电子邮件:cbs22@whu.edu.cn 网址:www.wdp.com.cn)
印刷:虎彩印艺股份有限公司
开本:720×1000 1/16 印张:25.25 字数:379 千字 插页:3
版次:2017 年 12 月第 1 版 2017 年 12 月第 1 次印刷
ISBN 978-7-307-19875-3 定价:68.00 元

张善斌

1965年生，湖北天门人，法学博士，武汉大学法学院教授，博士生导师，现为武汉大学法学院民商法教研室主任，中国法学会民法学研究会理事，湖北省法学会民法学研究会常务理事，湖北省法学会商法学研究会常务理事。主要研究方向为民法基础理论、人格权法、侵权法、合同法、物权法、公司法、破产法等。出版著作2部，发表论文30篇。具有代表性的成果为专著《权利能力论》，论文《民法人格权与宪法人格权的独立与互动》《死者人格利益保护的理论基础与立法选择》《公平责任原则适用存在的问题及对策》《集体土地使用权流转的障碍排除与制度完善》《〈国家赔偿法〉与〈侵权责任法〉调整范围之协调》《人类胚胎的法律地位及胚胎立法的制度构建》《论强制取得少数股东股权——简易式兼并探析》等；有4篇文章分别被《中国社会科学文摘》、人大复印资料转载。主持国家社科基金项目"人格权立法的价值定位及立法模式选择"、中国法学会部级法学研究课题"人格要素的商业化利用及其法律规制"以及横向研究课题"破产清算程序中和解若干法律问题研究""拍卖法若干问题研究""教育机构侵权责任研究"等多项课题。

作者简介

宁　园

　　1992年生，湖南邵阳人，现为武汉大学法学院2017级民商法博士研究生，曾发表《不动产登记公信力及其修正》《论未成年人监护的价值理念——以国家干预及其尺度为视角》《论微博转发行为受著作权法保护的依据——兼论合理使用制度的完善》等6篇文章。

前　言

　　《破产法文献分类索引》一书广泛搜集了最近三十年来代表破产法发展成果的书籍、期刊与报纸文章、博士学位论文、法律与司法解释、案例选集等文献资料，并作分类整理，力图为破产法研究者和实务工作者提供清晰的资料索引依据。

　　本书的编排特色在于：

　　1. 收录范围

　　从文献种类维度上看，本书收录的文献资料涵盖法学领域内以破产法为主题的书籍、期刊与报纸文章、博士学位论文、法律与司法解释、案例选集等文献资料。

　　从时间维度上看，本书收录的文献资料范围为 1984—2017 年，时间跨度为 34 年，收录截止时间具体为 2017 年 10 月。

　　2. 编排体例

　　本书编排体例按如下方式呈现：

　　首先，文献资料有以下五个一级分类：书籍、期刊与报纸文章、博士学位论文、法律与司法解释、案例选集。

　　其次，书籍、博士学位论文、法律与司法解释、案例选集四类之下分别按年份排列每年的相关研究成果。期刊与报纸文章类下进一步细分为二十个次类，每一次类之下，分别按年份罗列符合相应次类主题的文章。

　　3. 文本加工

　　为进一步区分每类文献，方便读者查阅，本书对以破产法法律、法规等为主要内容的书籍、最高人民法院公报案例用※作特殊标记；对已经失效的法律、司法解释等作了专门批注。

　　本书对收录的大量文章进行主题分类，避免读者在庞杂的文章中再次陷入搜索困境。具体来说，期刊、报纸文章将进一步细分为二十个次类目，包括：破产法的立法意义、破产法的立法问题及建议、破产法的立法原则及立法理念、特殊主体破产、破产原因、破产财产、破产债权、破产权利、破产重整与和解、破产清算、清算组与破产管理人、债权人与债权人会议、破产程序、破产法实务问题、破产法中的职工保护、跨境破产、破产责任、破产犯罪、域外法研究以及其他。每一次类之下，按年排列相关文章。通过对期刊、报纸文章先细化分类，后按年排序处理，力图使文章主题内容和时代背景更为明确。

目　　录

一、书　　籍

1986 年

[1] 曹思源. 谈谈企业破产法 [M]. 北京：中国经济出版社，1986.
[2] 中华人民共和国企业破产法（试行）附条文释义 [M]. 北京：中国人民公安大学出版社，1986.

1987 年

[1] 谢邦宇. 破产法通论 [M]. 长沙：湖南大学出版社，1987.
[2] 漆多俊. 企业破产制度 [M]. 武汉：武汉大学出版社，1987.
[3] 武迪生，丁世发，任殿喜. 企业破产倒闭初探 [M]. 沈阳：辽宁人民出版社，1987.
[4] 孙亚明，王正明，杨荣新，等. 企业破产法基本知识 [M]. 北京：法律出版社，1987.

1988 年

[1] 柯善芳，潘志恒. 破产法概论 [M]. 广州：广东高等教育出版社，1988.
[2] 付洋，吴高盛，刘新魁. 企业破产法简论 [M]. 北京：群众出版社，1988.
[3] 顾培东，张卫平，赵万一. 企业破产法论 [M]. 成都：四川省

社会科学院出版社，1988.

［4］邢沪生，史敏，陈宗麒，等．企业破产法基本知识［M］．成都：四川人民出版社，1988.

［5］孙佑海，袁建国．企业破产法基础知识［M］．北京：中国经济出版社，1988.

［6］曹思源．企业破产法指南［M］．北京：经济管理出版社，1988.

［7］文立人．企业的生死牌：中华人民共和国企业破产法［M］．成都：四川人民出版社，1988.

1989 年

［1］于世忠，韩象乾．破产法和公司法教程［M］．北京：中国政法大学出版社，1989.

1990 年

［1］最高人民法院《企业破产法讲座》编写组．企业破产法讲座［M］．北京：人民法院出版社，1990.

［2］徐德敏，梁增昌．企业破产法论［M］．西安：陕西人民出版社，1990.

［3］柴发邦．破产法教程［M］．北京：法律出版社，1990.

1993 年

［1］沈达明，郑淑君．比较破产法初论［M］．北京：对外贸易教育出版社，1993.

［2］张卫平．破产程序导论［M］．北京：中国政法大学出版社，1993.

［3］北京思源兼并与破产咨询事务所．困境与出路——中国企业兼并与破产手册［M］．北京：经济管理出版社，1993.

1994 年

[1] 谢德禄. 中国最大的破产案透视——重庆针织总厂破产纪实与探讨 [M]. 北京：经济管理出版社，1994.

[2] 孙泊生. 中华人民共和国企业破产法（试行）诠释 [M]. 北京：人民法院出版社，1994.

1995 年

[1] 程清波. 国际破产法研究 [M]. 长沙：湖南师范大学出版社，1995.

[2] 顾培东. 破产法教程 [M]. 北京：法律出版社，1995.

[3] 孙福全. 企业兼并与破产 [M]. 北京：中国经济出版社，1995.

[4] 石川明. 日本破产法 [M]. 何勤华，周桂秋，译. 上海：上海社会科学院出版社，1995.

[5] 张邦辉，季文茹，田文. 企业破产实务 [M]. 北京：中国物价出版社，1995.

[6] 邹海林. 破产程序和破产法实体制度比较研究 [M]. 北京：法律出版社，1995.

[7] 张邦辉，季文茹，田文. 企业兼并收购破产纵横 [M]. 北京：中国物价出版社，1995.

[8] 汤维建. 优胜劣汰的法律机制——破产法要义 [M]. 贵阳：贵州人民出版社，1995.

[9] 王东敏. 破产案件审判实务 [M]. 北京：人民法院出版社，1995.

[10] 伊藤真. 破产法 [M]. 刘荣军，鲍荣振，译. 北京：中国社会科学出版社，1995.

[11] 武文军. 企业破产机制新论 [M]. 兰州：甘肃文化出版社，1995.

[12] 金华市属工业企业破产协调小组. 破产实践——金华市味精厂

破产清算工作经验汇编 ［G］. 杭州：浙江人民出版社，1995.

1996 年

［1］ 李永军. 破产重整制度研究 ［M］. 北京：中国人民公安大学出版社，1996.

［2］ 高言，刘璐. 破产法理解适用与案例评析 ［M］. 北京：人民法院出版社，1996.

［3］ 郭星亚. 破产清算中的律师实务 ［M］. 北京：人民法院出版社，1996.

［4］ 郑扬，李有荣，李从国，等. 企业破产——政策·理论·实务 ［M］. 北京：中国社会科学出版社，1996.

［5］ 蔡仲玉. 破产案件理论与实践研讨 ［M］. 武汉：武汉大学出版社，1996.

［6］ 蓝承烈. 破产法要论 ［M］. 哈尔滨：黑龙江教育出版社，1996.

［7］ 曹思源. 破产风云 ［M］. 北京：中央编译出版社，1996.

［8］ 关效荣，张景文，张强. 中日企业破产法律制度比较研究 ［M］. 沈阳：辽宁人民出版社，1996.

［9］ 艾春岐，罗鹏. 企业破产实务 ［M］. 北京：经济管理出版社，1996.

［10］ 李曙光，葛明，李琪. 中国企业破产与重组 ［M］. 北京：人民日报出版社，1996.

1997 年

［1］ 陈正云，刘宪权. 破产欺诈及其防治 ［M］. 北京：法律出版社，1997.

［2］ 曹思源. 兼并与破产操作实务 ［M］. 北京：工商出版社，1997.

［3］ 张强，林国忠，高爱民. 企业破产机制与改革新思路 ［M］. 北京：中国经济出版社，1997.

［4］许亮东．破产案件审理程序［M］.北京：人民法院出版社，
1997.

1998 年

［1］陈正云，孙福全．企业破产与破产操作［M］.北京：法律出版
社，1998.
［2］王福祥．破产清算与律师实务［M］.长春：吉林人民出版社，
1998.
［3］本田开．破产信号——企业债权管理常识［M］.黄仲阳，译．
北京：中国财政经济出版社，1998.
［4］钟鸣．浴火重生——企业的破产、收购与兼并［M］.北京：人
民中国出版社，1998.
［5］俞兆平．破产制度与律师实务［M］.北京：人民法院出版社，
1998.

1999 年

［1］潘琪．美国破产法［M］.北京：法律出版社，1999.
※［2］李瑞阳，孟江．企业破产操作实务大全［M］.济南：山东人
民出版社，1999.①
［3］石静霞．跨国破产的法律问题研究［M］.武汉：武汉大学出版
社，1999.
［4］丁兰，刘才富．最新企业破产与并购运作程序处理实务全书
［M］.北京：中国物价出版社，1999.
［5］吴敬琏，周小川，等．公司治理结构债务重组和破产程序——
重温1994年京伦会议［M］.北京：中央编译出版社，1999.
［6］王卫国．破产法［M］.北京：人民法院出版社，1999.

---

① 为方便读者查阅，本书用※标注出以列示破产法法律、法规等规定为
主要内容的书籍。

[7] 王卫国，R. 托马斯科. 中国证券法破产法改革 [M]. 北京：中国政法大学出版社，1999.

[8] 朱彩华，韦坚. 破产法释疑与诉讼策略及文书标准格式 [M]. 长春：吉林人民出版社，1999.

2000 年

[1] 石川明. 日本破产法 [M]. 何勤华，周桂秋，译. 北京：中国法制出版社，2000.

[2] 李永军. 破产法律制度——清算与再建 [M]. 北京：中国法制出版社，2000.

[3] 李文龙，王蓓红. 企业破产问答 [M]. 北京：经济科学出版社，2000.

[4] 凌苍. 走进红墙——"破产"学者曹思源 [M]. 北京：中国华侨出版社，2000.

※ [5] 吉林省高级人民法院经济审判第二庭. 处理破产案件适用的法律和文书样式 [M]. 沈阳：吉林人民出版社，2000.

2001 年

[1] 钱凤元，齐东向. 大破产：国际企业倒闭浪潮与中外破产制 [M]. 北京：经济日报出版社，2001.

[2] 周立涛. 破产法新释与例解 [M]. 北京：同心出版社，2001.

[3] 王培荣，梁扬子. 发达国家企业破产制度 [M]. 北京：时事出版社，2001.

[4] 菜晓玲. 破产案件律师办案指引 [M]. 北京：中国检察出版社，2001.

[5] 世界银行东亚太平洋地区私营部门发展局. 中国国有企业的破产研究——改革破产制度的必要性和途径 [M]. 北京：中国财政经济出版社，2001.

[6] 张和平. 云南牟定铜矿关闭破产的实践与操作 [M]. 北京：民

族出版社，2001.

[7] 李国良．破产实务 [M]．广州：广州出版社，2001.

[8] 汤维建．破产程序与破产立法研究 [M]．北京：人民法院出版社，2001.

[9] 蔡晓玲．破产律师办案指引 [M]．北京：中国检察出版社，2001.

[10] 莫雷．企业破产清算、审理操作实务 [M]．哈尔滨：黑龙江人民出版社，2001.

[11] 湖南省劳动和社会保障厅．破产、兼并、改制企业劳动保障工作文件汇编 [G]．长沙：湖南出版社，2001.

2002 年

[1] 徐康平，吕来明．企业的并购与破产 [M]．北京：中国物资出版社，2002.

[2] 王欣新．破产法专题研究 [M]．北京：法律出版社，2002.

[3] 张怡．企业破产制度重塑：一个相对破产模式的假说 [M]．海口：南方出版社，2002.

[4] 郑远民．破产法律制度比较研究 [M]．长沙：湖南大学出版社，2002.

[5] 韩耀先．回眸——亲历沈阳企业破产 [M]．沈阳：沈阳出版社，2002.

[6] 李国光，奚晓明，曹士兵．正确理解《关于审理企业破产案件若干问题的规定》[M]．北京：中国法制出版社，2002.

[7] 王欣新．破产法（21 世纪法学系列教材）[M]．北京：中国人民大学出版社，2002.

[8] 吴合振．企业破产清算 [M]．北京：人民法院出版社，2002.

[9] 吴春香，陈朝晖．破产法：解析与探索 [M]．北京：中国财政经济出版社，2002.

[10] 袁鹰．国有企业破产重组问题研究 [M]．成都：西南财经大学出版社，2002.

[11] 吴永勤. 徐州矿务集团关井破产实施方案设计与运作 ［M］. 徐州：中国矿业大学出版社，2002.

[12] 德国支付不能法 ［M］. 杜景林，卢谌，译. 北京：法律出版社，2002.

[13] 肖健康. 中小企业破产与关闭 ［M］. 重庆：重庆出版社，2002.

[14] 唐德华. 破产法及司法解释适用指南 ［M］. 北京：中国方正出版社，2002.

[15] 黄赤东，杨荣新. 破产法及配套规定新释新解 ［M］. 北京：人民法院出版社，2002.

[16] 李国光. 最高人民法院关于破产法司法解释的理解与适用 ［M］. 北京：人民法院出版社，2002.

※［17］办理企业破产案件法律依据 ［M］. 北京：中国法制出版社，2002.

※［18］企业破产法及其配套规定 ［M］. 北京：中国法制出版社，2002.

※［19］法律出版社法规中心. 企业破产法及其关联法规 ［M］. 北京：法律出版社，2002.

※［20］审理企业破产案件司法解释及其配套规定 ［M］. 北京：中国法制出版社，2002.

※［21］《最高人民法院司法解释小文库》编选组. 破产法司法解释及相关法律规范 ［M］. 北京：人民法院出版社，2002.

2003 年

[1] 傅长禄. 破产案件审理与破产清算实务 ［M］. 上海：上海人民出版社，2003.

[2] 英国破产法 ［M］. 丁昌业，译. 北京：法律出版社，2003.

[3] 大卫·G. 爱泼斯坦. 美国破产法 ［M］. 韩长印，殷慧芬，叶名怡，等，译. 北京：中国政法大学出版社，2003.

[4] 祝铭山. 企业破产纠纷 ［M］. 北京：中国法制出版社，2003.

[5] 伊丽莎白·沃伦，杰伊·劳伦斯·韦斯特布鲁克. 债权人与债

务人法（第4版）[M].北京：中信出版社，2003.

[6] 王黎嘉，袁婉君.破产法（案例举要影印系列）[M].北京：中信出版社，2003.

[7] 郑文舫，舒畅.破产法实务与案例评析 [M].北京：中国工商出版社，2003.

[8] 陈贻先，晏桂如.企业破产操作手册 [M].北京：经济科学出版社，2003.

[9] 莫雷.企业破产清算审理操作指南 [M].哈尔滨：黑龙江人民出版社，2003.

[10] 许先丛.企业破产法实务 [M].福州：福建人民出版社，2003.

[11] 太原市中级人民法院.破产案件审判实务 [M].太原：山西人民出版社，2003.

※ [12] 马原.破产法分解适用集成 [M].北京：人民法院出版社，2003.

[13] 纪明.中华人民共和国企业破产法编注 [M].北京：中国法制出版社，2003.

※ [14] 《企业破产实用核心法规》本书编写组.企业破产实用核心法规（含最新司法解释）[M].北京：中国方正出版社，2003.

2004 年

[1] 沈贵明.破产法学 [M].郑州：郑州大学出版社，2004.

[2] 费袁伍.企业破产清算 [M].北京：中国法制出版社，2004.

[3] 付翠英.破产法比较研究 [M].北京：中国人民公安大学出版社，2004.

[4] 布莱恩·A·布卢姆.破产法与债务人/债权人：案例与解析 [M].北京：中信出版社，2004.

[5] 王恩群.外商投资企业的并购清算及破产法律实务 [M].沈阳：辽宁大学出版社，2004.

[6] 孙应征.破产法法律原理与实证解析 [M].北京：人民法院出版社，2004.

[7] 齐树洁. 破产法研究 [M]. 厦门：厦门大学出版社，2004.

[8] 王欣新. 破产法学（现代远程教育系列教材）[M]. 北京：中国人民大学出版社，2004.

※ [9] 企业破产法配套规定 [M]. 北京：中国法制出版社，2004.

[10] 朱少平，葛毅. 中华人民共和国破产法——立法进程资料汇编（2000 年）[G]. 北京：中信出版社，2004.

2005 年

[1] 费国平，万磊，徐家力. 公司重整 [M]. 北京：中国时代经济出版社，2005.

[2] 王艳梅，孙璐. 破产法 [M]. 广州：中山大学出版社，2005.

[3] 靳伦新. 企业破产清算 [M]. 重庆：重庆大学出版社，2005.

[4] 叶军. 破产管理人制度理论和实务研究 [M]. 北京：中国商务出版社，2005.

[5] 许海峰. 企业破产清算 [M]. 北京：人民法院出版社，2005.

[6] 大卫·G. 爱泼斯坦. 破产及相关法律 [M]. 北京：法律出版社，2005.

[7] 景丽杰. 企业改制及破产案例评析 [M]. 北京：人民法院出版社，2005.

[8] 谢俊林. 中国破产法律制度专论 [M]. 北京：人民法院出版社，2005.

[9] 阚力强. 国营新兴仪器厂破产工作实录 [M]. 北京：中国宇航出版社，2005.

[10] 吕伯涛. 公正树丰碑——审理广东国投破产案始末 [M]. 北京：人民法院出版社，2005.

[11] 斯图尔特·C. 吉尔森. 企业破产、收购及分拆案例研究 [M]. 沙飞，范铭，译. 北京：机械工业出版社，2005.

[13] 蔡福华. 公司解散的法律责任 [M]. 北京：人民法院出版社，2005.

2006 年

[1] 刘诚.公司重整中的重整人制度设计研究 [M].贵阳：贵州教育出版社，2006.

[2] 汪世虎.公司重整中的债权人利益保护研究 [M].北京：中国检察出版社，2006.

[3] 张世君.公司重整的法律构造 [M].北京：人民法院出版社，2006.

[4] 李飞.当代外国破产法 [M].北京：中国法制出版社，2006.

[5] 钟勇生.破产法案例与评析 [M].广州：中山大学出版社，2006.

[6] 安建，吴高盛.企业破产法实用教程 [M].北京：中国法制出版社，2006.

[7] 文秀峰.个人破产法律制度研究 [M].北京：中国人民公安大学出版社，2006.

[8] 冀宗儒.美国破产法案例选评 [M].北京：对外经济贸易大学出版社，2006.

[9] 季立刚.银行破产法律制度比较研究 [M].上海：学林出版社，2006.

[10] 徐永前.新企业破产法 100 问 [M].北京：企业管理出版社，2006.

[11] 企业破产法律政策适用指南 [M].北京：中国法制出版社，2006.

[12] 新企业破产法 100 问 [M].北京：中国法制出版社，2006.

[13] 《〈中华人民共和国企业破产法〉释义》编写组.《中华人民共和国企业破产法》释义 [M].海口：南海出版社，2006.

[14] 汤维建.新企业破产法解读与适用 [M].北京：中国法制出版社，2006.

[15] 郭智慧.新企业破产法操作指南与文书范本 [M].北京：中国法制出版社，2006.

［16］汤维建．企业破产法新旧专题比较与案例应用［M］．北京：中国法制出版社，2006.

［17］蒋黔贵．《中华人民共和国企业破产法》释义［M］．北京：中国市场出版社，2006.

［18］《中华人民共和国企业破产法》起草组．《中华人民共和国企业破产法》释义［M］．北京：人民出版社，2006.

［19］《〈中华人民共和国企业破产法〉释义及实用指南》编写组．《中华人民共和国企业破产法》释义及实用指南［M］．北京：中国民主法制出版社，2006.

［20］马胜．企业破产制度重构——一个基于相机治理分析的研究框架［M］．成都：西南财经大学出版社，2006.

［21］程春华．破产救济研究［M］．北京：法律出版社，2006.

［22］王明，宋才发．企业改制破产案例［M］．北京：人民法院出版社，2006.

［23］徐永前．企业破产法讲话［M］．北京：法律出版社，2006.

［24］赵雷．新企业破产法讲读［M］．北京：中国工人出版社，2006.

［25］王卫国，朱晓娟．破产法原理·规则·案例［M］．北京：清华大学出版社，2006.

［26］李国光．新企业破产法教程［M］．北京：人民法院出版社，2006.

［27］李国光．新企业破产法理解与适用［M］．北京：人民法院出版社，2006.

※［28］李国光．破产案件审判与重整和解清算手册［M］．北京：人民法院出版社，2006.

［29］李国光．新企业破产法案例评析［M］．北京：人民法院出版社，2006.

［30］李国光．破产案件审理、清算文书样式与制作［M］．北京：人民法院出版社，2006.

［31］李国光．新企业破产法适用指南［M］．北京：人民法院出版社，2006.

［32］李国光．企业破产法条文释义［M］．北京：人民法院出版社，2006．

［33］李国光．新企业破产法疑难释解［M］．北京：人民法院出版社，2006．

［34］吴高盛．《中华人民共和国企业破产法》条文释义与适用［M］．北京：人民法院出版社，2006．

［35］艾娃·胡普凯斯．比较视野中的银行破产法律制度［M］．季立刚，译．北京：法律出版社，2006．

［36］李曙光，宋晓明．《中华人民共和国企业破产法》制度设计与操作指引（全4卷）［M］．北京：人民法院出版社，2006．

［37］最新企业破产法学习培训测试题［M］．北京：中国法制出版社，2006．

［38］安建．《中华人民共和国企业破产法》释义［M］．北京：法律出版社，2006．

［39］中华人民共和国企业破产法中英文对照［M］．北京：中国法制出版社，2006．

※［40］中华人民共和国企业破产法一本通［M］．北京：中国法制出版社，2006．

［41］“金袋鼠丛书”编委会．企业破产、改制与职工安置法律手册［M］．北京：中国劳动社会保障出版社，2006．

2007 年

［1］肖金泉，刘红林．破产重整：中国企业新的再生之路［M］．上海：上海人民出版社，2007．

［2］郑志斌，张婷．困境公司如何重整［M］．北京：人民法院出版社，2007．

［3］韩长印．破产法学［M］．北京：中国政法大学出版社，2007．

［4］徐永前．企业破产法辞解［M］．北京：企业管理出版社，2007．

［5］李永祥，丁文联．破产程序运作实务［M］．北京：法律出版社，2007．

［6］张小炜，尹正友．《企业破产法》的实施与问题［M］.北京：
当代世界出版社，2007.

［7］唐晓春．企业破产的法律风险及防范［M］.北京：中国法制出版社，2007.

［8］奥尔特曼．公司财务危机与破产（第3版）［M］.罗菲，译．大连：东北财经大学出版社，2007.

［9］刘仁伍．金融机构破产的法律问题［M］.北京：社会科学文献出版社，2007.

［10］潘公明，李宗胜，陈浩．企业破产法律实务操作指引［M］.北京：中国法制出版社，2007.

［11］奚晓明．最高人民法院关于企业破产法司法解释理解与适用［M］.北京：人民法院出版社，2007.

［12］王东敏．新破产法疑难解读与实务操作［M］.北京：法律出版社，2007.

［13］法律出版社法规中心．中华人民共和国企业破产法（注释本）［M］.北京：法律出版社，2007.

［14］中华全国律师协会民事专业委员会．公司法破产法律师实务（第2辑）［M］.北京：法律出版社，2007.

［15］刘德璋．新企业破产法理解与操作指南［M］.北京：法律出版社，2007.

［16］张玲．跨境破产的国际合作：国际私法的视角［M］.北京：法律出版社，2007.

［17］齐树洁．破产法［M］.厦门：厦门大学出版社，2007.

［18］韩传华．企业破产法解析［M］.北京：人民法院出版社，2007.

［19］王欣新．破产法（21世纪法学系列教材）（第2版）［M］.北京：中国人民大学出版社，2007.

［20］王卫国．破产法精义［M］.北京：法律出版社，2007.

［21］裘索，黄来纪．新企业破产法解读［M］.北京：中国民主法制出版社，2007.

［22］邢立新．最新企业破产实例与解析［M］.北京：法律出版社，2007.

[23] 邢立新．最新企业破产文书范本与法律文件［M］．北京：法律
　　　出版社，2007.

※［24］法律出版社法规中心．新编破产法小全书［M］．北京：法
　　　律出版社，2007.

2008 年

[1] 付翠英．破解企业破产的10大法律难题［M］．北京：中国法制
　　　出版社，2008.

[2] 贾林青，昌孝润．中国企业兼并与破产的法律规制研究［M］.
　　　北京：知识产权出版社，2008.

[3] 邓基联．证券公司破产清算案件审理实务［M］．北京：人民法
　　　院出版社，2008.

[4] 丁文联．破产程序中的政策目标与利益平衡［M］．北京：法律
　　　出版社，2008.

[5] 杨森．破产法学［M］．北京：中国政法大学出版社，2008.

[6] 李智，高战胜．新编破产法案例教程［M］．北京：中国民主法
　　　制出版社，2008.

[7] 张艳丽．破产欺诈法律规制研究［M］．北京：北京大学出版社，
　　　2008.

[8] 杨剑．最新破产法解读与案例精析［M］．北京：中国法制出版
　　　社，2008.

※［9］《办理破产改制案件法律依据》编写组．办理破产改制案件
　　　法律依据［M］．北京：中国法制出版社，2008.

[10] 杨忠孝．破产法上的利益平衡问题研究［M］．北京：北京大学
　　　出版社，2008.

[11] 王晓琼．跨境破产中的法律冲突问题研究［M］．北京：北京大
　　　学出版社，2008.

[12] 吴春香．破产管理人法律制度研究［M］．太原：山西经济出版
　　　社，2008.

[13] 王欣新，尹正友．破产法论坛（第1辑）［M］．北京：法律出

版社，2008.

[14] 王欣新. 破产法学（21世纪远程教育精品教材）（第2版）[M]. 北京：中国人民大学出版社，2008.

[15] 夏雅丽，常西岭，丁学军. 中国企业破产法适用 [M]. 西安：西安地图出版社，2008.

[16] 张小炜，尹正友. 破产管理人工作规程 [M]. 北京：中国人民大学出版社，2008.

[17] 李国光. 新企业破产法条文释义 [M]. 北京：人民法院出版社，2008.

[18] 刘伟光. 中国破产管理人制度设计研究 [M]. 大连：大连出版社，2008.

[19] 国务院法制办. 中华人民共和国企业破产法注解与配套 [M]. 北京：中国法制出版社，2008.

※ [20] 人民法院出版社法规编辑中心. 企业改制、破产司法解释小文库 [M]. 北京：人民法院出版社，2008.

2009 年

[1] 罗培新. 破产法 [M]. 上海：格致出版社，2009.

[2] 张继红. 银行破产法律制度研究 [M]. 上海：上海大学出版社，2009.

[3] 尹正友，张兴祥. 中美破产法律制度比较研究 [M]. 北京：法律出版社，2009.

[4] 陈晓峰. 企业破产清算法律风险管理与防范策略 [M]. 北京：法律出版社，2009.

[5] 范健，王建文. 破产法 [M]. 北京：法律出版社，2009.

[6] 李永军，王欣新，邹海林. 破产法 [M]. 北京：中国政法大学出版社，2009.

[7] 王艳华. 破产法学 [M]. 郑州：郑州大学出版社，2009.

[8] 薄燕娜. 破产法教程 [M]. 北京：对外经济贸易大学出版社，2009.

［9］牛丽．企业破产法百问［M］．长春：吉林人民出版社，2009．

［10］王延川．破产法理论与实务［M］．北京：中国政法大学出版社，2009．

［11］齐树洁．破产法［M］．厦门：厦门大学出版社，2009．

［12］吴庆宝，王建平．破产案件裁判标准规范［M］．北京：人民法院出版社，2009．

［13］王欣新，尹正友．破产法论坛（第2辑）［M］．北京：法律出版社，2009．

［14］王欣新，尹正友．破产法论坛（第3辑）［M］．北京：法律出版社，2009．

［15］胡利玲．困境企业拯救的法律机制研究［M］．北京：中国政法大学出版社，2009．

2010 年

［1］郭毅敏．破产重整·困境上市公司复兴新视野：以审判实务研究为中心［M］．北京：人民法院出版社，2010．

［2］吴敏．论法律视角下的银行破产［M］．北京：法律出版社，2010．

［3］尹正友．企业破产与政府职责［M］．北京：法律出版社，2010．

［4］贺丹．破产重整控制权的法律配置［M］．北京：中国检察出版社，2010．

［5］刘静．个人破产制度研究：以中国的制度构建为中心［M］．北京：中国检察出版社，2010．

［6］张海征．破产重整制度的建立和有效性研究——以英国、美国和中国比较分析为视角［M］．北京：世界知识出版社，2010．

［7］小戴维·A．斯基尔．债务的世界：美国破产法史［M］．赵炳昊，译．北京：中国法制出版社，2010．

［8］费奥娜·托米．英国公司和个人破产法［M］．汤维建，刘静，译．北京：北京大学出版社，2010．

［9］孟祥刚．企业破产纠纷新型典型案例与专题指导［M］．北京：

中国法制出版社，2010.

[10] 霍敏. 破产案件审理精要 [M]. 北京：法律出版社，2010.

[11] 王欣新. 破产法原理与案例教程 [M]. 北京：中国人民大学出版社，2010.

[12] 王欣新，尹正友. 破产法论坛（第4辑）[M]. 北京：法律出版社，2010.

[13] 王欣新，尹正友. 破产法论坛（第5辑）[M]. 北京：法律出版社，2010.

[14] 法律出版社法规中心. 中华人民共和国企业破产法案例解读本 [M]. 北京：法律出版社，2010.

[15] 刘敏. 公司解散清算制度 [M]. 北京：北京大学出版社，2010.

[16] 郭新华. 家庭借贷、拖欠与破产研究 [M]. 北京：知识产权出版社，2010.

[17] 法律出版社法规中心. 中华人民共和国企业破产法注释本 [M]. 北京：法律出版社，2010.

2011 年

[1] 许胜锋. 困境企业的退出与再生之路：破产清算与重整实务研究 [M]. 北京：人民法院出版社，2011.

[2] 解正山. 跨国破产立法及适用研究：美国及欧洲的视角 [M]. 北京：法律出版社，2011.

[3] 王欣新. 破产法（21世纪法学系列教材）（第3版）[M]. 北京：中国人民大学出版社，2011.

[4] 佟金玲. 破产法原理释义与实践适用 [M]. 沈阳：辽宁大学出版社，2011.

[5] 陈晓峰. 破产清算法律风险管理策略（最新修订版）[M]. 北京：法律出版社，2011.

[6] 徐辉，冀宗儒. 破产法案例评析 [M]. 北京：对外经济贸易大学出版社，2011.

[7] 李培进. 企业破产法的理论与实践 [M]. 北京：中国政法大学

出版社，2011.

［8］王欣新．破产法理论与实务疑难问题研究［M］．北京：中国法制出版社，2011.

［9］孙光金．破产清算实务手册［M］．北京：法律出版社，2011.

［10］皮剑龙．破产清算律师实务［M］．北京：法律出版社，2011.

［11］王欣新，尹正友．破产法论坛（第6辑）［M］．北京：法律出版社，2011.

［12］刘宁，张庆．公司破产重整法律实务全程解析：以兴昌达博公司破产重整案为例［M］．北京：北京大学出版社，2011.

［13］李志强．企业重整程序的正当性基础与规范建构［M］．北京：中国政法大学出版社，2011.

［14］李曙光，郑志斌．公司重整法律评论（第1卷）［M］．北京：法律出版社，2011.

［15］王宏．中国弱势群体的劳动权益保障——基于农民工与破产企业职工两大群体［M］．北京：科学技术文献出版社，2011.

［16］法律出版社法规中心．中华人民共和国企业破产法文书范本（注解版）［M］．北京：法律出版社，2011.

［17］奚晓明．商事法律文件解读——人民法院审理破产案件专辑（上、下）［M］．北京：人民法院出版社，2011.

［18］白莉．公司清算制度法律问题研究：以债权人利益保护为中心［M］．北京：法律出版社，2011.

［19］苏泽林．人民法院对外委托专业机构、专家名册（三类外·2011年度）（破产管理人类）［M］．北京：人民法院出版社，2011.

2012 年

［1］朱晓燕．构建我国破产企业环境法律责任制度研究［M］．北京：中国法制出版社，2012.

［2］行江．虚假破产罪的理论与实践研究［M］．北京：法律出版社，2012.

［3］最高人民法院民二庭.《人民法院破产程序法律文书样式（试行）》和《管理人破产程序工作文书样式（试行）》适用与解读［M］.北京：法律出版社，2012.

［4］郑志斌，张婷.公司重整制度中的股东权益问题［M］.北京：北京大学出版社，2012.

［5］李成文.中国上市公司重整的内在逻辑与制度选择［M］.北京：中国法制出版社，2012.

［6］贺丹.上市公司重整实证分析与理论研究［M］.北京：北京师范大学出版社，2012.

［7］李曙光，郑志斌.公司重整法律评论（第2卷）［M］.北京：法律出版社，2012.

［8］刘沂江，刘诚.破产管理人地位研究［M］.贵阳：贵州大学出版社，2012.

［9］吴长波.变革中的破产法理论与实证［M］.北京：知识产权出版社，2012.

［10］《中华人民共和国企业破产法释义及实用指南》编写组.《中华人民共和国企业破产法》释义及实用指南［M］.北京：中国民主法制出版社，2012.

［11］冯辉.比较破产法案例选评［M］.北京：对外经济贸易大学出版社，2012.

［12］王欣新，尹正友.破产法论坛（第7辑）［M］.北京：法律出版社，2012.

［13］贺小电.破产法原理与适用［M］.北京：人民法院出版社，2012.

［14］霍敏.破产审判前沿问题研究［M］.北京：人民法院出版社，2012.

［15］曲冬梅.新企业破产法疑难问题与实务［M］.北京：法律出版社，2012.

［16］张媛.跨国破产法律制度研究［M］.长春：吉林大学出版社，2012.

［17］李爱君.商业银行跨境破产法律问题研究［M］.北京：中国政

法大学出版社，2012.

[18] 兰晓为．破产法上的待履行合同研究［M］．北京：人民法院出版社，2012.

[19] 刘俊海，刘敏．公司解散清算制度［M］．北京：北京大学出版社，2012.

2013 年

[1] 郭丁铭．企业破产清算程序中的债权人利益保护研究：以《企业破产法》的完善为中心［M］．北京：法律出版社，2013.

[2] 卜璐．消费者破产法律制度比较研究［M］．武汉：武汉大学出版社，2013.

[3] 沈志先．破产案件审理实务［M］．北京：法律出版社，2013.

[4] 姚彬，孟伟．破产程序中管理人制度实证研究［M］．北京：中国法制出版社，2013.

[5] 陈英．破产重整中的利益分析与制度构造：以利益主体为视角［M］．济南：山东大学出版社，2013.

[6] 李永军．破产法：理论与规范研究［M］．北京：中国政法大学出版社，2013.

[7] 李连祺．俄罗斯企业重整制度研究［M］．北京：法律出版社，2013.

[8] 松冈义正．破产法［M］．熊元楷，熊仕昌，编．上海：上海人民出版社，2013.

[9] 吴传颐．比较破产法［M］．北京：商务印书馆，2013.

[10] 齐明．破产法学：基本原理与立法规范［M］．武汉：华中科技大学出版社，2013.

[11] 王欣新，尹正友．破产法论坛（第8辑）［M］．北京：法律出版社，2013.

[12] 奚晓明．最高人民法院关于企业破产法司法解释理解与适用［M］．北京：人民法院出版社，2013.

[13] 邹海林，周泽新．破产法学的新发展［M］．北京：中国社会科

学出版社，2013.

[14] 郑志斌，张婷. 公司重整：角色与规则［M］. 北京：北京大学出版社，2013.

[15] 李曙光，郑志斌. 公司重整法律评论（第 3 卷）［M］. 北京：法律出版社，2013.

[16] 王佐发. 公司重整制度的契约分析［M］. 北京：中国政法大学出版社，2013.

[17] 李曙光. 破产法的转型［M］. 北京：法律出版社，2013.

[18] 黄松武. 企业重整［M］. 北京：经济科学出版社，2013.

2014 年

［1］于定明. 企业破产背景下的人身损害赔偿债权保护研究［M］. 北京：中国社会科学出版社，2014.

［2］汪世虎. 金融机构破产制度研究［M］. 北京：法律出版社，2014.

［3］吴林涛. 涅槃抑或坠落——论商业银行破产重整制度［M］. 北京：法律出版社，2014.

［4］巫文勇. 利益平衡视角下的金融机构破产特定债务优先清偿法律制度研究［M］. 北京：中国政法大学出版社，2014.

［5］丁燕. 上市公司破产重整计划法律问题研究：理念、规则与实证［M］. 北京：法律出版社，2014.

［6］胡玲. 债务人生存权益视角下的我国个人破产立法研究［M］. 北京：中国法制出版社，2014.

［7］刘宁，张庆. 公司破产重整法律实务全程解析：以兴昌达博公司破产重整案为例（第 2 版）［M］. 北京：北京大学出版社，2014.

［8］李翔. 立法的几个法理问题：兼论立法实践中的破产管理人制度［M］. 成都：四川大学出版社，2014.

［9］莱因哈德·波克. 德国破产法导论（第 6 版）［M］. 王艳柯，译. 北京：北京大学出版社，2014.

［10］殷慧芬．破产法［M］．北京：法律出版社，2014.

［11］关宪法．破产案例实务及疑难问题解析［M］．郑州：河南人民出版社，2014.

［12］王佐发．上市公司重整中债权人与中小股东的法律保护［M］．北京：中国政法大学出版社，2014.

［13］徐志新．企业改制与破产清算［M］．北京：中国民主法制出版社，2014.

［14］李磊．公司司法清算法理与制度研究：以利益平衡为视角［M］．北京：中国政法大学出版社，2014.

※［15］法律出版社法规中心．企业破产常见法律问题及纠纷解决法条速查与文书范本［M］．北京：法律出版社，2014.

2015 年

［1］王福强．破产重整中的营业保护机制研究［M］．北京：法律出版社，2015.

［2］宋玉霞．破产重整中公司治理机制法律问题研究［M］．北京：法律出版社，2015.

［3］广东省深圳市中级人民法院公司清算和破产审判庭，郭毅敏．企业破产与重整案件法律适用关键词与典型案例指导［M］．北京：法律出版社，2015.

［4］段宝玫．近代中国破产法制流变研究［M］．上海：复旦大学出版社，2015.

［5］许德风．破产法论：解释与功能比较的视角［M］．北京：北京大学出版社，2015.

［6］最高人民法院民事审判第二庭．企业改制、破产与重整案件审判指导［M］．北京：法律出版社，2015.

［7］余俊福．中国破产管理人实务［M］．北京：法律出版社，2015.

［8］徐建新．破产案件简化审理程序探究［M］．北京：人民法院出版社，2015.

［9］李震东．公司重整中债权人利益衡平制度研究［M］．北京：中

国政法大学出版社，2015.

[10] 李曙光，郑志斌．公司重整法律评论（第4卷）［M］．北京：法律出版社，2015.

[11] 汪涛．破产法［M］．武汉：武汉大学出版社，2015.

[12] 王欣新．破产法原理与案例教程（第2版）［M］．北京：中国人民大学出版社，2015.

[13] 张庆华．财务困境企业重生——庭外非破产债务重组实务［M］．北京：现代出版社，2015.

[14] 王欣新，郑志斌．破产法论坛（第9辑）［M］．北京：法律出版社，2015.

[15] 王欣新，郑志斌．破产法论坛（第10辑）［M］．北京：法律出版社，2015.

[16] 深圳市律师协会公司解散与破产清算法律专业委员会．律师从事破产清算业务指导标准［M］．北京：法律出版社，2015.

[17] 沈达明，郑淑君．比较破产法初论［M］．北京：对外经济贸易大学出版社，2015.

[18] 陈景善，张婷主．东亚金融机构风险处置法律评论［M］．北京：法律出版社，2015.

[19] 徐志新．企业改制与破产清算［M］．北京：中国民主法制出版社，2015.

[20] 法律出版社法规中心．《中华人民共和国企业破产法》注释全书［M］．北京：法律出版社，2015.

2016 年

※ [1] 广东省深圳市中级人民法院公司清算和破产审判庭．破产审判手册［M］．北京：法律出版社，2016.

[2] 徐根才．破产法实践指南［M］．北京：法律出版社，2016.

[3] 韩长印．破产法学（第2版）［M］．北京：中国政法大学出版社，2016.

[4] 卢林主．深圳经济特区个人破产条例草案建议稿附理由［M］．

北京：法律出版社，2016.

[5] 苏洁澈．银行破产监管责任研究［M］．北京：中国政法大学出版社，2016.

[6] 许开国，王东．银行支付不能制度研究［M］．北京：中国金融出版社，2016.

[7] 王欣新．破产法茶座（第 1 卷）［M］．北京：法律出版社，2016.

[8] 王欣新，郑志斌．破产法论坛（第 11 辑）［M］．北京：法律出版社，2016.

[9] 王欣新，郑志斌．破产法论坛（第 12 辑）［M］．北京：法律出版社，2016.

[10] 张晨颖．合伙企业破产法律问题研究［M］．北京：法律出版社，2016.

[11] 许胜锋．人民法院审理企业破产案件裁判规则解析［M］．北京：法律出版社，2016.

[12] 张钦昱．破产优先权之限制理论研究［M］．北京：法律出版社，2016.

[13] 齐砺杰．破产重整制度的比较研究——英美视野与中国图景［M］．北京：中国社会科学出版社，2016.

[14] 程品方．人民法院企业破产审判实务疑难问题解析［M］．北京：法律出版社，2016.

[15] 自然人破产处理工作小组．世界银行自然人破产问题处理报告［M］．殷慧芬，张达，译．北京：中国政法大学出版社，2016.

[16] 美国破产法协会美国破产重整制度改革调研报告［M］．何欢，韩长印，译．北京：中国政法大学出版社，2016.

[17] 张海征．中国企业破产法改革：视角和原则［M］．北京：中国法制出版社，2016.

[18] 山本和彦．日本倒产处理法入门［M］．金春，译．北京：法律出版社，2016.

[19] 杜万华．商业法律文件解读——破产纠纷专辑［M］．北京：人民法院出版社，2016.

［20］张劲松．企业金融债务重组实务 ［M］．北京：中国市场出版社，2016.

［21］李曙光，郑志斌．上市公司退市风险处置：规则、数据与案例 ［M］．北京：法律出版社，2016.

2017 年

［1］浙江省律师协会．破产疑难案件实务应对 ［M］．北京：法律出版社，2017.

［2］李永军．破产法 ［M］．北京：中国政法大学出版社，2017.

［3］刘延岭，赵坤成．上市公司重整案例解析 ［M］．北京：法律出版社，2017.

［4］陈夏红，许胜峰．破产法信札 ［M］．北京：法律出版社，2017.

［5］最高人民法院民事审判第二庭．最高人民法院关于企业破产法司法解释理解与适用破产法解释 （一）、破产法解释 （二） ［M］．北京：人民法院出版社，2017.

二、期刊、报纸文章

（一）破产法的立法意义

1985 年

[1] 杨荣新．论破产法——增强企业活力，促进经济改革的重要法律 [J]．政法论坛，1985（1）：12-15．

[2] 任仲权．实行企业破产整顿制度是必要的 [J]．财经科学，1985（4）：62-63．

[3] 柳思维．略论允许企业破产和彻底自负盈亏 [J]．经济问题探索，1985（4）：59-60．

[4] 昌文．应该制定企业破产法 [J]．赣江经济，1985（5）：61．

1986 年

[1] 李洪春．试论企业破产法 [J]．华东经济管理，1986（1）：77-80．

[2] 曹长春．试行企业破产法是经济体制改革的重要环节 [J]．改革，1986（1）：53-54．

[3] 江伟，刘春田，甄占川．论我国制定破产法的客观必要性 [J]．中国法学，1986（1）：51-56．

［4］朱永贻．实行企业破产法的合理性及其限制［J］．经济研究，1986（9）：50-52，11.

［5］姚波化．制定企业破产法的意义何在？［J］．中共福建省委党校学报，1986（9）：38-39.

［6］晓红．破产法与搞活企业［J］．赣江经济，1986（3）：50-51.

1987 年

［1］康稚平．我国《破产法》在经济体制改革中的作用［J］．商业经济研究，1987（10）：47-49.

［2］孙亚明．论企业破产法的积极意义和作用［J］．法学杂志，1987（1）：6-7

［3］叶希葆．《企业破产法》是社会主义促进法［J］．法学，1987（8）：54.

［4］叶希葆．《企业破产法》是改革开放的促进法［J］．山东法学，1987（1）：20-23.

［5］郭鸥一．谈建立企业破产法的必要性［J］．山西财经学院学报，1987（1）：56.

［6］尚春梅，刘继曾．试论破产制度和企业活力［J］．山西财经学院学报，1987（5）：51-54.

［7］国务院经济法规研究中心．实行企业破产法是提高企业素质的重要手段［J］．中国科技论坛，1987（2）：42-44.

［8］徐向华．"黄牌"的启示——试行"企业破产法"的看法［J］．财会通讯，1987（3）：22-23.

［9］张铁英．我国实施企业破产法可行性辨析［J］．湖南师范大学社会科学学报，1987（6）：107-109.

［10］莫志成．实施破产法亟待解决的问题［J］．探索，1987（5）：68-69，60.

［11］孙传洪．谈谈我国企业破产法的特点和作用［J］．辽宁大学学报（哲学社会科学版），1987（2）：74-75.

1988 年

［1］曹守晔．谈谈企业破产法实施的必要性［J］．学习与辅导，1988
（11）：10-11.

［2］潘博．论实施企业破产制度的意义［J］．社会科学辑刊，1988
（1）：62-68.

［3］黄献平．企业破产制度是有计划的商品经济的必然产物［J］．经
济问题探索，1988（6）：15-17.

1989 年

［1］东方晓．破产法来了的困惑［J］．新闻战线，1989（2）：37.

1992 年

［1］宋养琰．企业破产——增强国营企业活力的一条必由之路［J］．
经济研究，1992（2）：45-50.

1993 年

［1］王欣新．市场经济与破产法的功能［J］．法学家，1993（3）：
61-62.

［2］谢伟．社会主义市场经济与破产法［J］．贵州商专学报，1993
（4）：25-27.

［3］京力伦．破产是经济发展的必要成本：《企业破产法》实施五周
年座谈会纪要［N］．经济参考报，1993-11-03.

1994 年

［1］张伟．破产：刮向企业的东北风［J］．中国软科学，1994

（12）：71-75.

［2］杨新权．建立企业破产机制　增强市场竞争活力［J］．经济体制
　　改革，1994（5）：69-73.

［3］杨小波．《破产法》与市场经济［J］．经济管理，1994（2）：
　　23-24.

［4］陈青瑜．企业的破产是市场经济发展的必然规律——兼谈我国
　　的《破产法》［J］．福建金融管理干部学院学报，1994（4）：
　　57-58，56.

［5］邓力元．企业破产：中国改革的攻坚战［J］．经济世界，1994
　　（11）：5-9.

［6］黑子．正确理解《破产法》——国务院经济政策研究室副主任
　　郎威教授谈企业解困和破产［J］．检察风云，1994（11）：23.

［7］熊蕴．浅议企业破产［J］．商业会计，1994（11）：8，10.

1995 年

［1］张允乐．说"破产"［J］．决策探索，1995（9）：2-6.

［2］胜玉，田惠．中国破产法专家曹思源纵论企业破产法［J］．中国
　　工商，1995（5）：14-16.

［3］张伟．破产：刮向企业的东北风［J］．中国企业家，1995（1）：
　　45-47.

1996 年

［1］雍灵．破产法律制度价值探微——兼论破产法律制度的完善
　　［J］．河北法学，1996（4）：10-13.

［2］律建国，高华．试论破产法与现代企业制度的关系［J］．山东审
　　判，1996（2）：24-25.

［3］孟中洋．超越"破产"是繁荣［J］．山东审判，1996（9）：34-
　　37.

［4］张培春．我国实行破产制度的意义［J］．锦州师范学院学报

（哲学社会科学版），1996（3）：29-31.

［5］辛法智．新《破产法》的特点［J］.市场观察，1996（6）：12.

2003 年

［1］文艳.2003 将是中小企业破产年［N］.经济参考报，2003-01-01.

［2］王东敏．破产实践呼唤统一破产立法［N］.人民法院报，2003-10-22.

2004 年

［1］韩长印．中国破产法的发展状况及法学论题［J］.法学杂志，2004（5）：38-41.

［2］王舒."破产风"盛行背后的思考［J］.求实，2004（S2）：175-176.

［3］马立群.破产法会带来什么［J］.政策瞭望，2004（7）：30-31.

［4］吴兴宁．破产、物权两法走上前台［J］.商务周刊，2004（23）：67-68，70.

［5］晏耀斌.新《破产法》十年破茧呼之欲出［J］.中国经济周刊，2004（42）：24-25.

2005 年

［1］王卫国．新破产法草案与公司法人治理［J］.法学家，2005（2）：5-11.

［2］李曙光.新破产法的制定与中国信用文化和信用制度［J］.法学家，2005（2）：12-17.

［3］王欣新．新破产立法纵横谈［J］.首都师范大学学报（社会科学版），2005（4）：34-41.

［4］席涛.中国企业破产法千呼万唤待出台［J］.时代经贸，2005

（1）：140-143.

[5] 周小川. 金融改革期待新《破产法》[J]. 财经界，2005（1）：54-59.

[6] 席涛. 破产法：折射中国改革复杂性和艰巨性 [J]. 数字财富，2005（1）：14-17.

[7] 李曙光. 破产法的重要性与商业价值 [J]. 晟典律师评论，2005（2）：1-5.

[8] 王立兵. 我国破产法的定位思考 [J]. 哈尔滨学院学报，2005（3）：50-53.

[9] 李放鸣. 新《破产法》浅议 [J]. 贵州教育学院学报（社会科学版），2005（3）：56-57，102.

[10] 丁为群. 公司破产法的法律和经济分析 [J]. 珠江经济，2005（5）：76-78.

[11] 刘誉泽. 新破产法新在哪 [J]. 中国牧业通讯，2005（14）：61-62.

[12] 高杨. 破产立法关系我国市场经济地位 [N]. 人民政协报，2005-01-14（T00）.

2006 年

[1] 李曙光. 新企业破产法的意义、突破与影响 [J]. 华东政法学院学报，2006（6）：110-113.

[2] 奚晓明. 学习和掌握新破产法为法律实施做好准备——写在新破产法实施准备期的希望 [J]. 人民司法，2006（11）：4-8.

[3] 蔡人俊. 中国企业破产法律制度的新发展 [J]. 中国法律，2006（5）：18-20，74-77.

[4] 李曙光. 破产法的重要性与商业价值——介绍《破产及其他相关法精要》[J]. 博览群书，2006（3）：96-99.

[5] 王晓平. 关于修改企业破产立法的两点建议 [J]. 海南人大，2006（3）：40-42.

[6] 殷惠生. 完善企业破产制度的思考 [J]. 扬州大学税务学院学

报，2006（1）：64-66.

[7] 王欣新．新《破产法》的突破［J］．法人杂志，2006（2）：20，126.

[8] 李进．关于我国国有企业破产制度历史演进的［J］．甘肃农业，2006（6）：167-168.

[9] 安申．《破产法》新在何处［J］．IT经理世界，2006（17）：20.

[10] 叶奕．解读新破产法的十大焦点［J］．科技智囊，2006（10）：50-53.

[11] 若木．《企业破产法》3大看点［J］．光彩，2006（10）：10.

[12] 张波．新破产法带来5大革新［J］．上海国资，2006（9）：24-25.

[13] 魏雅华．《企业破产法》给中国经济带来什么［J］．检察风云，2006（19）：14-16.

[14] 魏雅华．《企业破产法》将给中国经济带来些什么？［J］．中国外资，2006（10）：46-48.

[15] 陆新之．《破产法》定调准确［J］．中国新时代，2006（10）：26.

[16] 胡健．企业破产法：一切才刚刚开始［J］．政府法制，2006（19）：8-9.

[17] 廖盛芳．中国破产制度步入新境界［J］．中国人大，2006（17）：15-17.

[18] 王卫国．新破产法：一部与时俱进的立法［J］．中国人大，2006（17）：17-20.

[19] 郑云瑞．破产法律制度的历史沿革［J］．中国人大，2006（17）：24-26.

[20] 蒋黔贵．从政策性破产到依法破产［J］．中国人大，2006（20）：19-22.

[21] 张晨阳．《企业破产法》给产权市场带来的机遇和挑战［J］．产权导刊，2006（10）：14-15.

[22] 陈维．新破产法：从国企利益到市场效率的转变［J］．上海国资，2006（10）：22-23.

[23] 赵德铭．新企业破产法的新特点 [J]．上海国资，2006（10）：73．

[24] 陆琳．新企业破产法带给我们的影响 [J]．行政与法，2006（11）：100-102．

[25] 余昌森．从政策性破产到依法破产——访全国人大法律委员会副主任委员蒋黔贵 [J]．中国党政干部论坛，2006（11）：9-12．

[26] 李季鹏，龚海涛．新《企业破产法》的九大突破 [J]．企业活力，2006（12）：20-21．

[27] 汤维建．析新企业破产法的九大创新 [J]．中国审判，2006（9）：6-9．

[28] 张思明．新《破产法》的突破与创新 [J]．财政监督，2006（19）：58-59．

[29] 程春华．为什么破产救济 [J]．民事程序法研究，2006（0）：98-119．

[30] 杨驰．新企业破产法的特点及其对银行业影响分析 [J]．农业发展与金融，2006（10）：47-50．

[31] 申丽芳．《破产法》与信用 [J]．企业经济，2006（9）：176-178．

[32] 林伟．新破产法的财富玄机 [J]．理财杂志，2006（10）：31-33．

[33] 晏青．破产法立企业法人"劣汰"之规 [J]．产权导刊，2006（10）：11-13．

[34] 袁跃．业界 13 年期待新《破产法》[N]．财会信报，2006-05-22（A05）．

[35] 罗绮萍．新《企业破产法》降低银行不良贷款风险 [N]．21世纪经济报道，2006-09-06（16）．

2007 年

[1] 王欣新．新企业破产法剖析 [J]．经济法学评论，2007（0）：

136-171.

［2］王志鹏．破产法修改要点浅析［J］．法制与经济（下半月），
　　　2007（4）：22-23．

［3］李季鹏．新《企业破产法》的创新点分析［J］．商场现代化，
　　　2007（2）：272-273．

［4］吴建民．新《企业破产法》的创新点分析［J］．商业时代，
　　　2007（20）：65-66．

［5］沈理平．新《企业破产法》的制度创新［J］．法制与社会，
　　　2007（4）：110-111．

［6］孙良泉．论新破产法的破与立［J］．山东行政学院山东省经济管
　　　理干部学院学报，2007（4）：41-43．

［7］申志民．论新破产法对我国破产制度的创新和发展［J］．新疆大
　　　学学报（哲学人文社会科学版），2007（6）：50-52．

［8］张世君．新破产法的嬗变与超越——从理念到制度的展开［J］．
　　　首都经济贸易大学学报，2007（2）：122-125．

2008 年

［1］杨忠孝．破产制度价值的新思考［J］．东方法学，2008（3）：
　　　86-95．

［2］戴治勇，贾小兵．破产法研究综述［J］．光华法学，2008（0）：
　　　35-45．

2009 年

［1］简晓彬．规范企业破产在当前尤为重要［N］．人民日报，2009-
　　　07-20（7）．

［2］栾甫贵．"修缮"企业成长历程的最后一环［N］．中国会计报，
　　　2009-10-30（6）．

2010 年

[1] 陈夏红．近代中国的破产法制及其命运［J］．政法论坛，2010（2）：57-68.

2013 年

[1] 梁潇．新破产法的变化和超越［J］．淮南师范学院学报，2013（3）：76-77.

[2] 乔新生．企业海外投资急需法律帮助［N］．法制日报，2013-03-21（7）.

2014 年

[1] 王欣新．论破产法在市场资源配置中的重要作用［J］．中共杭州市委党校学报，2014（6）：13-18.

[2] 孙万莲．重推破产审判助力经济转型［J］．上海人大月刊，2014（10）：45-46.

2016 年

[1] 曾康霖．依法治国，需要建立和完善企业破产制度［J］．东岳论丛，2016（4）：23-29.

2017 年

[1] 赵树文，王嘉伟．僵尸企业治理法治化保障研究——以破产法及其实施机制的完善为研究路径［J］．河北法学，2017（2）：78-92.

（二）破产法的立法问题及建议

1984 年

［1］刘晓星．论建立我国企业破产制度［J］．法学研究，1984（5）：
62-65.

［2］周强．论破产制度［J］．青海社会科学，1984（6）：87-91.

［3］曹思源．关于制定破产法的建议［J］．社会科学，1984（11）：
42-46.

［4］曹思源．试论长期亏损企业的破产处理问题［J］．瞭望周刊，
1984（9）：18-19.

［5］郭宏宇．谈亏损企业的破产问题［J］．瞭望周刊，1984（35）：
20.

［6］李全德．建立具有中国特色的破产制度［J］．瞭望周刊，1984
（35）：21.

1985 年

［1］吴小求．关于建立企业破产制度的几个理论问题［J］．改革，
1985（5）：31-33.

［2］曹思源．试论实行企业破产法的必要性［J］．改革，1985（5）：
25-30.

［3］王河．制定破产法规建立符合我国国情的企业破产制度［J］．河
北法学，1985（3）：6-7.

［4］曹思源．起草企业破产法需要研究的若干问题［J］．法学杂志，
1985（3）：3-6.

［5］殷国风．试论建立具有中国特色的破产制度［J］．政法论坛，
1985（5）：53-56.

［6］曹思源．再论企业的破产问题［J］．瞭望周刊，1985（46）：11-12，1.

［7］阎卡林．论企业倒闭［J］．经济问题探索，1985（12）：10-14.

［8］曹思源．企业破产问题探索［J］．经济体制改革，1985（5）：22-26.

［9］董双印．谈社会主义企业破产制度及资金管理［J］．经济体制改革，1985（5）：27-29.

［10］万祥太．解决"破产"企业经济纠纷的探讨［J］．法学评论，1985（4）：56-57，4.

［11］陆向明．关于制订企业破产法的设想［J］．政治与法律，1985（6）：10-13.

［12］王河．建立符合我国国情的破产制度［J］．现代法学，1985（3）：26-29.

［13］曹思源．试论企业破产问题［J］．基建优化，1985（5）：11-25.

1986 年

［1］黄南平．试论企业破产制度的理论依据及其功能［J］．南方经济，1986（6）：17-19.

［2］曹海泉．对人民权益是保护还是损害——也谈企业破产法的制定［J］．瞭望周刊，1986（47）：34.

［3］执行企业破产法还必须创造条件［J］．社会科学，1986（6）：134.

［4］薛本铎，刘占昌．浅谈在我国实行《企业破产法》问题［J］．经济工作通讯，1986（19）：21-22.

［5］胡戈．《企业破产法》可行性调查［J］．经济工作通讯，1986（11）：25-26.

［6］李旭，吴煜．实行《破产法》所应具备的前提条件［J］．改革，1986（3）：68-71.

［7］张卫平．关于破产制度中的几个问题［J］．宁夏社会科学，1986

（2）：9-12.

[8] 丁一瑞. 有关破产法的几个问题的探讨 [J]. 中南政法学院学报，1986（2）：21-24.

[9] 丁一瑞. 略论破产法的几个问题 [J]. 江汉大学学报（社会科学版），1986（2）：22-25.

[10] 唐宗焜. 企业破产法的有效实施问题 [J]. 学习与研究，1986（12）：28-30.

1987 年

[1] 端木正，程信和. 企业破产立法问题探索 [J]. 中山大学学报（哲学社会科学版），1987（1）：32-39.

[2] 钟大文. 关于《企业破产法（试行）》中的几个问题 [J]. 南昌大学学报（人文社会科学版），1987（4）：66-69.

[3] 汪家祐. 对两个破产法规的若干意见 [J]. 深圳大学学报（人文社会科学版），1987（4）：39-42.

[4] 胡泽恩，肖伯符. 关于我国企业破产法的几个具体问题 [J]. 法学评论，1987（5）：58-60.

[5] 吴卫国. 破产法若干问题研究 [J]. 法律学习与研究，1987（1）：41-45.

[6] 吴卫国. 破产法律关系研究 [J]. 现代法学，1987（3）：42-44.

[7] 宋养琰，王海东. 论企业破产法的实施条件 [J]. 财经研究，1987（2）：40-41，48.

1989 年

[1] 魏立江. 实施《企业破产法》的思考 [J]. 银行与企业，1989（2）：60-62.

[2] 马俊驹，余延满. 关于我国企业破产法若干问题的研究 [J]. 中南政法学院学报，1989（4）：107-113.

[3] 王晓同. 关于破产法律关系的几个问题 [J]. 青海社会科学，

1989 (2)：102-109.

［4］黄盛业，孙继秋．论我国破产制度的特点及其进一步完善 ［J］．
北方工业大学学报，1989 (4)：70-78.

1990 年

［1］史卫进．初探破产法的几个理论问题 ［J］．烟台大学学报（哲
学社会科学版），1990 (3)：56-61.

［2］张远忠．破产法运行的经济环境亟待改善 ［J］．贵州省政法管理
干部学院学报，1990 (3)：32-34，37.

1991 年

［1］王欣新．试论破产法的调整机制与实施问题 ［J］．中国法学，
1991 (6)：85-92.

1992 年

［1］王泽．关于实施《破产法》的若干思考 ［J］．山西财经学院学
报，1992 (5)：54-57.

［2］蒋岩波．非破产企业避免破产损失的途径 ［J］．当代财经，1992
(8)：23-24.

［3］李大纲，任巧仙．社会主义商品生产中的竞争和企业破产浅议
［J］．山西大学学报（哲学社会科学版），1992 (2)：56-57.

［4］马俊驹．企业破产法适用中若干问题研究 ［J］．法学评论，1992
(2)：17-23.

［5］郑幸福．关于建立强制破产制度的思考 ［J］．现代法学，1992
(1)：21-24.

［6］赵卫．我国企业破产的障碍与清除对策 ［J］．四川金融，1992
(1)：53-54.

1993 年

［1］傅志耕．试论我国破产法的适用范围［J］．国际商务研究，1993
　　（3）：50-52.

［2］许奕．简论《企业破产法》实施的经济环境［J］．湖南师范大
　　学社会科学学报，1993（3）：19-20.

［3］王勋．中小型企业破产法律问题及对策［J］．法学，1993（3）：
　　28-30.

［4］宋茂荣，胡一进．析国有企业破产中的几个法律问题［J］．中外
　　法学，1993（4）：6-12.

［5］罗卫平．我国企业破产法律制度的探讨［J］．法学，1993（2）：
　　42-44.

［6］蔡晖，吕锡华．审理企业破产案件中的几个问题［J］．人民司
　　法，1993（11）：5-6.

［7］宋汝棼．关于企业破产法出台时机问题的一场辩论：审议企业
　　破产法草案时的不同意见［N］．法制日报，1993-10-07.

1994 年

［1］张堤，姜蕙若，葛文新，陈银泉．辽宁省企业破产中的问题与
　　建议［J］．中国工业经济研究，1994（11）：42-44，31.

［2］高峰．目前《破产法》实施中的问题［J］．证券市场导报，
　　1994（11）：43-47.

［3］张彦宁．起草新《破产法》需要探讨的几个问题［J］．内部文
　　稿，1994（20）：1-6.

［4］华泽，韩敏．《企业破产法》需要解决的三个问题［J］．经济管
　　理，1994（10）：62.

［5］丁一龙．破产制度若干问题研究［J］．吉首大学学报（社会科
　　学版），1994（3）：18-23.

［6］钱卫清，吴礼洪．现代企业制度的建立与破产制度的完善［J］．

企业经济，1994（9）：17-22.

［7］张启义，曲强．破产，仍是沉重的话题［J］．中国改革，1994
（8）：36-37，26.

［8］柳国斌．论我国破产法律制度的完善［J］．商学论坛（广东商
学院学报），1994（3）：27-30.

［9］杜鹏程．关于修改《企业破产法》的若干建议［J］．中央政法
管理干部学院学报，1994（4）：20-23.

［10］赵卫．法律的苍白——从《破产法》难以贯彻谈开去［J］．改
革，1994（3）：128-129.

［11］钟云，刘吉龙．企业法人破产案件若干问题探析［J］．甘肃政
法学院学报，1994（4）：46-50.

［12］狄娜．尽快建立和完善破产机制——认清现状与难点［J］．瞭
望新闻周刊，1994（19）：4-5.

［13］郑扬．以法保证破产机制建立运行［J］．瞭望新闻周刊，1994
（19）：6.

［14］良舟．曹思源：为什么要尽快修改企业破产法？［J］．上海经济
研究，1994（3）：6-8.

［15］曹思源．关于修改《企业破产法》的建议［J］．上海经济研
究，1994（3）：9-11.

［16］曹思源．关于修改破产法的建议［J］．法学，1994（2）：39-
41.

［17］张伟．破产四困惑［J］．中国国情国力，1994（12）：33.

［18］邓骏，陈静．关于完善我国破产法的思考［J］．律师世界，
1994（10）：16-17.

［19］杜鹏程．关于修改《企业破产法》的若干建议［J］．中央政法
管理干部学院学报，1994（4）：20-23.

［20］陈伯伟，李维席．企业破产"后遗症"应引起高度重视［J］．
江苏农村金融，1994（4）：49-50.

［21］张宏志，褚庆运，卢朝阳．对企业实行破产的几点思考［J］．
中国纺织，1994（1）：41-42.

［22］曹思源．破产法实施的难点与对策［J］．生产力研究，1994

（5）：48-51.

1995 年

［1］麻新平，张国英.《破产法》实施中的几个难点问题［J］. 经济论坛，1995（23）：7-8.

［2］张彦宁. 起草新《破产法》需要探讨的几个问题［J］. 经济研究参考，1995（34）：11-17.

［3］胡俊生. 改革现行《破产法》应注意的几个问题［J］. 南方经济，1995（11）：29-30.

［4］黄红星. 企业破产实践中有关法律问题［J］. 河北法学，1995（5）：41-45.

［5］夏成福，王启庭. 破产法律适用上几个问题的探讨与建议［J］. 法律适用，1995（9）：35-38.

［6］曹思源.《破产法》实施动向及其引发的新建议［J］. 经济研究参考，1995（34）：25-31.

［7］程鸿仪，石本仁. 我国企业破产的几个基本问题探析［J］. 经济学家，1995（4）：21-26，127.

［8］修改《破产法》（试行）的理论动向［J］. 求实，1995（7）：41.

［9］华泽，韩敏. 现行《企业破产法（试行）》应尽快修订、完善［J］. 中外管理，1995（7）：31-32.

［10］潘嘉玮. 完善我国破产法律制度的基本思路［J］. 广东社会科学，1995（3）：104-108.

［11］张景文. 关于重新修订《破产法》的法律思考［J］. 中外法学，1995（3）：54-57.

［12］李曙光. 破产试点中应注意的几个问题［J］. 法学，1995（4）：38-39.

［13］曹思源. 破产法实施的三个难点与三项建议［J］. 技术经济与管理，1995（Z1）：4-5.

［14］唐海滨. 关于我国破产理论与实践的几个问题［J］. 中国法学，

1995 (2)：34-39.

[15] 华泽，韩敏. 我国《企业破产法（试行）》存在的几个问题 [J]. 中外法学，1995 (3)：58-59.

[16] 华泽，韩敏. 关于我国《企业破产法（试行）》存在的问题 [J]. 红旗文稿，1995 (8)：21-24.

[17] 曹思源. 破产法实施动向及其引发的新建议 [J]. 当代财经，1995 (5)：3-6，64.

[18] 史进. 破产何以步履艰难 [J]. 经济论坛，1995 (9)：8-9.

[19] 赵金祥. 审理企业破产案件几个问题的探讨 [J]. 甘肃政法学院学报，1995 (1)：37-40.

[20] 张友树. 企业破产机制亟待完善 [J]. 财经科学，1995 (2)：17-19，28.

[21] 张怡. 现行《破产法》的疏漏 [J]. 财经科学，1995 (2)：24-26.

[22] 常敏，邹海林. 中华人民共和国破产法的制定 [J]. 法学研究，1995 (2)：72-80.

[23] 薛谦，徐卫. 浅谈企业破产与政府干预 [J]. 经济与管理研究，1995 (2)：39-42.

[24] 张华泽. 《企业破产法（试行）》中的几个问题 [J]. 经济管理，1995 (3)：29-31.

[25] 张堤，陈银泉，姜蕙若，葛文新. 《破产法》实施之后 [J]. 改革，1995 (1)：101.

[26] 单飞跃. 企业破产实践中的几个法律问题 [J]. 湘潭大学学报（哲学社会科学版），1995 (1)：112-114.

[27] 徐少伟，聂少林. 企业破产问题分析 [J]. 经济问题探索，1995 (2)：33-34.

[28] 钱卫清，吴礼洪. 论现代企业制度的建立与破产制度的完善 [J]. 法商研究（中南政法学院学报），1995 (1)：39-44.

[29] 钱卫清，吴礼洪. 现代企业制度的建立与破产制度的完善 [J]. 法律适用，1995 (1)：19-21.

[30] 张士顺，褚红军. 从公司法与现行破产法的冲突看我国破产制

度的完善［J］. 法律适用, 1995 (1): 22-24.

［31］曹守晔. 中国重新起草"破产法"［J］. 中国法律, 1995 (4): 23-24, 27, 78-81.

［32］曹思源. 破产法在中国发展尚需解决的三个问题［J］. 中国工商, 1995 (12): 11.

［33］舒扬. 破产法领域的几个问题与对策［J］. 中国律师, 1995 (11): 22-24.

［34］郑杨. 为什么要重新起草破产法［J］. 经济工作通讯, 1995 (21): 34-35.

［35］刘卫光, 曾寿庆. 企业破产若干问题探讨［J］. 西安金融, 1995 (10): 34-35.

［36］曹小航. 市场经济呼唤改进立法——曹思源先生谈"破产法"［J］. 检察风云, 1995 (10): 32-33.

［37］李曙光. 中国破产法的实施问题与前景［J］. 中国律师, 1995 (10): 31-33.

［38］尚元军. 破产——一个响亮而难落实的口号［J］. 辽宁经济, 1995 (9): 16-17.

［39］施建伟, 黄益华. 关于企业破产问题的几点思考［J］. 决策探索, 1995 (8): 21.

［40］王卫红. 完善企业破产机制的思路［J］. 湖南经济, 1995 (8): 14-15.

［41］童先志. 不同性质企业破产应有所区别——对《新〈破产法〉需要解决的几个问题》的一些看法［J］. 湖南经济, 1995 (8): 24-25.

［42］蒋晓飞. 实施《破产法》——何时才能走出"怪圈"?［J］. 上海管理科学, 1995 (1): 4-6.

［43］隆金. 关于破产几个问题的讨论［J］. 中共山西省委党校学报, 1995 (4): 14-17.

［44］姚光胜, 吴兆光, 张杰. 企业破产法实施中若干法律问题的探讨［J］. 中国城市金融, 1995 (8): 33-34.

［45］张强, 杨晓光. 试论我国破产法适用中的问题［J］. 南开学报,

1995 （4）：71-76.

[46] 张杰. 对企业破产法实施中法律问题的探讨 ［J］. 律师世界，
1995 （7）：14-18.

[47] 史进. 我国企业破产现状及破产制度的完善 ［J］. 中国乡镇企
业，1995 （7）：10-14.

[48] 汤树光. 走出企业破产认识的误区——论建立优胜劣汰的破产
机制 ［J］. 经济体制改革，1995 （3）：90-92.

[49] 张士顺，褚红军. 从公司法与破产法的冲突看我国破产制度的
完善 ［J］. 法学天地，1995 （3）：26-28.

[50] 要逐步形成优胜劣汰的企业破产机制 ［J］. 煤炭经济研究，
1995 （6）：1.

[51] 洪毅. 《破产法》实施何以步履艰难？［J］. 市场经济导报，
1995 （6）：20-21.

[52] 欧阳洁. 企业破产——当今中国企业改革的艰难话题 ［J］. 企
业家天地，1995 （6）：14-15.

[53] 吴志军. 推行破产法浅议 ［J］. 经营与管理，1995 （5）：10-
11.

[54] 贺仁雨，曹炯芳. 建立企业破产机制的难点与对策 ［J］. 学习
导报，1995 （4）：20-21.

[55] 冷传莉. 破产法实施阻障分析 ［J］. 经济工作月刊，1995
（Z2）：35-36.

[56] 徐少伟，聂少林. "难产儿"何日顺产——谈企业破产问题
［J］. 劳动理论与实践，1995 （4）：22-23.

[57] 张雄声. 关于企业破产及其遗留问题的思考 ［J］. 贵州商专学
报，1995 （1）：53-55.

[58] 曹思源. 破产法难破"三关"［J］. 中国市场，1995 （1）：20-
21.

[59] 张华泽. 《企业破产法（试行）》存在的若干缺陷 ［J］. 国有
资产管理，1995 （2）：44-46.

[60] 中国人民银行黔阳支行调查组. 出路在哪里——对企业破产问
题的调查与思考 ［J］. 中国城市金融，1995 （2）：42-45.

［61］徐少伟，聂少林．《破产法》为何举步艰难？——企业破产问题析［J］．企业家天地，1995（1）：33-34.

［62］张彦宁．起草新《破产法》需要探讨的几个问题［J］．经济研究参考，1995（1）：11-17.

［63］叶明．破产：一个生与死的沉重话题［J］．学习月刊，1995（2）：33-35.

［64］陈颖．中国企业破产难放眼录［J］．改革与开放，1995（1）：33-34.

［65］陈颖．破到深处是保险——中国企业破产难放眼录［J］．经济论坛，1995（1）：18-19.

1996 年

［1］王辉．企业破产实施的难点与出路［J］．理论探索，1996（1）：48-49.

［2］刘振华．关于企业破产法的几点思考［J］．学海，1996（6）：38-40.

［3］曹思源．破产法在中国的发展［J］．学术研究，1996（4）：15-18.

［4］吴达敏，李相林．企业破产过程中存在的问题与对策［J］．金融与经济，1996（12）：26.

［5］杜鹏程．我国实施破产制度必须解决的两个问题［J］．安徽大学学报，1996（6）：84-87.

［6］魏传来，赵俊芳，李龙辰，曾庆康．对当前企业破产问题的思考［J］．金融研究，1996（10）：56-58.

［7］沈志红．对企业破产中存在的不良现象的思考［J］．重庆商学院学报，1996（3）：39-41.

［8］于海寅，邵一劭．试述我国企业破产法存在的问题及其修改完善［J］．山东法学，1996（3）：29-33.

［9］贾凌民．市场经济呼唤更加完善的破产法［J］．中国行政管理，1996（3）：12.

［10］裴洪泉．我国破产法实施中的几个难点及对策［J］．法制与社会发展，1996（4）：60-64.

［11］孙宗颢．关于完善企业破产制度的几个问题［J］．法学杂志，1996（4）：8-9.

［12］周友苏．我国破产制度的推进与完善［J］．社会科学研究，1996（3）：58-68.

［13］唐浩茫，王亦平．关于企业破产的若干法律问题［J］．中外法学，1996（2）：12-16.

［14］肖阳．推进现阶段企业破产工作的若干对策思路［J］．经济体制改革，1996（1）：45-48.

［15］李曙光．现行《破产法》的缺陷及其重新完善［J］．改革，1996（1）：34-40.

［16］周宏．建立企业破产制度面临的问题及其对策［J］．福建改革，1996（1）：37-38.

［17］高行马．完善破产法律制度的浅思［J］．法学天地，1996（6）：27-30.

［18］马建新．论完善我国破产制度亟等解决的若干问题［J］．法学天地，1996（5）：24-26.

［19］胡登荣，刘文庆，胡运鸿．浅析企业破产的对策［J］．金融经济，1996（12）：40.

［20］王晋华．企业破产何以步履蹒跚［J］．生产力研究，1996（6）：87-89.

［21］陈梅池，黄步楼，谢志诚．企业破产应依法稳妥进行［J］．湖南经济，1996（10）：46-47.

［22］王昭江．试论完善企业破产外部环境的必要性及对策［J］．中央财政金融学院学报，1996（10）：10-13.

［23］姜东明．企业破产"热"中的"冷"思考［J］．江苏金融，1996（10）：28-30.

［24］魏传来，赵俊芳，李龙辰，曾庆康．对当前企业破产问题的思考［J］．福建金融，1996（8）：19-20.

［25］陈梅池，黄步楼，谢志成．企业破产的误区与对策建议［J］.

金融经济, 1996 (8)：41-43.

[26] 易基平．论企业破产与对策 [J]．四川金融, 1996 (7)：5-8.

[27] 杨占辉．推动适度的企业破产 [J]．发展论坛, 1996 (6)：20-21.

[28] 汤玉枢．关于我国破产法若干基本问题的思考 [J]．华侨大学学报（社会科学版）, 1996 (2)：58-63.

[29] 傅朝选．企业破产后的思索 [J]．山东审计, 1996 (6)：56.

[30] 高翔, 凤翔．一言难尽话破产 [J]．乡镇论坛, 1996 (6)：11.

[31] 王芸．企业实行破产的有关法律问题探讨 [J]．法制与经济, 1996 (6)：14-15.

[32] 孙茂仁．谈企业破产的法律问题 [J]．辽宁税专学报, 1996 (2)：44-46.

[33] 陈淑云．《企业破产法（试行）》中的几个问题 [J]．管理科学文摘, 1996 (2)：61.

1997 年

[1] 侯怀霞．完善我国破产法律制度之构想 [J]．山东法学, 1997 (6)：32-35.

[2] 袁兆春, 孙庆和．关于对我国《企业破产法（试行）》修改与完善的探讨 [J]．青岛海洋大学学报（社会科学版）, 1997 (4)：49-53.

[3] 李慧琴．完善破产法规的若干建议 [J]．财金贸易, 1997 (9)：35-43.

[4] 唐玉莲．制约破产制度有效实施的六种外部因素 [J]．学习与实践, 1997 (8)：39.

[5] 程春华．论完善我国的破产法律制度 [J]．法律适用, 1997 (8)：8-11.

[6] 石东坡, 宋增华．略论我国破产法实施中的地方政府参与 [J]．河北法学, 1997 (3)：33-35.

[7] 李俊卿．试析破产法立法中的几个疑难问题 [J]．江西社会科

学，1997（4）：101-105.

[8] 张啸腾．发展和完善我国破产制度的思考［J］．金融理论与实践，1997（4）：19-21.

[9] 胡艳玲．企业破产引出的思考［J］．经济经纬，1997（2）：36-37.

[10] 符志平．当前企业破产热反思［J］．法律适用，1997（3）：34-35.

[11] 卢静．企业破产问题探讨［J］．河南社会科学，1997（1）：2-5.

[12] 吴建有，冯晋，齐学贵．对企业破产的再认识［J］．决策借鉴，1997（1）：6-8.

[13] 高行马．完善破产法律制度的浅思［J］．法学，1997（2）：56-58.

[14] 吴兰君．对企业破产问题的几点看法［J］．金融经济，1997（1）：10-12.

[15] 熊长城．当前企业破产中的主要问题、危害及对策［J］．农金纵横，1997（2）：36-38.

[16] 熊长城．当前企业破产中的主要问题、危害及对策建议［J］．四川金融，1997（4）：52-53.

[17] 吴晔昌．关于当前企业破产的几点法律思考［J］．青海金融，1997（4）：38-39.

[18] 汪琦．对完善企业破产制度的几点思考［J］．攀登，1997（2）：84-88.

[19] 张天祀．完善破产法的若干理论问题［J］．社科纵横，1997（2）：35-38.

[20] 黄升．对现行《破产法》及企业破产行为的几点认识与体会［J］．福建金融，1997（1）：28-30.

[21] 周潇．对企业破产的几点思考［J］．新疆社会经济，1997（3）：49-51.

[22] 沈柏亮．破产法运作难点问题初探［J］．新疆人大，1997（2）：24-25.

[23] 刘浩. 当前企业破产中的问题及治理 [J]. 集团经济研究, 1997 (6): 18-20.

[24] 周淑贞. 关于《企业破产法》的法律矫正 [J]. 胜利学刊, 1997 (1): 28-29, 34.

[25] 魏东平. 关于我国破产法中几个问题的探析 [J]. 企业活力, 1997 (12): 18-20.

[26] 王朝阳. 我国建立再建型破产制度的法律思考 [J]. 山西农经, 1997 (5): 58-62.

[27] 方明. 对完善我国破产法律制度的构想 [J]. 法学天地, 1997 (4): 29-32.

[28] 姜春毓. 企业破产中存在的问题 [J]. 大连大学学报, 1997 (5): 58-62.

[29] 张清河, 何玉顺, 何志. 破产立法完善的若干法律思考 [J]. 行政与法, 1997 (3): 27-29.

[30] 李慧琴. 完善破产法规的若干建议 [J]. 金融学刊, 1997 (4): 50-51.

[31] 彭迈卿. 企业破产应注意的几个问题 [J]. 理论与实践, 1997 (4): 22-23.

[32] 倪万英, 张庆成, 台运启. 我国现行破产法的缺陷及其完善 [J]. 云南法学, 1997 (2): 8-10.

[33] 段中鹏. 关于企业破产问题的思考 [J]. 企业文化, 1997 (3): 25-26.

[34] 林碧冰. 对我国企业破产法律制度的思考 [J]. 湛江师范学院学报, 1997 (1): 39-42.

[35] 孙光焰. 统一破产法制订中的若干问题探讨 [J]. 法制与经济, 1997 (3): 22.

[36] 于远河. 浅谈企业破产及其法律规制 [J]. 浙江省政法管理干部学院学报, 1997 (1): 19-21.

[37] 张毅. 企业破产必须规范化 [J]. 现代企业, 1997 (6): 10.

1998 年

[1] 曹思源. 我看"破产法"修改 [J]. 资本市场，1998 (Z1)：101-103.

[2] 曹思源. 著名经济学家曹思源提出——修改破产法迫在眉睫 [J]. 领导决策信息，1998 (42)：14.

[3] 郝红. 浅谈我国破产法律制度的完善 [J]. 政法论丛，1998 (6)：13-14.

[4] 张巧爱. 试论我国破产法的几个问题 [J]. 山西财经大学学报，1998 (4)：86-88.

[5] 任祖武. 完善我国破产立法的思考 [J]. 法律适用，1998 (6)：18-20.

[6] 李兴树，李军. 关于适用破产法若干问题的探讨 [J]. 法律适用，1998 (11)：25-27.

[7] 王永龙. 论我国企业破产的政策模式及其创新 [J]. 宁夏大学学报（哲学社会科学版），1998 (3)：91-94.

[8] 王周来，张红. 破产制度及其相关制度环境分析 [J]. 财贸研究，1998 (5)：41-43.

[9] 章亚梅. 关于完善破产法的几点思考 [J]. 南通师专学报（社会科学版），1998 (4)：52-54.

[10] 周建军. 企业破产法存在的问题与修改建议 [J]. 四川师范学院学报（哲学社会科学版），1998 (6)：94-96.

[11] 倪莲. 关于《破产法》实施以来若干问题的思考 [J]. 中国农业银行武汉管理干部学院学报，1998 (5)：45-47.

[12] 陈爱国. 关于完善我国破产制度的法律思考 [J]. 企业活力，1998 (9)：20-21.

[13] 张巧爱. 试论我国破产法的几个问题 [J]. 山西财经大学学报，1998 (4)：86-88.

[14] 李东明. 对实施我国破产制度的思索 [J]. 河南省情与统计，1998 (4)：44-45.

［15］于乐军．论我国企业破产法律制度的主要特点及其完善［J］．山东财政学院学报，1998（1）：17-20.

［16］袁有信，吕建华．论我国企业破产法律制度应解决的几个问题［J］．山东工业大学学报（社会科学版），1998（3）：19-20.

1999 年

［1］曹思源．论现行破产法的修改［J］．开放时代，1999（1）：93-97.

［2］柴建国．企业破产法实施中的若干问题及修改建议［J］．河北法学，1999（6）：65-67.

［3］杨诚．论我国破产立法的完善［J］．中国软科学，1999（11）：48-49.

［4］王欣新．确立市场经济的标志——我国破产法的实施与完善［J］．国际贸易，1999（4）：37-40.

［5］赵德淳．析我国实施破产制度的三大误区［J］．当代法学，1999（1）：55-56.

［6］李良品．我国企业破产法律制度的缺陷及其完善［J］．山东经济战略研究，1999（4）：57-59.

［7］代美华．我国破产法律制度亟待完善［J］．丹东师专学报，1999（2）：11-13.

［8］王强．对当前企业破产法律问题的思考与建议［J］．海南金融，1999（4）：43-46.

［9］张卫平．破产法存在问题及修订设想［J］．淮阴师范学院学报（哲学社会科学版），1999（4）：54-57.

［10］王强，李燚．对当前企业破产法律问题的思考与建议［J］．内蒙古财经学院学报，1999（3）：37-41.

［11］刘春旭，王中元．对当前我国规范破产的认识与思考［J］．石油大学学报（社会科学版），1999（4）：75-78.

［12］黄箭．完善我国企业破产法的法律思考［J］．新疆职工大学学报，1999（1）：8-11.

［13］熊昌茂．关于完善我国破产法律制度的思考［J］．岭南学刊，
　　　1999（1）：74-75，73．

［14］朱彩华．论我国企业破产法律制度之完善［J］．当代司法，
　　　1999（8）：60-61．

［15］王强．对当前企业破产法律问题的思考［J］．金融教学与研究，
　　　1999（2）：32-34．

2000 年

［1］康晓虹，张晓清．浅析我国破产制度之不足［J］．现代法学，
　　　2000（3）：44-45．

［2］饶江红，吴赣英．实施破产立法的难点及思路［J］．江西社会科
　　　学，2000（10）：138-140．

［3］金京玉，金玄武．现行破产法律制度若干问题的思考——兼论
　　　破产法律制度的完善［J］．山东大学学报（哲学社会科学版），
　　　2000（6）：98-101．

［4］张怡．论传统破产立法的根本缺陷［J］．经济体制改革，2000
　　　（1）：57-59．

［5］杨威，刘子慧．论我国破产法律制度之完善［J］．北京理工大学
　　　学报（社会科学版），2000（3）：58-61．

［6］李婧．破产法实施的主要障碍和对策［J］．当代法学，2000
　　　（5）：61-62．

［7］杨兢．对破产法的反思与展望［J］．华中农业大学学报（社会
　　　科学版），2000（1）：68-70．

［8］肖坤，汪炜．试论我国企业破产法的完善［J］．武汉科技大学学
　　　报（社会科学版），2000（4）：44-46．

［9］艾远凤．论我国企业破产法的几个问题［J］．四川省政法管理干
　　　部学院学报，2000（4）：5-9．

［10］奚晓明，曹士兵．完善中国破产法律制度的几点建议［J］．中
　　　国法律，2000（2）：19-20，74-76．

［11］武中芹．关于破产法的几点思考［J］．山西财政税务专科学校学报，2000（3）：45-46.

［12］张静．论破产法的修改与完善［J］．辽宁公安司法管理干部学院学报，2000（4）：39-42.

［13］杨威．我国破产法律制度分析与对策［J］．北京青年政治学院学报，2000（2）：71-76.

［14］王强．对当前企业破产法律问题的思考与建议［J］．财贸研究，2000（3）：75-78.

［15］赵瑞芬．企业破产法存在的问题及完善建议［J］．经济师，2000（7）：126-127.

［16］陈紫芸．《破产法》需完善［J］．中国律师，2000（5）：20.

［17］周成荣．我国破产法实施的困惑及对策思考［J］．重庆行政，2000（2）：71-72.

［18］宋加安．破产法律制度的完善与改进研究［J］．湖北农村金融研究，2000（7）：46-47.

［19］李永军．中国新破产法起草的主要问题［J］．中国法律，2000（4）：17-19，74-77.

［20］包红玉．试论我国破产法律制度的完善［J］．内蒙古经济管理干部学院学报，2000（2）：45-47.

［21］雷裕春．关于完善破产法律制度的思考［J］．广西市场与价格，2000（7）：37-41.

［22］王枫．我国破产法若干理论与实务问题探讨［J］．中共福建省委党校学报，2000（12）：48-52.

［23］李莹．对于破产问题的思考［J］．福建商业高等专科学校学报，2000（4）：14-15.

［24］谭兴林，徐忠芳，梁善宝．进一步完善破产法规［N］．金融时报，2000-08-28（3）.

［25］张宏伟，朱正生．完善破产财产保护制度的思考［N］．工人日报，2000-09-06（7）.

2001 年

[1] 郑鲁英. 对猴王集团破产案的法理评析——兼谈我国破产法的完善 [J]. 法学, 2001 (6): 75-77.

[2] 姜绍荣. 浅析企业破产亟待解决的问题 [J]. 中国机电工业, 2001 (10): 56-57.

[3] 贺瑞康. 企业破产法存在的问题与完善建议 [J]. 新金融, 2001 (7): 29-31.

[4] 李琰. 论我国现行破产法律制度的完善 [J]. 甘肃理论学刊, 2001 (3): 75-77, 39.

[5] 郭友旭. 中国现行破产法律制度述评 [J]. 云南电大学报, 2001 (3): 46-50.

[6] 乔希玲. 浅议企业破产制度的完善问题 [J]. 中共太原市委党校学报, 2001 (2): 51-52.

[7] 程康宁, 王强. 对当前企业破产法律问题的考察 [J]. 济南金融, 2001 (1): 24-26.

[8] 杜岚. 浅论《破产法》的立法完善 [J]. 辽宁商务职业学院学报, 2001 (1): 55-56.

[9] 周蓉蓉. 我国企业破产制度缺陷分析 [J]. 技术经济与管理研究, 2001 (4): 92-93.

[10] 高勇. 我国企业破产法的几个问题 [J]. 黑龙江财专学报, 2001 (4): 52-55.

[11] 尹承国. 从当前企业破产实践看《破产法》的缺陷 [J]. 五邑大学学报（社会科学版）, 2001 (4): 9-12.

[12] 李宾. 我国企业规范破产的几个难点问题 [J]. 江汉大学学报, 2001 (2): 14-17, 20.

[13] 李娟. 完善破产制度的几点设想 [N]. 江苏经济报, 2001-11-22 (00C).

[14] 罗珉. 猴王集团破产案的启示 [N]. 证券时报, 2001-04-13 (14).

［15］李春平，刘洪云．完善破产法律重塑社会信用［N］．金融时报，2001-11-03（10）.

2002 年

［1］李曙光．关于新《破产法》起草中的几个重要问题［J］．政法论坛，2002（3）：8-14.

［2］王利明．关于制定我国破产法的若干问题［J］．中国法学，2002（5）：78-93.

［3］邹海林．关于新破产法的适用范围的思考［J］．政法论坛，2002（3）：18-21.

［4］贺志姣．破产法的适用范围：商人破产主义还是一般破产主义［J］．中南财经政法大学学报，2002（6）：129-132.

［5］王卫国．略论新破产法起草的几个目标［J］．政法论坛，2002（3）：15-17，21.

［6］汤维建．修订我国破产法律制度的若干问题思考［J］．政法论坛，2002（3）：22-27.

［7］齐治兰．浅谈我国破产法的缺陷与完善［J］．国际关系学院学报，2002（3）：56-59.

［8］程艳萍．我国现行破产法的缺陷及对其完善的思考［J］．贵州教育学院学报（社会科学版），2002（3）：60-63，105.

［9］李国欣．我国破产制度的缺陷与完善［J］．哈尔滨学院学报（社会科学版），2002（3）：52-55.

［10］王燕军．关于我国企业破产法律制度的探讨［J］．广州广播电视大学学报，2002（2）：44-46，39.

［11］应海东．关于完善我国破产法律制度的思考［J］．淮阴工学院学报，2002（2）：39-41.

［12］王琦．刍议我国企业破产制度中的几个问题［J］．陕西教育学院学报，2002（1）：31-33，95.

［13］文尚卿，陈文兴．关于《企业破产法》实施中的若干问题及对策［J］．湖南省政法管理干部学院学报，2002（6）：54-55.

[14] 本刊编辑部.我国企业破产制度亟需进一步完善——部分来稿观点综述 [J].人民司法,2002 (12):62-63.

[15] 张艳蕊.安然公司破产案引发思考,我国新《破产法》亟待出台 [N].中国企业报,2002-03-20 (2).

[16] 宋安明.成熟的市场经济呼唤成熟的破产法 [N].检察日报,2002-03-26.

[17] 衣学东,王泽,王英强.建议修订《企业破产法》[N].检察日报,2002-06-11.

[18] 吴学安.破产"变法"力度还不够 [N].中国商报,2002-09-03.

[19] 邓聿文,朱少平,鲁宁,周琪.给企业破产一道箍 [N].经理日报,2002-09-10 (A03).

[20] 黎夏,林晓静.强化中介机构和债权人监督 [N].民主与法制时报,2002-12-03 (7).

2003 年

[1] 王瑛杰.论破产法上的两个突出问题 [J].经济与管理研究,2003 (1):78-80.

[2] 杨悦.论新时期我国破产法律制度的选择 [J].哈尔滨学院学报(社会科学),2003 (5):66-69.

[3] 金婉珍.现行《破产法》存在的问题及修订建议 [J].宁波高等专科学校学报,2003 (3):79-81.

[4] 李金华.我国破产立法模式之选择 [J].商丘职业技术学院学报,2003 (5):50-51.

[5] 崔海滨.试论我国内地现行破产法的缺陷与完善 [J].济宁师范专科学校学报,2003 (2):81-84.

[6] 刘红.完善我国破产救济制度的思考 [J].政府法制,2003 (9):43.

[7] 杜孝军.破产制度完善问题简析 [J].渝西学院学报(社会科学版),2003 (2):47-50.

［8］林光松. 对构建和完善我国破产制度的若干建议［J］. 福建金融，2003（4）：16-18.

［9］王瑜岭. 破产制度运行中应注意解决的几个问题［J］. 黑龙江省政法管理干部学院学报，2003（3）：63-64.

［10］司马龙. 企业破产浅析［N］. 中国国门时报，2003-03-19.

［11］李曙光. 加快新《破产法》草案出台［N］. 中国经济时报，2003-08-25.

［12］丁玫. 如何完善破产案件的审理［N］. 中国社会报，2003-09-03.

2004 年

［1］刘国华. 论我国现行破产法律制度的完善［J］. 商业研究，2004（6）：179-181.

［2］彭涌. 企业破产若干法律问题研究［J］. 商业研究，2004（11）：146-147.

［3］孙大志. 对完善我国破产法的几点思考［J］. 辽宁广播电视大学学报，2004（1）：56-59.

［4］姚春林，仲伟忠. 建立中国破产监督人制度之我见［J］. 泰州职业技术学院学报，2004（2）：11-13.

［5］王建敏. 试论我国破产法的缺陷及其完善［J］. 山东经济，2004（2）：19-22.

［6］何虹. 论扩大我国《破产法》的适用范围［J］. 常州工学院学报，2004（3）：23-25.

［7］刘忠东. 关于完善破产法的几点思考［J］. 山东电大学报，2004（3）：47-49.

［8］徐蓉. 我国破产法的适用范围及其完善［J］. 学习论坛，2004（3）：44-46.

［9］龚哲. 关于统一破产法适用范围的思考［J］. 武汉冶金管理干部学院学报，2004（4）：61-63.

［10］王冠. 浅议中国破产立法中的基本问题［J］. 统计与咨询，

2004 （4）：38-39.

[11] 王策．完善我国企业破产法律制度的几个问题 ［J］．辽宁经济
职业技术学院．辽宁经济管理干部学院学报，2004 （4）：34-
35.

[12] 仲崇玉．破产程序与民事执行程序的冲突及协调——对修改
《破产法》的一点建议 ［J］．西南政法大学学报，2004 （5）：
13-16.

[13] 徐勇．破产法主体范围刍议 ［J］．广西社会科学，2004 （5）：
76-78.

[14] 刘晓智．破产法的适用范围探讨 ［J］．市场论坛，2004 （5）：
47-48.

[15] 王瑞丽，杨崇康．我国破产制度之刑事立法完善 ［J］．佛山科
学技术学院学报 （社会科学版），2004 （6）：35-37.

[16] 朱德菊，龚倩．破产法存在的问题以及完善建议 ［J］．湖北成
人教育学院学报，2004 （6）：28-29.

[17] 杨曼．破产法适用范围刍议 ［J］．南方论刊，2004 （6）：33-
35.

[18] 王欣新．再辩破产法两大难题 ［J］．法人杂志，2004 （8）：36-
38.

[19] 严义埙．对企业破产法草案的几点意见 ［J］．中国人大，2004
（22）：10.

[20] 钟杰．试论新破产法的适用范围 ［J］．华夏星火，2004 （9）：
26-27.

2005 年

[1] 王利明．破产立法中的若干疑难问题探讨 ［J］．法学，2005
（3）：3-15.

[2] 谭泰山，宋笛．破产法律制度改革建构若干问题的研讨——
AHM 方案的启示 ［J］．经济问题探索，2005 （6）：129-131.

[3] 王艳华．论破产能力的变化——兼论我国破产法的适用范围

[J]. 求索，2005（6）：71-73.

［4］曹士兵. 准确把握破产程序六题［J］. 法律适用，2005（11）：11-14.

［5］丛涛. 破产法律制度若干问题简析［J］. 经济与社会发展，2005（1）：88-91.

［6］郑继红. 完善我国企业信用法律制度的思考［J］. 高教论坛，2005（1）：25-27.

［7］刘钢明. 论破产失权制度的价值理念［J］. 甘肃行政学院学报，2005（1）：98-100.

［8］蒋光福. 论破产法实施过程中出现的立法冲突［J］. 辽宁科技学院学报，2005（1）：49-50.

［9］马绍峰，李华. 论破产法的适用范围［J］. 当代经济管理，2005（2）：66-68，111.

［10］梅军. 关于完善我国破产法律制度的几点思考［J］. 南方冶金学院学报，2005（2）：71-73.

［11］叶朱. 试论新破产法（草案）的两个问题及缺陷［J］. 上海财经大学学报，2005（2）：53-58.

［12］陈永进. 试论我国破产法律制度之完善［J］. 天津市政法管理干部学院学报，2005（3）：40-43.

［13］杨晓秋. 破产法之立法空白与完善［J］. 安徽技术师范学院学报，2005（3）：76-78.

［14］郭继，曾虎. 我国破产制度对资产证券化的障碍及其对策［J］. 太原师范学院学报（社会科学版），2005（3）：41-43.

［15］沈晓倩. 我国破产法的修改与完善的讨论［J］. 山西经济管理干部学院学报，2005（4）：81-82，91.

［16］闫宝龙，李丽红. 关于完善我国企业破产法的思考［J］. 山东财政学院学报，2005（4）：80-82.

［17］董红，王有强. 论建立中国的破产监督人制度［J］. 社科纵横，2005（5）：119-120.

［18］张元洁. 对《企业破产法》修改的几点思考［J］. 山西高等学校社会科学学报，2005（8）：64-66.

［19］白霞．对我国破产法律制度若干问题的探讨［J］．经济师，2005（9）：65-66．

［20］杨长俊．完善破产立法的几个问题［J］．山西高等学校社会科学学报，2005（12）：72-73．

［21］王艳敏．新《破产法》行将三审，考量政府智慧和法制力度［N］．中国工业报，2005-07-20（A01）．

［22］孙继斌．《破产法》即将破茧［N］．法制日报，2005-05-24．

［23］王娇萍．新《破产法》为何迟迟不来［N］．工人日报，2005-03-15．

［24］肖海军，高峰．《中华人民共和国破产法》（草案）条款结构的若干建议［N］．法制日报，2005-02-24．

［25］朱伟一．《公司破产法》难处何在？［N］．第一财经日报，2005-01-26（A02）．

［26］高杨．新破产法将进入三审：民企融资、贷款难题可望打破［N］．人民政协报，2005-01-14．

2006 年

［1］张玲．论我国破产法律适用立法的完善［J］．法律适用，2006（8）：48-49．

［2］李曙光．中国新破产法的几个争议点［J］．中国法律，2006（3）：17-19，71-74．

［3］张建云，高云路．公司破产与清算的若干法律问题之探析［C］//中华全国律师协会．规划·规范·规则——第六届中国律师论坛优秀论文集．中华全国律师协会，2006：3．

［4］马胜，肖月强．中国企业破产制度的现实困境与改革路径探析［J］．西南民族大学学报（人文社科版），2006（4）：176-179．

［5］张海鹏．试论我国破产法律制度的完善［J］．山西财经大学学报，2006（S1）：164．

［6］王东敏．企业破产法解读［J］．人民司法，2006（11）：9-13．

[7] 赵柯．新旧破产法之比较［J］．人民司法，2006（12）：77-78.

[8] 杨静毅，赵建良．我国破产法律制度若干问题研究［J］．山东经济，2006（4）：50-54.

[9] 杨迦．浅析现行破产法的完善［J］．时代经贸，2006（1）：18-19.

[10] 王新平．完善我国破产法律制度的若干问题［J］．福建政法管理干部学院学报，2006（2）：96-99.

[11] 王翔．企业破产法五大问题解读［J］．中国人大，2006（17）：21-23.

[12] 徐光东．新破产法的创新与局限［J］．中国改革，2006（12）：60-62.

[13] 贾丽娟，沈晓情．破产法修改中若干制度的安排［J］．山西经济管理干部学院学报，2006（4）：60-61.

[14] 金武，李万业．构建我国商业银行破产法律制度的理论与司法实践［J］．海南金融，2006（12）：45-47.

[15] 张帆．新《企业破产法》与商业银行相关的七大问题［J］．决策，2006（12）：54-55.

[16] 魏麟燕．关于完善我国破产法律制度的思考［J］．呼伦贝尔学院学报，2006（6）：74-76.

[17] 刘亚楠．浅谈新破产法法律制度［J］．法制与社会，2006（21）：26.

[18] 李朝霞．对修改和完善我国企业破产法律制度的几点建议［J］．山西高等学校社会科学学报，2006（4）：89-90.

[19] 尹鹏，徐长禄．关于我国新破产法之立法焦点问题的探讨［J］．牡丹江师范学院学报（哲学社会科学版），2006（2）：15-17.

[20] 周利锋，陶剑华．论我国破产法的立法完善［J］．企业经济，2006（6）：187-188.

[21] 张艳丽．现代破产法立法目标与制度构成［J］．北京理工大学学报（社会科学版），2006（1）：32-35.

2007 年

[1] 全敏刚, 刘斌. 试论我国破产法律制度中的几个问题 [J]. 山西广播电视大学学报, 2007 (1): 84-85.

[2] 邵卫. 新企业破产法若干制度探析 [J]. 开封大学学报, 2007 (3): 68-70.

[3] 杨华, 蒋红莲. 新《企业破产法》的修改完善及破产审理面临的挑战 [J]. 特区经济, 2007 (4): 220-222.

2008 年

[1] 汪波, 宋胜洲. 债权人积极作用与被动地位的悖论——论中国破产制度的根本缺陷及其改革 [J]. 改革与战略, 2008 (7): 29-30, 43.

[2] 张颖. 破产法撤销权制度和无效行为制度的二元立法模式 [J]. 政治与法律, 2008 (12): 75-80.

[3] 王为东. 破产法适用范围在我国的百年历程 [J]. 商业时代, 2008 (4): 59-60.

[4] 孟庆瑜, 刘苗. 论破产制度中的均衡矛盾设计 [J]. 保定学院学报, 2008 (1): 53-57.

[5] 蒋红莲. 新《企业破产法》的创新突破以及在企业破产案件审理中面临的新挑战 [J]. 学术交流, 2008 (9): 61-64.

[6] 刘运根, 辛虹.《企业破产法》适用范围考辨 [J]. 企业经济, 2008 (12): 190-192.

[7] 叶甲生. 中国破产法理论研究的现实状况与未来路向 [J]. 西南政法大学学报, 2008 (6): 68-72.

[8] 游文丽. 关注《企业破产法律制度》的难点 [N]. 中国财经报, 2008-02-29 (7).

[9] 李江鸿. 新问题、新任务、新起点 [N]. 人民法院报, 2008-06-12 (6).

2009 年

[1] 王全法. 关于完善企业破产法的若干思考 [J]. 商业时代，2009
（11）：70-71，84.

[2] 任凡. 突破与创新——评新《企业破产法》[J]. 商场现代化，
2009（2）：286-287.

[3] 王莹. 新《企业破产法》的制度创新及缺陷 [J]. 山西高等学
校社会科学学报，2009（2）：109-111.

[4] 张河顺. 完善我国破产制度的几点构想 [J]. 法制与经济（中
旬刊），2009（2）：20-21.

[5] 李韶杰，刘桂华. 浅谈我国现行破产法之不足及其对策 [J]. 才
智，2009（25）：241.

[6] 翁怡. 新破产法问题之我见 [J]. 中外企业家，2009（14）：
205-206.

[7] 苏咏梅. 我国破产法律的认识误区与制度完善 [J]. 福建财会管
理干部学院学报，2009（3）：9-11，19.

[8] 孙冶. 我国破产法相关法律问题的完善 [J]. 商业文化（学术
版），2009（2）：132.

[9] 张小梅. 建议修改《企业破产法》[N]. 中国企业报，2009-03-
11（26）.

2010 年

[1] 李井奎. 企业破产法的经济结构 [J]. 广东商学院学报，2010
（1）：84-91.

[2] 张明皓. 人身权，财产权：法律冲突与价值判断——从"三鹿"
破产案看破产分配制度重构之必要 [J]. 哈尔滨金融高等专科
学校学报，2010（3）：59-60.

[3] 姚睿敏．从"三鹿破产案"谈我国新《破产法》的缺憾与完善 [J]．黄冈师范学院学报，2010（4）：14-16.

[4] 蒋新华．企业破产法对担保物权规定的不足与完善 [J]．人民司法，2010（21）：96-99.

2011 年

[1] 刘静．信用缺失与立法偏好——中国个人破产立法难题解读 [J]．社会科学家，2011（2）：100-103.

[2] 颜运秋，陈建新．破产程序中管理人报酬制度的立法完善 [J]．山东警察学院学报，2011（1）：55-62.

[3] 朱明阳．试论我国破产重整计划制定权立法之完善 [J]．重庆广播电视大学学报，2011（4）：40-43.

[4] 王立，刘畅．完善市场退出机制与维护金融稳定的博弈平衡——论银行业金融机构破产的立法构建 [J]．黑龙江金融，2011（10）：25-26.

2012 年

[1] 王欣新，丁燕．论破产法上信息披露制度的构建与完善 [J]．政治与法律，2012（2）：2-12.

[2] 宋娅丽．从雷曼公司破产保护案看中国《破产法》的相关制度 [J]．法制与经济（下旬），2012（2）：80.

[3] 陈小杰．浅谈如何完善现有的公司破产制度 [J]．法制与经济（下旬），2012（9）：92-93.

[4] 吴丹．评我国企业破产法的不足 [J]．东方企业文化，2012（16）：43-44.

[5] 刘洋．论破产法对关联交易调整的不足及完善 [J]．湖南科技学院学报，2012（11）：132-135.

[6] 兰秀文．破产法的历史沿革及发展方向 [J]．人民论坛，2012

（23）：120-121.

2013 年

［1］田野．浅谈企业破产法的进步与不足［J］．黄河之声，2013（12）：126.

［2］李海洋．破产法实施需要良好外部环境［N］．中国商报，2013-07-12（A07）.

2014 年

［1］刘郝龙．浅述地方破产法律制度的构建［J］．牡丹江教育学院学报，2014（11）：124-125.

［2］冯庆元．企业破产法问题及完善建议［J］．现代商贸工业，2014（19）：166.

［3］艾佳佳．浅析公司破产法律适用［J］．经营管理者，2014（7）：256.

［4］赵玉东．破产启动机制中亟待解决的问题［N］．法制日报，2014-03-12（12）.

［5］王欣新．完善市场退出机制，促进资源优化整合［N］．人民法院报，2014-06-25（5）.

［6］吴国宏．我国破产法立法模式之构想［N］．江苏法制报，2014-09-23（C）.

2015 年

［1］左芳．企业破产法实践中的利与弊［J］．现代国企研究，2015（24）：74.

［2］郝炎南．关于企业破产法律问题研究［J］．品牌，2015（9）：216.

［3］ 马睿．我国破产法的适用局限与完善建议［J］．当代经济，2015（20）：90-91.

［4］ 张娜．破产法发展历程及前景浅析［J］．知识经济，2015（13）：24.

2016 年

［1］ 贺丹．互联网经济发展与破产法变革趋势［J］．法学杂志，2016（2）：79-85.

［2］ 黄宝鹤．简析企业破产法问题及完善建议［J］．经营管理者，2016（16）：218.

［3］ 清华大学国家金融研究院、中国政法大学破产法与企业重组研究中心课题组．加强破产法实施依法促进市场出清［J］．清华金融评论，2016（7）：14-15.

［4］ 李曙光．尽快启动破产法修改，完善市场化退出机制［N］．中国证券报，2016-06-02（A11）.

［5］ 刘丽靓．李曙光建议尽快修改破产法［N］．中国证券报，2016-06-02（A01）.

［6］ 陈夏红．从破产法的角度看《民法总则》草案［N］．法制日报，2016-07-27（12）

［7］ 王佐发．修改破产法方可治理"强裁之殇"［N］．经济参考报，2016-11-22（8）.

［8］ 刘宁．企业破产制度的完善［N］．四川法制报，2016-12-01（5）.

2017 年

［1］ 李曙光．《民法总则》对破产法修改有推动作用［N］．经济参考报，2017-05-09（8）.

（三）破产法的立法原则及立法理念

1985 年

［1］陈永杰．拯救企业也要有"度"［J］．瞭望周刊，1985（46）：12.

1986 年

［1］吴鸣．经济前景的不确定性与社会主义企业破产问题［J］．经济研究，1986（7）：40-45.

［2］陈桂明．我国破产法基本原则初探［J］．政法学刊，1986（3）：40-41.

［3］岳冰．如何认识社会主义企业破产问题［J］．学习与研究，1986（9）：39-40.

1987 年

［1］朱晓林．实行企业破产法会"破掉"社会主义生产关系吗？［J］．党校教学，1987（1）：23-25.

［2］徐明．论我国破产法的基本原则［J］．法学评论，1987（4）：21-24.

［3］赵连速．我国企业破产法特点略说［J］．当代法学，1987（1）：60-61.

1990 年

［1］韩长印．论企业破产法对当事人合法权益的保护［J］．河南大学

学报（哲学社会科学版），1990（3）：44-47.

1993 年

[1] 阿布里克木·艾山. 浅谈实行《企业破产法》的理论基础 [J].
乌鲁木齐职业大学学报，1993（Z1）：14-16.

1994 年

[1] 韩长印. 浅谈建立我国的破产立法模式 [J]. 现代法学，1994
（3）：81-82.

[2] 任硌，吕华. 新破产法将解决哪些问题——访新《企业破产法
（草案）》四川起草组的专家学者 [J]. 瞭望新闻周刊，1994
（49）：7-9.

[3] 柴振荣. 关于企业破产立法的构想 [J]. 管理科学文摘，1994
（8）：59.

1995 年

[1] 汤维建. 修改我国企业破产法的原则 [J]. 研究生法学，1995
（1）：18-20.

1996 年

[1] 郝爱军. 论我国企业破产立法的社会基础 [J]. 当代法学，1996
（5）：33-35.

[2] 傅宏伟. 论破产申请主体——兼谈我国破产立法的完善 [J]. 政
法论丛，1996（5）：16-18.

[3] 邹海林. 我国破产立法的若干观念 [J]. 中央政法管理干部学院
学报，1996（4）：1-5.

[4] 王竣岩，李荣珍. 关于完善我国破产立法几个问题的探讨 [J].

海南大学学报（社会科学版），1996（4）：32-37.

［5］张继青．关于修改我国现行破产法的立法思考［J］．南都学坛，
1996（5）：84.

1999 年

［1］李维宜．破产法价值取向的选择与实现途径的思考［J］．上海市
政法管理干部学院学报，1999（3）：20-24.

2002 年

［1］韩长印．破产理念的立法演变与破产程序的驱动机制［J］．法律
科学．西北政法学院学报，2002（4）：49-59.

［2］李永军．重申破产法的私法精神［J］．政法论坛，2002（3）：
28-34.

［3］陈丽华．破产法修订的价值定位刍议［J］．湖南社会科学，2002
（4）：52-54.

［4］郑翔．论市场经济条件下破产法的价值取向［J］．四川省政法管
理干部学院学报，2002（4）：11-13.

［5］浩民．新《破产法（草案）》新在哪［N］．中国乡镇企业报，
2002-05-15（3）．

［6］潘民．"企业破产"司法解释有何特点［N］．中国证券报，
2002-08-02（5）．

2003 年

［1］张晨颖．破产制度价值研究［J］．北京大学学报（哲学社会科
学版），2003（6）：72-82.

［2］付翠英．从破产到破产预防：一个必然的逻辑演绎［J］．法学杂
志，2003（1）：52-54.

［3］陈伟．破产法修订的五大亮点［N］．证券时报，2003-06-21.

［4］窦玉梅．严格适用破产法，依法行使司法权［N］．人民法院报，
2003-07-30.

［5］李萍．企业破产应该保护谁的利益［N］．中国财经报，2003-02-
12（4）.

2004 年

［1］韩长印．企业破产立法目标的争论及其评价［J］．中国法学，
2004（5）：82-89.

［2］谢育敏，叶剑华．破产法的价值取向：保护债权人的合法利
益——兼谈破产制度的完善［J］．企业经济，2004（12）：188-
189.

［3］杨柳．热议破产法［J］．瞭望新闻周刊，2004（26）：8-10.

［4］陈丽华，杨罗根．论破产法的价值定位及相关制度完善［J］．湖
南大学学报（社会科学版），2004（1）：90-94.

［5］王欣新．论破产立法中的经济法理念［J］．北京市政法管理干部
学院学报，2004（2）：10-15.

［6］王欣新．新破产法将走向市场化体制［J］．会计师，2004（8）：
24-25.

［7］韩非．新《破产法》：有新意也有争议［J］．财经界，2004
（8）：30-31.

［8］吴基传．企业破产法应体现中国的国情［J］．中国人大，2004
（22）：10.

2005 年

［1］刘黎明．回应与前瞻——"统一破产法"若干问题研究［J］.
法商研究，2005（1）：35-44.

［2］马登科．民事执行程序与破产制度的统一与协调——论参与分
配制度中的优先原则与平等原则［J］．特区经济，2005（7）：
286-288.

［3］韩中节．破产若干立法原则比较研究［J］．经济法论坛，2005
（0）：258-280．

［4］葛现琴．论我国破产能力的立法原则［J］．太原师范学院学报
（社会科学版），2005（1）：53-56．

［5］吴义周．试论新破产法的经济法价值取向——对新破产法草案
精神的解读［J］．重庆社会工作职业学院学报，2005（3）：33-
36．

［6］吴义周．试论新《破产法》的经济法价值取向——新《破产法
（草案）》精神解读［J］．平原大学学报，2005（4）：36-39．

［7］刘勇．破产法基本原则分析［J］．怀化学院学报，2005（4）：
55-57．

［8］冯琳．企业破产法（草案）定论难下，专家倾向保护债权人
［N］．中国工商报，2005-06-10．

［9］席涛．制定适应中国国情和解决中国问题的破产法［N］．中国
改革报，2005-01-24（5）．

2006 年

［1］王建平．企业破产法上的利益平衡［J］．人民司法，2006
（11）：14-18．

［2］王冬年．破产机制：公平与效率的博弈［J］．社会科学论坛，
2006（6）：86-90．

［3］刘勇．破产法的私法精神缺失及原因分析［J］．行政与法（吉
林省行政学院学报），2006（12）：134-136．

［4］刘太活，狄志国．论破产程序中的利益相关人保护［J］．法制与
社会，2006（20）：40-41．

2007 年

［1］耿红建．对破产制度的价值取向的探讨［J］．法制与社会，2007
（3）：65．

2008 年

[1] 王欣新，李江鸿．破产法制中司法权与行政权关系探析［J］．政治与法律，2008（9）：2-7.

2009 年

[1] 韩长印．我国企业破产立法演变及启示［J］．公民与法（法学版），2009（7）：2-6.

[2] 王欣新，尹正友．《企业破产法》在国际金融危机下的积极作用［J］．中国律师，2009（8）：20-23.

[3] 许德风．破产法基本原则再认识［J］．法学，2009（8）：49-59.

[4] 张学银．论破产制度的价值［J］．中国经贸导刊，2009（16）：80.

2010 年

[1] 刘静．起源与词源的双重困境——解析破产制度的历史误读［J］．西南民族大学学报（人文社科版），2010（3）：36-41.

[2] 齐明，仇晓光．我国破产法中自愿破产原则的反思与重构——从中美重整制度的比较出发［J］．东北师大学报（哲学社会科学版），2010（4）：27-29.

[3] 彭莉．论深石原则的引入［J］．科教导刊（中旬刊），2010（5）：110-111.

2011 年

[1] 曲冬梅．企业破产中关联债权的困境与衡平居次原则的引入［J］．东岳论丛，2011（7）：166-170.

[2] 田宇生，张亚琼．破产案件法律适用中的利益衡量基于"东星

航空"破产案的探索 [J]. 法律适用，2011（12）：88-92.

[3] 李璇. 论关联企业破产中的深石原则 [J]. 科教导刊（中旬刊），2011（8）：149-150.

[4] 任永青. 绝对优先原则与我国破产法的缺失 [J]. 河北法学，2011（10）：119-128.

[5] 阮若兰. 新破产法如何彰显经济法价值之我见 [J]. 学理论，2011（23）：97-98.

2012 年

[1] 齐明，焦杨. 破产法体系构建的功能主义指向及其市场依赖 [J]. 当代法学，2012（5）：96-101.

[2] 王欣新. 转换观念完善立法，依法受理破产案件（上）[N]. 人民法院报，2012-02-08（7）.

[3] 王欣新. 转换观念完善立法，依法受理破产案件（下）[N]. 人民法院报，2012-02-15（7）.

2013 年

[1] 赵吟. 论破产分配中的衡平居次原则 [J]. 河北法学，2013（3）：156-161.

[2] 顾芳芳. 破产法立法价值嬗变之考察——从历史演进的角度 [J]. 改革与开放，2013（6）：12.

[3] 余建华. 浙江企业破产案件审理遵循市场化法治化 [N]. 人民法院报，2013-05-07（1）.

2014 年

[1] 张思明. 破产法"破与立"的价值适用分析 [J]. 商业研究，2014（4）：170-174.

[2] 李丰辰. 浅谈我国新破产法及其基本原则 [J]. 法制与社会，

2014（3）：21-22.

[3] 吴林岩．由破产观念的变迁论我国破产法的定位［J］．法制博览
（中旬刊），2014（12）：281.

2016 年

[1] 党海娟．我国破产法引入衡平居次规则必要性和可行性的反
思——从最高院发布的一则典型案例说起［J］．河北法学，2016
（3）：65-76.

[2] 赛铮．中国保险公司破产中行政权与司法权的均衡［J］．财经理
论与实践，2016（5）：133-139.

[3] 郁琳．尊重企业自主兼并重组，建立市场导向破产制度［N］.
人民法院报，2016-09-19（1）.

2017 年

[1] 郑泰安，张楠楠．企业破产法的立法理念［N］．企业家日报，
2017-04-28（3）.

（四）特殊主体破产

1986 年

[1] 汪贵胜．国管企业与破产制度［J］．改革，1986（5）：65-66.

[2] 张谦元．国营企业改革与制定破产法［J］．社会科学，1986
（6）：71-74，70.

[3] 高志勋，孙国华．《城市集体所有制工业企业破产倒闭处理试行
规定》的指导思想和主要内容［J］．经济体制改革，1986（5）：
47-49.

［4］余惕君．沈阳市小企业的"三大改革"（下）［J］．上海企业，1986（12）：6-7，13-14.

1988 年

［1］袁学濂，吴怀安．实施企业破产法的关键问题在于所有权——国营企业实施破产制度可行性的探讨［J］．河北大学学报（哲学社会科学版），1988（2）：148-151.

［2］杨岷．浅谈联营中的破产问题［J］．政法学刊，1988（1）：38-41.

［3］张义华，袁松杰．租赁经营国营企业应适用破产法［J］．法学，1988（10）：45-46.

［4］南京市中级人民法院经济庭．采用清算手段审理非全民所有制企业行将倒闭案件的做法与体会［J］．人民司法，1988（9）：12-14.

1989 年

［1］宋向今，刘宁书．集体企业破产的立法意见［J］．法学，1989（7）：34-36.

1990 年

［1］徐明，李志一．建立《公民个人破产法》之我见［J］．法学，1990（4）：46-48.

［2］沈庆中．应建立健全私营企业破产法律制度［J］．政治与法律，1990（4）：53-54.

1991 年

［1］陈清华．国有企业制度创新的若干思考［J］．天津社会科学，

1991（2）：10-14.

［2］徐生杰．正确认识全民所有制亏损企业破产的社会经济效应［J］．财政，1991（6）：56-58.

［3］张志良．集体企业破产的法律依据及条件［J］．法学，1991（11）：33-34.

［4］李鸿光．审理集体企业破产案应注意的问题［J］．法学，1991（11）：35-36.

［5］史卫进．论破产能力的几个问题［J］．山东法学，1991（1）：17-18.

1992 年

［1］甘培忠，佟强．论制定我国私营独资、合伙企业破产法律制度［J］．政法论坛，1992（6）：51-57.

［2］夏仆，夏榕．人民法院应该受理非全民所有制企业法人的破产案件吗？［J］．中国工商，1992（12）：27.

1993 年

［1］傅春奎，刘振英．农业银行、信用社在企业破产中应注意的几个问题［J］．中国金融，1993（1）：42-44.

［2］谢德禄．关于国有大企业破产若干问题的探讨——对重庆针织总厂破产难的剖析［J］．中国工业经济研究，1993（9）：33-38.

［3］宋茂荣，胡一进．析国有企业破产中的几个法律问题［J］．中外法学，1993（4）：6-12.

［4］吴显果．国有企业："破产"惊雷大震荡［J］．经济问题探索，1993（7）：42.

［5］陈有奎，史志宏．国有企业破产制度［J］．法学，1993（5）：41-43.

［6］李春霖，刘映春．论国有企业破产机制形成的微观基础及法律环境［J］．新疆社会经济，1993（6）：33-37.

[7] 蒋集政. 一些国有企业破产的前前后后 [J]. 企业活力, 1993 (12)：10-13.

1994 年

[1] 黄斌. 巴塞尔协议与建立我国的银行破产制度 [J]. 改革与战略, 1994 (2)：50-55.

[2] 狄娜. 国有企业破产的难点问题 [J]. 财政, 1994 (6)：64.

[3] 饶晓敏. 关于公有制企业破产问题的探讨 [J]. 商业经济研究, 1995 (2)：36-38.

[4] 王五一. 关于我国国有企业破产情况的因素分析 [J]. 经济研究, 1994 (6)：41-47.

[5] 刘建玲. 破产：在联营企业中 [J]. 法学, 1994 (11)：29-31.

[6] 龙英锋. 从我国遗产的限定继承谈个人破产的设想 [J]. 政法学习. 新疆公安司法管理干部学院学报, 1994 (4)：10-12.

[7] 高玉春. 浅谈国有企业预防破产制度 [J]. 内蒙古财经学院学报, 1994 (4)：65-67.

[8] 唐鹤鸣. 国有企业破产忧思录 [J]. 现代企业, 1994 (10)：11-13.

[9] 尹萃, 丁英. 国企破产是喜是忧 [J]. 价格与市场, 1995 (2)：25.

[10] 王瑛. 浅论国有企业依法破产的有关问题 [J]. 兵团党校论坛, 1994 (Z1)：50-53.

[11] 王开国. 和解 整顿 更生——解决国有企业破产的可行途径 [J]. 国有资产管理, 1995 (2)：7-10.

[12] 胡颖锋. 八家国有企业破产的启示 [J]. 中国企业家, 1994 (9)：15-17.

[13] 徐家林. 乡镇企业破产案件简析 [J]. 法学天地, 1994 (1)：9-11.

[14] 王正芳, 郭志江. 对供销社企业实行破产倒闭的探讨 [J]. 河北供销与科技, 1994 (7)：54-56.

［15］林成义．有色金属矿山破产问题探讨［J］．有色金属（矿山部分），1994（2）：1，3-4.

1995 年

［1］汤维建．关于建立我国个人破产制度的构想（上）［J］．政法论坛，1995（3）：41-48，53.

［2］汤维建．关于建立我国的个人破产程序制度的构想（下）［J］．政法论坛，1995（4）：46-52.

［3］袁道焰．国有企业破产的难点［J］．中南财经大学学报，1995（6）：89-91.

［4］杨敬方．我国国有企业破产中的难点分析［J］．管理世界，1995（4）：211-212.

［5］杨钢．完善国有企业破产机制面临的障碍与对策［J］．福建论坛（经济社会版），1995（Z1）：19-23.

［6］胡定核．关于国有企业的债务重组［J］．中国工业经济，1995（4）：16-20.

［7］郭先登．论国有纺织工业企业的破产问题［J］．中国纺织，1995（4）：17-20.

［8］常皓，吉晓明．国有企业破产的难点问题探讨［J］．财金贸易，1995（3）：15.

［9］金志骏．国有企业不宜急于破产［J］．中国机电工业，1995（11）：33.

［10］栾甫贵．国有农场内部企业单位破产问题探讨［J］．中国农业会计，1995（10）：10-11.

［11］千万修，李庆良．如何对待国有企业破产中的政府行为［J］．天池学刊，1995（4）：32-34.

［12］吴南鑫，王丽芳，钱国兴．对国有企业破产问题的思考［J］．浙江财税与会计，1995（6）：5-7.

［13］张玲．国有企业破产试点与破产法应衔接［J］．中央政法管理干部学院学报，1995（3）：25-26，32.

［14］李智，玉玲．一种不正常的破产现象［J］．乡镇论坛，1995（3）：11.

1996 年

［1］黄勇．过渡时期国有企业破产应该缓行［J］．经济问题探索，1996（10）：24-25.

［2］国家体改委研究所课题组．国有企业实施破产的难点与对策［J］．管理世界，1996（4）：143-150.

［3］姚宪华，赵洪．试论供销社企业破产的若干法律问题［J］．财金贸易，1996（5）：62-64.

［4］长期亏损的国营商业公司能申请破产吗？［J］．人民检察，1996（11）：62.

［5］尹凌云．三资企业破产案件中海关监管货物的处理［J］．山东审判，1996（3）：24-26.

［6］刘炳峰．国企遇困境怎一个"破"字了得［J］．经济工作导刊，1996（10）：34.

［7］汪汉英．论国有企业的"债务重组"与银行债权保护［J］．福建论坛（经济社会版），1996（Z1）：22-23.

［8］于广斌．全民所有制企业实施破产过程中遇到的难点问题及其解决办法［J］．黑河学刊，1996（5）：99-100.

［9］高萍．浅析现阶段国有企业破产难点所在［J］．经济师，1996（7）：49.

［10］黄勇．过渡时期国有企业破产应该缓行［J］．计划与市场，1996（9）：18-19.

［11］史今伟．对国有企业与国有商业银行债务重组问题的研究［J］．江苏金融，1996（9）：7-9.

1997 年

［1］江平，江帆．论商自然人的破产能力［J］．现代法学，1997

（4）：25-31.

［2］邹东涛，张晓文. 推进和完善国有企业破产的思考 ［J］. 经济研究参考，1997（28）：14-20.

［3］郭茂佳. 国有企业破产难点透析 ［J］. 银行与企业，1997（10）：24-25.

［4］徐德顺，牛勇. 国有企业破产与银行资产保全问题探索 ［J］. 上海金融，1997（7）：9-10.

［5］方杰. 国有企业破产兼并的法律思考 ［J］. 政法论坛，1997（3）：85-87，106.

［6］曲颖. 对审理成都市首家国有企业破产案的认识 ［J］. 法学杂志，1997（3）：33-34.

［7］杨钢. 关于建立与完善国有企业破产机制的若干思考 ［J］. 经济体制改革，1997（2）：41-50，132.

［8］刁孝堂. 当前国有企业破产的难点与对策思考 ［J］. 探索，1997（2）：11-14.

［9］邹东涛，张晓文. 推进和完善国有企业破产的思考 ［J］. 中国工业经济，1997（3）：11-16.

［10］严昌涛. 国有企业兼并破产中的税收问题初探 ［J］. 税务研究，1997（3）：17-20.

［11］胡世亮. 我国商业银行破产法律制度及完善 ［J］. 鞍山师范学院学报，1997（1）：13-15.

［12］王振祥，靳文安. 国有企业破产与保全金融资产浅议 ［J］. 河北金融，1997（12）：33-35.

［13］甄峰. 国有企业破产预防制度初探 ［J］. 湖南商学院学报，1997（4）：36-38，46.

［14］严太华. 对当前国有企业破产问题的思考 ［J］. 工业技术经济，1997（2）：6-7，11.

［15］许廷敏. 浅析国有与非国有企业破产主体地位的几点差异 ［J］. 企业活力，1997（9）：26-28.

［16］刁孝堂. 国有企业破产的理性思考和对策 ［J］. 经营管理者，1997（5）：6-7.

［17］何能高．关于审理国有企业破产案件疑难问题探讨［J］．法制与经济，1997（5）：41-42.

［18］陈志刚．国有企业债务重组问题探析［J］．岭南学刊，1997（2）：32-37.

［19］宗寒．国有企业破产的几个问题［J］．当代思潮，1997（5）：11-20.

［20］刁孝堂．国有企业破产的理性思考和对策［J］．经营管理者，1997（5）：6-7.

［21］陈高升，孔琦．论我国企业破产的现状与发展［J］．计划与市场，1997（11）：16-18.

［22］李志文，王桂云．论单船公司破产中的法律问题［J］．中国海商法年刊，1997（0）：239-248.

［23］杜俊仪．海南特区国有企业破产的问题及对策［J］．海南大学学报（社会科学版），1997（4）：28-32.

1998 年

［1］李学魁，孔祥玲．谈破产国有企业银行债务依法偿付的最大化［J］．政法论丛，1998（2）：30-33.

［2］陈石，蒋大祥．国有企业破产刍议［J］．中央政法管理干部学院学报，1998（6）：49-50.

［3］石静遐．母公司对破产子公司的债务责任——关于"揭开公司面纱"理论的探讨［J］．法学评论，1998（3）：53-60.

［4］徐英国．建立我国个人破产制度的理由分析［J］．研究生法学，1998（1）：18-21.

［5］谭秋桂．如何界定国有企业破产财产［J］．中国商贸，1998（5）：60-61.

1999 年

［1］刘勇．试论我国立法应允许自然人破产的必要性及其制度设计

[J]. 法学, 1999 (8): 43-46.

[2] 汪世虎, 李刚. 自然人破产能力研究 [J]. 现代法学, 1999 (6): 38-42.

[3] 李卫平, 费国平. 国有企业兼并破产中的几个法律问题 [J]. 新疆大学学报 (哲学社会科学版), 1999 (4): 11-14.

[4] 王军. 人大应加强对国有企业破产监督 [J]. 新疆人大 (汉文), 1999 (10): 22-23.

[5] 胡新, 李豪, 尹鸿翔. 合伙型联营中一方破产后代位追偿权的行使 [J]. 广西大学学报 (哲学社会科学版), 1999 (4): 57-59.

[6] 朱彩华. 关联企业破产刍议 [J]. 观察与思考, 1999 (8): 37-38.

2000 年

[1] 韩长印. 个别强制执行与破产的双重立法选择——自然人和非法人组织的破产能力分析 [J]. 河南省政法管理干部学院学报, 2000 (6): 40-46.

[2] 王晓敏. 浅析我国商业银行破产及预防 [J]. 河北法学, 2000 (3): 33.

[3] 全甲春, 毛海法, 全智, 全玉. 应加快制定我国商业性金融机构破产法 [J]. 金融理论与实践, 2000 (4): 64.

[4] 郑玉光. 国有企业破产的实证研究与理论分析 (下) [J]. 山西财经大学学报, 2000 (1): 102-105, 108.

[5] 罗树志. 国有企业破产程序的检察监督 [J]. 中南工业大学学报 (社会科学版), 2000 (3): 256-257.

[6] 洪可喜. 关联方交易及其在破产清算中的法律问题 [J]. 华东理工大学学报 (社会科学版), 2000 (3): 88-92.

[7] 李永军. 论破产法上的免责制度 [J]. 政法论坛, 2000 (1): 21-25.

[8] 曾二秀. 论破产免责 [J]. 江海学刊, 2000 (3): 73-78.

［9］陈青宝．自然人破产还有多远？ ［J］．中国经济快讯，2000（30）：24-25.

［10］关俭科，胡充寒，王平生．消费者破产制度探究［J］．经济论坛，2000（15）：14-15.

［11］陈旭初．商业银行防范企业破产风险的法律对策［J］．湖南省政法管理干部学院学报，2000（2）：52-55.

［12］李越．浅议我国保险企业破产立法问题［J］．甘肃金融，2000（7）：7-9.

［13］苏宏峰．国有企业破产重组之法律对策［J］．呼伦贝尔学院学报，2000（1）：25-26，23.

［14］韦坚．对抵押人和保证人破产的若干问题探讨［J］．中央政法管理干部学院学报，2000（4）：33-36.

［15］马兆瑞．论企业集团内部子公司破产时，母子公司的债务责任［J］．天津市政法管理干部学院学报，2000（3）：17-19.

［16］杨兢．破产免责制度浅议［J］．湖南省政法管理干部学院学报，2000（4）：63-65.

［17］黄敏，彭春玲．可以考虑建立个人破产制度［N］．经济参考报，2000-07-19（8）.

［18］黄敏．建立个人破产制度之浅见［N］．亚太经济时报，2000-07-01（3）.

［19］黄敏．应该建立个人破产制度［N］．厂长经理日报，2000-07-20（A03）.

［20］黄敏，徐虹．对建立个人破产制度的思考［N］．社会科学报，2000-08-31（2）.

［21］信曦．上市公司破产一道难解的题［N］．中国企业报，2000-06-16（3）.

2001 年

［1］丁凤鹏．商自然人破产制度设计之我见［J］．当代法学，2001（12）：42-45.

［2］豆景俊，郑狄杰．构建我国个人破产制度的法律思考［J］．广东商学院学报，2001（2）：67-71.

［3］于远河．合伙企业、个人独资企业能否破产还债？［J］．理论与实践，2001（6）：32.

［4］卢克贞．构建我国上市公司市场退出的法律机制［J］．河南金融管理干部学院学报，2001（2）：40-42.

［5］张伟．总厂破产，其具有法人资格的全资子公司也破产吗？［J］．企业导报，2001（11）：62.

［6］康志山，朱银端．关于我国破产法中免责制度的思考［J］．绍兴文理学院学报（"两课"教学研究），2001（S1）：158-161.

［7］任晓刚．论我国消费者破产立法规制［J］．党政干部学刊，2011（1）：24-26.

［8］刘莉，马俊．我国金融机构破产立法体例和立法模式研究［J］．黑龙江省政法管理干部学院学报，2011（2）：94-97.

［9］安柏涛．我国个人破产制度的立法思考［J］．商品与质量，2011（S1）：117.

［10］黄敏．浅谈个人破产制度［N］．中国财经报，2001-08-03（3）.

2002 年

［1］张卫．论建立我国自然人破产制度的必要性和立法指导思想［J］．社会科学家，2002（3）：56-60.

［2］刘清生．商自然人破产立法初论［J］．西南民族学院学报（哲学社会科学版），2002（9）：104-107.

［3］文杰，张丽琴．建立我国个人破产制度问题研究［J］．上海社会科学院学术季刊，2002（3）：69-77.

［4］张林森．建立国有商业银行破产法律制度的思考［J］．企业经济，2002（11）：150-151，174.

［5］王惠．论破产复权制度［J］．当代法学，2002（6）：74-76.

［6］兰艳．扩大破产制度的适用范围与建立个人破产制度［J］．广西财政高等专科学校学报，2002（1）：49-53.

[7] 万金冬，吴钧．我国的破产立法应建立自然人破产制度［J］．沈阳师范学院学报（社会科学版），2002（4）：23-26.

[8] 温树英．构建我国金融机构市场退出的监管法律体系［J］．政治与法律，2002（3）：42-46.

[9] 罗小红．中国金融信托投资机构破产法律制度研究［J］．中山大学学报论丛，2002（1）：303-305.

[10] 孟繁杰，段存炎．国有企业破产财产认定及债务清偿原则［J］．北方经贸，2002（9）：45-46.

[11] 王红茹．国企破产之难［J］．中国经济快讯，2002（45）：19.

[12] 杨伟．母公司对破产子公司的债务责任——关于"公司法人格否认"理论的探讨［J］．税收与企业，2002（S1）：77-78.

[13] 丁永平．对商业银行破产的思考［N］．江苏经济报，2002-01-10（C）.

[14] 戴玉华．法律对民事主体破产能力的界定［N］．江苏经济报，2002-04-11（C）.

[15] 米鹏民．尽快引入"个人破产制度"［N］．深圳商报，2002-07-26（A06）.

[16] 苏利川．企业破产不容漏网之鱼［N］．中华工商时报，2002-08-02.

[17] 冯秀艳．应尽早推出个人破产法［N］．文汇报，2002-09-15（5）.

2003 年

[1] 华金秋．试论个人破产与财务管理［J］．中央财经大学学报，2003（1）：75-80.

[2] 洪玉．略论建立我国个人破产制度的若干法律问题［J］．华东政法学院学报，2003（5）：20-24.

[3] 何畅．现行商业银行破产法律制度存在的缺陷及完善对策［J］．金融论坛，2003（12）：21-26.

[4] 阎维杰．应尽快建立金融机构破产的法律法规［J］．经济研究参

考，2003（23）：24.

[5] 陈根发.破产免责制度的现代理论［J］.求是学刊，2003（1）：77-82.

[6] 张艳丽.破产目的与免责制度的建立［J］.北京理工大学学报（社会科学版），2003（1）：33-36.

[7] 葛现琴.我国破产复权立法模式之选择［J］.当代法学，2003（12）：77-79.

[8] 梁丽芳，张永庆.自然人破产免责制度刍议［J］.辽宁财专学报，2003（3）：42-43.

[9] 甄峰，胡菁菁.自然人破产制度研究［J］.湖南商学院学报，2003（5）：92-94.

[10] 秦守勤.对我国个人破产的法哲学思考［J］.江西省团校学报，2003（2）：35-37.

[11] 刘国华，陈凯.关于建立我国自然人破产制度的思考［J］.黑龙江省政法管理干部学院学报，2003（3）：24-25.

[12] 崔闽.个人破产制度在中国的引进及对中国信用制度的冲击［J］.山东行政学院山东省经济管理干部学院学报，2003（5）：60-62.

[13] 程盛.论我国建立自然人破产制度的必要性与可行性［J］.新乡师范高等专科学校学报，2003（1）：55-57.

[14] 董红，王有强.试论建立我国的个人破产制度［J］.行政与法，2003（11）：123-124.

[15] 俞飞颖.确立商自然人破产制度的立法初论［J］.中国律师，2003（9）：58-60.

[16] 陈瑞琴，夏永全.建立自然人破产制度的必要性及法律规制［J］.成都师专学报，2003（1）：22-25.

[17] 陈韬，韩冰.论对外国破产法之借鉴——建立个人破产制度之合理检讨［J］.中国司法，2003（6）：32-34.

[18] 杨悦.论破产法应赋予自然人破产能力［J］.吉林财税高等专科学校学报，2003（1）：63-64.

[19] 牛淑贤.我国建立个人破产制度若干问题探讨［J］.山东财政

学院学报，2003（5）：67-69.

[20] 华金科，周璇. 论我国实施个人破产制度的必要性 [J]. 河北经贸大学学报（综合版），2003（4）：33-35.

[21] 夏旭阳. 论我国自然人破产能力立法的必要性和可行性 [J]. 甘肃理论学刊，2003（3）：41-44.

[22] 王平生. 试论我国消费者破产制度的建立 [J]. 南华大学学报（社会科学版），2003（3）：30-33.

[23] 边志良. 关于商业银行破产清算是否纳入普通破产法问题的研究报告 [J]. 金融法苑，2003（8）：91-97.

[24] 刘定华，周立雄. 对我国金融机构市场退出制度的法律思考 [J]. 长沙电力学院学报（社会科学版），2003（2）：38-40.

[25] 吴斌. 金融机构市场退出法律机制的比较研究 [J]. 财经科学，2003（1）：37-41.

[26] 李双元，曾炜. 国家破产——主权债务重组研究 [J]. 时代法学，2003（1）：55-63.

[27] 葛现琴. 破产免责制度的理性思考 [J]. 河南司法警官职业学院学报，2003（4）：62-66.

[28] 迟智广. "银行"破产来到身边，存款保险亟待立法 [N]. 经理日报，2003-01-30（C03）.

[29] 张苓. 企业破产遇难题 [N]. 中国冶金报，2003-01-23.

[30] 万刚粮. 国企破产，警惕国资流失 [N]. 检察日报，2003-01-07.

[31] 朱俊生. 浅谈建立保险公司破产保证金制度 [N]. 中国保险报，2003-02-20（3）.

[32] 张锐. 谁为"破产银行"埋单？[N]. 中华工商时报，2003-02-10.

[33] 谢肇荣，肖丕国. 确立我国个人破产制度之构想 [N]. 人民法院报，2003-09-10.

[34] 黄潜. 应尽快出台个人破产法 [N]. 金融时报，2003-10-23.

[35] 郭建军. 亏损严重的国有企业破产方法 [N]. 中国包装报，2003-11-25（T00）.

2004 年

[1] 李海涛，夏定．证券法应确立券商破产赔偿责任的保险制度 [J]．政治与法律，2004（1）：58-61．

[2] 申丽凤．商合伙破产程序与实体问题研究 [J]．河北法学，2004（12）：43-47．

[3] 樊惠平，李德利．确定自然人破产能力之机理 [J]．河北法学，2004（5）：87-90．

[4] 汪波，屈茂辉．商自然人破产适用对象及可行性分析 [J]．河北法学，2004（10）：58-60．

[5] 周帮扬，罗大平．个人破产法律程序适用主体与条件分析 [J]．华中农业大学学报（社会科学版），2004（1）：75-77．

[6] 方拯．关于我国个人破产立法的几点思考 [J]．经济与社会发展，2004（4）：95-97．

[7] 李鹏，罗小丽．浅谈个人破产制度在我国的确立 [J]．经济论坛，2004（8）：110-111．

[8] 吴振辉．我国个人破产制度构建探析 [J]．经济论坛，2004（4）：129-131．

[9] 张玉鹏，张丽琴．个人破产制度若干问题研究 [J]．南阳师范学院学报（社会科学版），2004（7）：53-56．

[10] 陈亚东．建立我国个人破产制度 [J]．法治论丛，2004（1）：28-31，41．

[11] 刘丽敏．自然人企业破产：不破难立 [J]．河北企业，2004（12）：8-10．

[12] 虢金祥．关注自然人破产问题 [J]．大经贸，2004（12）：80-82．

[13] 谭阿勇．自然人破产制度之法律完善 [J]．河南财政税务高等专科学校学报，2004（6）：25-26，45．

[14] 杨柳，胡洁．建立我国消费者破产制度的构想 [J]．广西政法管理干部学院学报，2004（6）：7-8．

[15] 张红. 关于我国个人破产制度的立法构想 [J]. 贵州民族学院学报（哲学社会科学版），2004（4）：99-103.

[16] 屠新全，马远. 商自然人破产法律制度研究 [J]. 皖西学院学报，2004（1）：67-69.

[17] 钟晟. 论破产法上的复权制度 [J]. 中共南昌市委党校学报，2004（6）：35-36.

[18] 陈融. 加强商业银行在企业破产中的法律维权 [J]. 福建金融，2004（11）：40-41.

[19] 张焰. 谈我国商业银行破产法律制度的构建 [J]. 湖北社会科学，2004（1）：71-72.

[20] 邱海洋，龙平. 新《破产法》难解金融机构退市之忧 [J]. 法人杂志，2004（Z1）：132-134.

[21] 张静，李燕妮，王国秀. 试论金融机构市场退出制度的法律框架 [J]. 西安财经学院学报，2004（4）：97-100.

[22] 王利明. 企业破产法律制度 [J]. 中国人大，2004（9）：27-30.

[23] 余维民. 试论三资企业的破产 [J]. 法治论丛，2004（4）：98-99.

[24] 汪波. 试论个人破产制度 [J]. 湖湘论坛，2004（2）：78-80.

[25] 张丽琴. 个人破产制度三论 [J]. 同济大学学报（社会科学版），2004（4）：118-123.

[26] 吴兰友. 自然人破产制度须完善 [N]. 上海金融报，2004-02-19（5）.

[27] 完善自然人破产的制度设计 [N]. 广州日报，2004-06-20.

2005 年

[1] 沙洵. 建立我国个人破产制度的若干思考 [J]. 华东政法学院学报，2005（2）：45-49.

[2] 龙一平. 关于我国个人破产制度的立法构想 [J]. 特区经济，2005（9）：276-277.

[3] 刘振环．自然人破产制度、个人信用体系与和谐社会的构建 [J]．学术交流，2005（8）：59-62．

[4] 王云鹏，王鹏．创建我国自然人破产制度的若干问题刍议 [J]．河南社会科学，2005（5）：40-43．

[5] 刘铭盛，虢金祥．自然人破产制度研究 [J]．南方经济，2005 （6）：15-17．

[6] 胡莉，刘艳妍．确认非商人的破产能力 [J]．西南民族大学学报 （人文社科版），2005（3）：76-78．

[7] 李亮．论我国商业银行的破产及其法律对策 [J]．河北法学，2005（5）：92-94．

[8] 黎四奇．我国商业银行破产法律制度的现状及其矫正 [J]．上海金融，2005（9）：48-50．

[9] 赖庆春．商业银行如何应对新《破产法》 [J]．金融理论与实践，2005（1）：81-82．

[10] 刘沫茹．商业银行破产法律制度的比较研究 [J]．江汉论坛，2005（11）：128-130．

[11] 李敏华，蓝承烈．制约合伙企业破产目标实现各要素的界定 [J]．社会科学家，2005（6）：97-99，102．

[12] 丛涛．破产主体与破产界限简析 [J]．社会科学论坛，2005 （2）：38-40．

[13] 蔡八弟．"负翁"族大量涌现个人破产需立法 [J]．中国经济周刊，2005（42）：32-33．

[14] 谢俊．建立我国个人破产制度浅议 [J]．宁波经济（三江论坛），2005（9）：40-44．

[15] 黄滔．个人破产制度之我见 [J]．晟典律师评论，2005（2）：128-139．

[16] 郭健．个人无权宣布破产？ [J]．英才，2005（4）：102-103．

[17] 金铭．个人破产能否挽救"中国负翁" [J]．检察风云，2005 （13）：16-17．

[18] 徐小兵．个人破产法：催生之难？ [J]．宁波经济（财经视点），2005（6）：32-33．

[19] 夏玲利．关于自然人破产能力的立法思考［J］．中国科技信息，2005（5）：43．

[20] 白非，刘振环，韩柳青，朱凤兰．确立自然人破产制度对构建个人信用体系的意义［J］．河北科技师范学院学报（社会科学版），2005（3）：47-49．

[21] 陶绪翔．论我国自然人破产制度的建立——从法经济学的角度分析［J］．行政与法（吉林省行政学院学报），2005（9）：125-127．

[22] 徐珍君．自然人破产能力之我见［J］．沙洋师范高等专科学校学报，2005（1）：19-20，26．

[23] 郝玉业，李辉．试论自然人破产制度应当缓行［J］．山西高等学校社会科学学报，2005（12）：74-75．

[24] 殷洁．自然人的破产能力及其破产免责［J］．江西财经大学学报，2005（3）：77-79．

[25] 汪琴．略论消费者破产能力［J］．甘肃政法成人教育学院学报，2005（2）：70-71．

[26] 陈秀艳．论我国破产法中复权制度之建构［J］．哈尔滨学院学报，2005（9）：109-112．

[27] 张玉梅．试析合伙的破产程序［J］．中山大学学报论丛，2005（6）：357-361．

[28] 唐开元，颜运秋．对我国商业银行市场退出法律制度的思考［J］．南华大学学报（社会科学版），2005（4）：63-67．

[29] 倪浩嫣．证券公司退出机制探析［J］．政法论丛，2005（2）：48-51．

[30] 张奇．优胜劣汰需立法先行——金融企业退出呼唤新破产法［J］．中国金融家，2005（2）：49-51．

[31] 赵雪淞，张静．金融机构市场退出制度的法律框架的构建［J］．重庆工商大学学报（社会科学版），2005（2）：64-67．

[32] 范湘凌．金融机构市场退出立法的价值诉求［J］．政法学刊，2005（4）：38-41．

[33] 韩青，吴崇攀．我国金融机构破产申请人界定存在的缺陷及完

善建议［J］. 海南金融，2005（12）：54-56.

［34］刘明俊. 新《破产法》最后争议：职工能否破产？［J］. 商务
周刊，2005（7）：84-85，6.

［35］焦丽娟. 略论我国上市公司破产的实施［J］. 晟典律师评论，
2005（2）：140-150.

［36］李敏华. 合伙企业破产法理冲突评析［J］. 黑龙江省政法管理
干部学院学报，2005（3）：63-65.

［37］李敏华，袁晓波. 合伙企业破产之法理研评［J］. 边疆经济与
文化，2005（5）：20-23.

［38］张晓涛. 我国应构建个人破产制度［N］. 中国经济时报，
2005-09-20（8）.

［39］杨兆全. 个人破产制度为何难行［N］. 中国房地产报，2005-
07-25（24）.

［40］李郁. 个人破产法离我们还有多远［N］. 西部时报，2005-07-
01（11）.

［41］铭江. 上市公司破产为何难实施［N］. 中国证券报，2005-04-
29（A01）.

［42］阿铭，隅篁. 个人破产法能否现身中国［N］. 金融时报，
2005-06-17.

［43］季子. 该有个人破产法了［N］. 经济参考报，2005-05-21.

［44］李坚. 当前建立个人破产制度存疑［N］. 长江日报，2005-05-
19（12）.

［45］马宏建. 金融机构破产条例如何破茧［N］. 中国改革报，
2005-04-12（5）.

［46］纪若梅，吴崇攀. 完善金融机构破产机制形成有效约束力
［N］. 金融时报，2005-07-19（C12）.

［47］赵江山. 金融机构破产央行不再全盘买单［N］. 经济参考报，
2005-05-09.

［48］廖凡. 证券公司破产清算中的投资者保护［N］. 21世纪经济报
道，2005-08-04（19）.

［49］李巧宁. 券商破产应写入新《证券法》［N］. 证券时报，2005-

07-29（4）．

[50] 王妍．新破产法助推问题券商退市［N］．金融时报，2005-02-26．

[51] 阎岳．券商市场化退出渐近［N］．证券日报，2005-02-22．

[52] 孙国茂．问题券商重组不可一刀切［N］．中国证券报，2005-01-05（12）．

[53] 周羽中．券商破产应写入新破产法［N］．上海证券报，2005-01-05．

2006 年

[1] 曹兴权．雾里看花：自然人破产之争［J］．河北法学，2006（4）：43-47，146．

[2] 赵万一，吴敏．我国商业银行破产法律制度构建的反思［J］．现代法学，2006（3）：83-90．

[3] 吴敏．银行破产法理论诞生的背景考察［J］．学术界，2006（2）：178-182．

[4] 吴敏．银行破产法理论的现实意义解读［J］．中国青年政治学院学报，2006（3）：106-110．

[5] 倪浩嫣．商业银行破产法律制度的完善［J］．山东社会科学，2006（9）：51-52．

[6] 廖凡．论证券公司的破产清算特别程序——以中美比较为视角［J］．法学，2006（7）：112-119．

[7] 张洪涛，张俊岩．我国保险企业市场退出机制研究［J］．河南社会科学，2006（2）：17-20．

[8] 张晨颖．对无限连带责任制度的再思考：谈非法人企业破产制度的确立［J］．法学杂志，2006（5）：139-142．

[9] 周延．《保险保障基金管理办法》解读——以破产法为视角［J］．经济经纬，2006（1）：154-156．

[10] 张驰．银行破产前的"救命稻草"［J］．法人杂志，2006（1）：10-12，126．

［11］樊俊飞，胡平．我国商业银行破产的制度构建［J］．天府新论，2006（S2）：154-156.

［12］樊俊飞，胡平．我国商业银行破产的障碍研究［J］．天府新论，2006（S2）：165-167.

［13］徐孟洲，徐阳光．论金融机构破产之理念更新与制度设计［J］．首都师范大学学报（社会科学版），2006（1）：26-32.

［14］王勇．简析关联企业破产中的特殊债权人问题——从一个假设谈起［J］．商业研究，2006（3）：60-62.

［15］何旭强，周业安．上市公司破产和重整的选择机制、经济效率及法律基础［J］．管理世界，2006（7）：125-131.

［16］朱少平．个人破产立法：正当其时［J］．法人杂志，2006（3）：32-33.

［17］李宝东，樊春雨．建立自然人破产制度［J］．行政与法，2006（2）：103-104.

［18］邓娟，黄旭东．关于商自然人破产能力的问题研究［J］．沿海企业与科技，2006（3）：164-165，168.

［19］乔湘平，李晓翼．建构我国自然人破产制度初探［J］．湖湘论坛，2006（3）：70-72.

［20］孙宏涛．论我国建立自然人破产制度的必要性与可行性［J］．天津市政法管理干部学院学报，2006（2）：38-41.

［21］王兆华，薄国旗．自然人破产制度若干问题探讨［J］．中国市场，2006（27）：34-35.

［22］王薇．论建立我国个人破产制度［J］．社会科学论坛，2006（7）：89-91.

［23］谢渊．论自然人破产制度的构建——对《民事诉讼法》第235条的探讨［J］．西南政法大学学报，2006（3）：38-42.

［24］程功舜．我国商自然人的范围及其破产能力分析［J］．中山大学学报论丛，2006（4）：124-127.

［25］齐云峰，陈莉．自然人破产制度对构建个人信用体系的意义［J］．宿州学院学报，2006（4）：26-28.

［26］田颖．保证金融稳定运行应当制定"个人破产法"的探讨——

我国负翁现象与金融危机分析 [J]. 天津职业院校联合学报，2006（5）：145-148.

［27］吴敏. 银行破产中的权力结构分析——行政权与司法权在银行破产中的均衡 [J]. 财贸研究，2006（3）：89-94，109.

［28］唐济宇. 商业银行破产法律问题研究 [J]. 贵州民族学院学报（哲学社会科学版），2006（2）：103-106.

［29］吴敏. 我国商业银行破产原因的法律规定研究 [J]. 江淮论坛，2006（3）：44-50.

［30］彭真军，高文艺. 完善金融机构破产机制的若干建议 [J]. 特区经济，2006（2）：269-270.

［31］胡怀邦. 建立金融机构破产制度迫在眉睫 [J]. 中国金融家，2006（4）：22-23.

［32］邱彦，吕冰心. 金融机构破产机制期待破题 [J]. 法人杂志，2006（12）：66，112.

［33］李进. 关于我国国有企业破产制度历史演进的综述 [J]. 甘肃农业，2006（10）：144-145.

［34］朱其俊，董军. 国有企业政策性破产的思考 [J]. 产业与科技论坛，2006（5）：28-29.

［35］吕冰心. 破产：民企、国企一视同仁 [J]. 法人杂志，2006（10）：54-55.

［36］孙金峰，方德英. 试论集体企业破产制度的缺陷及完善 [J]. 河南水利，2006（4）：46-47.

［37］贾宏伟. 依法破产将成为国有军工企业退出市场的主要途径 [J]. 国防科技工业，2006（12）：26-27.

［38］李万青. 国有企业政策性关闭破产必须解决的两个问题 [J]. 湖南人文科技学院学报，2006（5）：25-28，32.

［39］马荣荣. 浅析合伙企业破产的问题 [J]. 甘肃农业，2006（4）：71.

［40］刘良宏，邵先上. 关于保证人破产若干问题的探讨 [J]. 宿州学院学报，2006（1）：27-29.

［41］付翠英. 家庭破产制度初探 [J]. 金陵法律评论，2006（1）：

75-83.

［42］段威．合伙企业破产诸问题探析［J］．中国商法年刊，2006
（0）：190-197.

［43］黄丽娟．论合伙企业破产分配的法律规范机制——以法人成为
普通合伙人的情形为中心［J］．中国商法年刊，2006（0）：
198-205.

［44］刘炘．我国上市公司破产问题初探［J］．法制与社会，2006
（20）：135-136.

［45］刘学海．试论商业银行破产法律制度［N］．上海金融报，
2006-04-21（A15）.

［46］钱昊旻．金融机构破产程序明确［N］．中国证券报，2006-08-
23（A01）.

［47］罗岚，姚伟，杨国强．金融机构破产法规与国际接轨［N］．人
民日报（海外版），2006-09-28（5）.

［48］岳恒．《企业破产法》：水利企业应关注什么［N］．中国水利
报，2006-10-10（A）.

［49］曹守晔．破产能力之争［N］．法制日报，2006-11-21（10）.

2007 年

［1］邓社民．自然人破产能力的法理基础和现实选择［J］．武汉大学
学报（哲学社会科学版），2007（3）：341-344.

［2］齐明．论我国构建自然人破产制度的必要性［J］．当代法学，
2007（4）：94-98.

［3］李曙光．新《企业破产法》与金融机构破产的制度设计［J］．
中国金融，2007（3）：65-67.

［4］王楠．我国银行破产法律制度问题研究［J］．法学家，2007
（4）：77-85.

［5］叶秋惠．我国商业银行破产法律框架的构建［J］．南京审计大学
学报，2007（3）：82-85.

［6］周延，房爱群．论新《企业破产法》与我国保险市场退出机制

[J]. 东岳论丛, 2007 (3): 177-179.

[7] 邢培泉. 我国个人信用与破产免责 [J]. 河南社会科学, 2007 (5): 82-84.

[8] 赵磊. 私法主体"有限责任"辨——兼谈我国自然人破产制度建立之必要 [J]. 财经科学, 2007 (8): 87-95.

[9] 王为东. 破产免责制度的中国历程 [J]. 改革与战略, 2007 (12): 19-20, 34.

[10] 张晨颖. 合伙企业债务清偿方式选择的经济分析 [J]. 法学杂志, 2007 (4): 78-81.

[11] 张和琼. 浅谈商自然人破产的制度设计 [J]. 法制与社会, 2007 (6): 43-44.

[12] 田甜. 自然人破产制度之比较与借鉴 [J]. 法制与社会, 2007 (12): 317.

[13] 王高平. 论建立自然人破产制度的必要性——对我国新破产法适用范围的思考 [J]. 韶关学院学报, 2007 (11): 92-95.

[14] 黄治. 建立我国自然人破产制度之构想 [J]. 南昌高专学报, 2007 (4): 15-17.

[15] 常廷彬. 关于自然人破产的法律构想 [J]. 广东外语外贸大学学报, 2007 (1): 86-88.

[16] 葛枫呐. 自然人破产能力及我国的模式选择 [J]. 安徽电子信息职业技术学院学报, 2007 (5): 75, 99.

[17] 王彦英, 王燕霞. 试论在我国建立个人破产制度的必要性 [J]. 商场现代化, 2007 (11): 282.

[18] 杜晓溪. 构建我国个人破产制度的法经济学思考 [J]. 时代金融, 2007 (4): 64-66.

[19] 高星华. 论我国个人破产制度之不足及其改进 [J]. 杭州电子科技大学学报 (社会科学版), 2007 (1): 7-11.

[20] 李甲. 浅论我国个人破产制度的建立 [J]. 法制与社会, 2007 (4): 125-126.

[21] 黄喜春, 孙睿. 论我国应当设立个人破产制度 [J]. 湖北经济学院学报 (人文社会科学版), 2007 (5): 102-103.

［22］张有亚．从新《公司法》看个人破产的必然性［J］．法制与经济（上半月），2007（3）：62.

［23］常廷彬．关于个人破产的法律思考［J］．山西高等学校社会科学学报，2007（7）：57-60.

［24］张学雷．建立我国个人破产法律制度的思考［J］．中国乡镇企业会计，2007（8）：125.

［25］方佳蕊．我国个人破产制度的立法研究［J］．科技创新导报，2007（33）：70-71.

［26］何月．个人破产制度若干问题研究［J］．法制与社会，2007（8）：187-188.

［27］李青伟．论个人破产制度的若干问题［J］．商业文化（学术版），2007（9）：74-75.

［28］左慧，许玥，宋娜拉．自然人破产免责制度研究［J］．企业技术开发，2014（17）：122-123.

［29］赵辉，张毫．信用权法律制度构建与破产制度之完善［J］．黑龙江省政法管理干部学院学报，2007（3）：56-59.

［30］刘慧娟．浅议我国消费者破产制度的建构［J］．中国商法年刊2007（0）：428-435.

［31］黄守成．金融机构破产制度研究［J］．河南金融管理干部学院学报，2007（6）：32-36.

［32］何亚斌．产权市场：企业破产制度的"补天石"——关于堵住国有企业破产漏洞问题的探究［J］．中国司法，2007（1）：98-99.

［33］檀钊．我国应当建立遗产破产制度［J］．武汉职业技术学院学报，2007（5）：27-31，34.

2008 年

［1］孟凡麟．中国建立自然人破产制度障碍的排除［J］．学术论坛，2008（4）：174-177.

［2］叶甲生．理想与现实：重思自然人之破产能力［J］．江淮论坛，

2008（5）：70-75.

［3］赵霖. 关于个人破产法律制度的思考［J］. 经济社会体制比较，2008（6）：168-171，71.

［4］郭兴利. 赋予个人破产能力：观念变革与国际惯例的双重视野［J］. 求索，2008（11）：154-156.

［5］郭雪. 金融机构破产的法律思考［J］. 银行家，2008（3）：117-119.

［6］王志勤. 银行破产法律制度中的安全与效率研究［J］. 华东师范大学学报（哲学社会科学版），2008（3）：93-99.

［7］范湘凌，毛竹青. 商业银行破产法律适用若干问题探析［J］. 法学杂志，2008（6）：140-142.

［8］王斐民，陈婧. 论商业银行破产的申请权人［J］. 政治与法律，2008（9）：22-28.

［9］刘惠娜. 我国银行业金融机构破产法律制度研究［J］. 上海金融，2008（12）：74-77.

［10］高海，储德银. 破产合作社惠顾债权的法律问题探讨［J］. 经济问题，2008（3）：75-77.

［11］徐飞，任世存. 自然人破产免责制度的若干思考［J］. 北京工业大学学报（社会科学版），2008（4）：55-60.

［12］车亮亮. 金融机构破产的法经济学分析［J］. 经济法论坛，2008（0）：353-365.

［13］叶林. 上市/证券公司破产、重整、和解问题的法律思考［J］. 法治论坛，2008（2）：86-100.

［14］王欣新，蔡文斌. 论关联企业破产之规制［J］. 政治与法律，2008（9）：29-35.

［15］殷秀丽. 个人破产制度的建构［J］. 河南司法警官职业学院学报，2008（4）：68-70.

［16］徐鹤鸣，闫翠玲. 略论建立我国个人破产制度的可行性［J］. 襄樊职业技术学院学报，2008（6）：107-109.

［17］杨绪萍. 论自然人破产制度中的自由财产制度［J］. 决策与信息（财经观察），2008（7）：79-80.

［18］胡健．灾区重建呼唤个人破产制度［J］．法治与社会，2008
（8）：29．

［19］李改华．论我国建立自然人破产制度的必要性与可行性［J］．
中国商界（下半月），2008（10）：163．

［20］杨春蕾．浅谈发展巨灾险和推行个人破产制度——四川地震的
经济学思考［J］．管理观察，2008（24）：174-176．

［21］李妍．论个人破产制度在中国的构建［J］．科技经济市场，
2008（12）：76-77．

［22］王宏，陈艳．我国建立自然人破产能力制度的成因分析［J］．
法制与社会，2008（3）：62-63．

［23］刘晨，陈光光．关于我国个人破产立法的几点思考［J］．法制
与经济（下半月），2008（4）：138-139．

［24］黄剑锋．个人破产制度争论之解析［J］．武汉船舶职业技术学
院学报，2008（2）：70-73．

［25］高芳．关于我国建立个人破产制度的思考［J］．实事求是，
2008（3）：71-73．

［26］陈笑晴．论构建和完善我国个人破产制度［J］．法制与社会，
2008（15）：42-43．

［27］徐燕洁．现阶段我国建立自然人企业破产制度的必要性和可行
性［J］．法制与社会，2008（14）：275-276．

［28］方佳蕊．我国个人破产制度立法研究［J］．科技创新导报，
2008（18）：94，96．

［29］何湘萍，刘歆衍．论自然人破产［J］．法制与社会，2008
（22）：93．

［30］陈笑晴．论个人破产制度构建的可行性［J］．企业家天地下半
月刊（理论版），2008（6）：20-21．

［31］朱智毅．构建我国自然人破产制度［J］．合作经济与科技，
2008（15）：118-120．

［32］凌世敏．巨灾损失呼唤个人破产制度［J］．中共桂林市委党校
学报，2008（3）：51-55．

[33] 胡玲. 试论建立个人破产制度 [J]. 当代经济, 2008 (8): 26-27.

[34] 盛昌明. 建立自然人破产制度势在必行 [J]. 法制与经济 (下旬刊), 2008 (10): 63-64.

[35] 陈玉祥. 我国应当建立个人破产法律制度 [J]. 北方经济, 2008 (22): 21-22.

[36] 翁康英. 我国个人破产制度构建初探 [J]. 管理科学文摘, 2008 (Z1): 281-283.

[37] 商菁菁. 试论银行重整的法律模式选择——银行法中的银行重整与普通破产法中的银行重整之比较 [J]. 湖南工业职业技术学院学报, 2008 (1): 71-73.

[38] 鹿朋. 金融机构破产立法中的重整问题思考: 以银行为例 [J]. 宁波广播电视大学学报, 2008 (2): 60-62, 65.

[39] 余林霏. 论银行破产法律制度中的几个法律问题 [J]. 产业与科技论坛, 2008 (8): 106-108.

[40] 翟志伟, 刘淑娟. 浅议我国商业银行破产的法律问题 [J]. 对外经贸, 2008 (9): 79-80.

[41] 辛红. 个人破产法很难一蹴而就 [N]. 法制日报, 2008-06-05 (5).

[42] 刘杰. 金融机构破产制度亟待出台 [N]. 北京商报, 2008-06-02 (7).

[43] 谢晓冬. 银行破产条例现轮廓或与存款保险同步出台 [N]. 上海证券报, 2008-06-02 (1).

[44] 王世涛. 国家破产, 可能吗? [N]. 检察日报, 2008-11-06 (3).

[45] 周芬棉. 揭开证券公司破产神秘面纱 [N]. 法制日报, 2008-11-20 (8).

2009 年

[1] 张军. 论个人信用与自然人破产立法制度的构建 [J]. 武汉大学学报 (哲学社会科学版), 2009 (4): 555-559.

［2］ 张平．我国自然人破产制度初探［J］．商业经济研究，2009
（14）：72-73，95．

［3］ 章艺霞．金融视角下的个人破产制度［J］．南方金融，2009
（4）：60-62．

［4］ 殷慧芬．消费信用与消费者破产制度的建立［J］．河北法学，
2009（11）：139-146．

［5］ 朱天华，滕岩．浅谈金融机构破产相关法律体系的完善［J］．法
学杂志，2009（5）：124-126．

［6］ 陈育，赵海程，姚艳．个人信用与个人破产制度法律关系的分
析——兼论我国建立个人破产制度的现实意义［J］．财经科学，
2009（8）：1-9．

［7］ 郭兴利．个人破产能力与构建和谐社会［J］．山东师范大学学报
（人文社会科学版），2009（1）：141-147．

［8］ 朱天华．金融机构破产机制分析［J］．经济与管理研究，2009
（3）：49-52．

［9］ 田学炜．我国商业银行破产立法研究［J］．兰州学刊，2009
（12）：147-148．

［10］ 邓丽．论保险公司破产清算制度中的保单持有人利益保护——
以新《保险法》相关制度评介为中心［J］．保险研究，2009
（4）：10-14．

［11］ 戴继翔，王鹤．破产免责制度的变迁及对我国立法的启示［J］．
南京审计学院学报，2009（4）：62-67．

［12］ 顾业池．寿险公司破产后保单持有人的权益保护［J］．保险研
究，2009（9）：3-9．

［13］ 温观音．期货公司破产法律问题初探［J］．法学杂志，2009
（5）：52-55．

［14］ 鲁智勇．刍议风险证券公司的行政处置程序［J］．商业时代，
2009（11）：81-82．

［15］ 重庆市高级人民法院民二庭课题组．关联企业破产实体合并中
的法律问题及对策［J］．法律适用，2009（12）：82-85．

［16］ 解玉娟．试论我国破产免责制度的构建［J］．河北法学，2009

（2）：151-155.

［17］曹思源. 建立地方政府破产制度［J］. 沪港经济，2009（1）：18.

［18］徐静. 我国个人破产制度的建立［J］. 山东工商学院学报，2009（1）：103-106.

［19］朱红霞. 论我国的个人破产制度［J］. 云南大学学报（法学版），2009（2）：90-94.

［20］刘萍. 个人破产：立法价值、国际比较及制度解构［J］. 西南金融，2009（6）：4-8.

［21］邹小琴. 论自然人破产制度［J］. 湖北职业技术学院学报，2009（2）：74-78.

［22］朱涛. "个人破产"为时尚早——从农村经济现状论之［J］. 前沿，2009（8）：87-89.

［23］邱柳. 我国个人破产法律制度构建之人格破产与复权制度研究［J］. 吉林省教育学院学报，2009（11）：116-118.

［24］郭薇. 关于自然人破产制度的立法思考［J］. 商场现代化，2009（4）：303-304.

［25］秦德镇. 关于建立我国个人破产法律制度的商榷［J］. 法制与社会，2009（5）：51-52.

［26］张娜. 从汶川地震谈我国个人破产制度［J］. 改革与开放，2009（4）：28.

［27］史玲. 我国建立自然人破产制度的必要性和可行性研究［J］. 对外经贸，2009（5）：58-59，71.

［28］邱柳. 浅析我国个人破产制度构建之自由财产制度［J］. 学理论，2009（16）：120-121.

［29］樊新红. 我国自然人破产立法探究［J］. 湖南第一师范学院学报，2009（4）：154-157.

［30］巫平丽. 地震凸显建立个人破产制度的必要性［J］. 企业家天地下半月刊（理论版），2009（1）：223-224.

［31］李磊. 中国目前建立个人破产制度的可行性分析［J］. 法制与社会，2009（13）：64.

［32］邱柳．试论我国个人破产法律制度的制度准备［J］．辽宁师专学报（社会科学版），2009（3）：137-138．

［33］宋杰．我国亟需出台个人破产法律制度［J］．科技信息，2009（23）：770-771．

［34］邱柳．我国建立个人破产制度的必要性浅析［J］．科技成果纵横，2009（3）：38-40．

［35］陈婧．对自然人破产能力的初探［J］．法制与社会，2009（15）：351．

［36］樊穗．论个人破产［J］．法制与社会，2009（16）：33-34．

［37］呼家钰．试论个人破产制度在我国建立之必要性［J］．知识经济，2009（10）：23-24．

［38］周璇子．关于构建我国个人破产制度的思考［J］．法制与社会，2009（20）：61．

［39］杜云．论我国自然人破产制度的构建［J］．漯河职业技术学院学报，2009（6）：42-43，52．

［40］高云．自然人破产制度探究［J］．消费导刊，2009（21）：149-150．

［41］李改华．我国自然人破产制度立法沿革［J］．中国商界（下半月），2009（1）：250．

［42］周秋琴．对我国设立自然人破产的法律思考［J］．中国商界（上半月），2009（8）：75-76．

［43］卢桂英．我国确立商自然人破产制度的必要性分析［J］．中国商界（下半月），2009（4）：301．

［44］梁鹏，郭少卿，王军．基于信用视角对我国自然人破产制度的设想［J］．华北金融，2009（S1）：66-70．

［45］张世琳．略论个人破产制度［J］．中外企业家，2009（6）：30-31．

［46］姬少亭，于力，朱薇．应建立个人破产制度［J］．中国人大，2009（19）：26．

［47］陈娅．试论建立和完善我国个人破产制度［J］．商场现代化，2009（28）：66．

［48］钟盈．浅析自然人破产制度［J］．技术与市场，2009（12）：57.

［49］殷慧芬．消费者破产立法目标：从公平清偿到合理救济［J］．公民与法（法学版），2009（4）：62-64，61.

［50］凌峻岭．商业银行破产若干法律问题评析［J］．福建金融，2009（3）：35-37.

［51］吴军梅，李良雄．我国金融机构破产法律制度研究［J］．福建金融，2009（3）：32-34.

［52］肖霄．我国商业银行破产法律制度分析［J］．行政与法，2009（7）：110-113.

［53］赵伟，罗卫华．新《破产法》视角下的商业银行破产法律制度研究［J］．产业与科技论坛，2009（5）：100-101.

［54］张晓彤．我国商业银行破产问题的法律分析［J］．中共郑州市委党校学报，2009（3）：94-96.

［55］刘开坛．论金融机构破产中的政府干预边界——以商业银行破产机制为例［J］．中国律师，2009（11）：37-39.

［56］杜云．商业银行破产法律适用若干问题探析［J］．河南司法警官职业学院学报，2009（2）：86-88.

［57］孟文翔，陈旻．试论商业银行的破产财产清偿顺序［J］．法制与社会，2009（9）：89-90.

［58］杨云清．商业银行破产预防制度权力结构重构［J］．法制与社会，2009（22）：129.

［59］期海明．论破产制度变迁中银行债权的法律保护［J］．区域金融研究，2009（8）：25-27.

［60］杨丽，张锋，辛羽．存款保险制度下银行破产债务清偿问题研究［J］．西部金融，2009（9）：55-56.

［61］李苗．论商业银行破产中债权人的法律保护［J］．湖南行政学院学报，2009（2）：91-92.

［62］王志朔．论信托公司破产的法律问题［J］．延边党校学报，2009（4）：51-52.

［63］孟国珍，丁韬．从证券公司破产清算实践看破产清算法律制度

的缺陷与完善 [J]. 中国律师, 2009 (8): 33-35.

[64] 黄文旭. 论国家破产法律制度 [J]. 云南电大学报, 2009 (2): 52-55.

[65] 雷震, 帅晓东. 民办学校破产清算法律适用问题研究 [J]. 人民司法, 2009 (15): 49-57.

[66] 王金堂. 外资企业非正常撤离法律问题研究 [J]. 青岛科技大学学报 (社会科学版), 2009 (4): 95-99.

[67] 杜云. 合伙企业破产问题探析 [J]. 郑州航空工业管理学院学报 (社会科学版), 2009 (5): 109-111.

[68] 李映碧. 论合伙企业的破产财产 [J]. 法制与经济 (下旬刊), 2009 (8): 102-103.

[69] 李加文. 合伙企业法诸多问题探析 [J]. 法制与社会, 2009 (25): 82-83.

[70] 廖显堂. 有关遗产破产的几个问题的探讨 [J]. 贵阳学院学报 (社会科学版), 2009 (3): 19-24.

[71] 郭莉萍, 陈兴华. 试论我国承认遗产的破产能力的必要性 [J]. 法制与社会, 2009 (28): 89-90.

[72] 邵伟. 我国遗产破产制度研究 [J]. 法制与社会, 2009 (12): 158.

[73] 侯国跃. 关联企业破产财产统一分配应慎行 [J]. 中国律师, 2009 (3): 69-71.

[74] 胡威. 对关联企业之间申请破产的法律思考 [J]. 法制与社会, 2009 (27): 105.

[75] 李改华. 论破产免责制度 [J]. 消费导刊, 2009 (4): 151.

[76] 郭辉, 王妤. 论破产免责制度 [J]. 法制与社会, 2009 (2): 66.

[77] 周斌. 个人无法破产不利公平 [N]. 法制日报, 2009-03-09 (6).

[78] 刘永, 茅永红. 尽快制定个人破产法 [N]. 中国工商报, 2009-03-10 (A02).

[79] 姜业庆. 银监会称: 金融机构破产条例已有初稿 [N]. 中国经

济时报，2009-06-23（1）.

［80］贾壮．金融机构破产条例初稿已制定［N］.证券时报，2009-06-22（A01）.

［81］王婷．银行业金融机构破产条例将遵循四原则［N］.中国证券报，2009-06-22（A05）.

［82］叶勇，蔡鄂生．尽早出台银行业金融机构破产条例［N］.上海证券报，2009-06-22（2）.

［83］邵步运．中小私营公司破产难的原因及化解之策［N］.江苏经济报，2009-12-16（B03）.

2010 年

［1］魏盛礼，黄丹峰．突发性灾害事故下个人破产制度立法探析［J］.企业经济，2010（2）：184-186.

［2］郭兴利．建立个人破产制度：化解个人债务纠纷的新路径［J］.山东师范大学学报（人文社会科学版），2010（2）：140-144.

［3］蒋国艳．论我国个人破产制度的构建［J］.广西社会科学，2010（8）：63-66.

［4］陈秋云．论个人破产制度的中国选择［J］.理论月刊，2010（3）：107-109.

［5］尤甜．灾后重建与个人破产制度的建立［J］.经济导刊，2010（8）：50-51.

［6］曹俊，李长健．我国商业银行破产法律制度的困境与发展研究［J］.北京交通大学学报（社会科学版），2010（1）：105-110.

［7］张长弓．商业银行社会责任：价值性与路径选择［J］.华南师范大学学报（社会科学版），2010（1）：132-135.

［8］潘修平．国际金融危机下的银行法对策［J］.河北法学，2010（6）：78-82.

［9］刘静．个人破产能力比较研究［J］.山东警察学院学报，2010（2）：68-73.

［10］汤维建．《个人破产法》的立法研究［J］.山东警察学院学报，

2010（5）：66-70.

[11] 马胜，汪瑞. 国有企业破产程序中的相机治理机制失效分析 [J]. 商业时代，2010（1）：64-65.

[12] 王雪丹. 关于二元经济体制对个人破产制度影响的思考——兼与朱涛博士商榷 [J]. 前沿，2010（12）：50-52

[13] 陈冲. 试论我国自然人破产程序构建 [J]. 中国证券期货，2010（1）：97-99.

[14] 刘静. 个人重整程序与个人破产和解程序的识别 [J]. 法制与经济（下旬刊），2010（1）：100-101.

[15] 魏学亮. 关于自然人破产的自由财产制度探究 [J]. 淮南职业技术学院学报，2010（1）：120-122.

[16] 彭晓林. 论我国建立自然人破产制度的必要性 [J]. 东方企业文化，2010（2）：145.

[17] 章怡. 自然人破产制度研究 [J]. 湖北财经高等专科学校学报，2010（4）：3-5.

[18] 陈菲. 我国个人破产制度构建初探 [J]. 山西青年管理干部学院学报，2010（4）：59-62.

[19] 李娜. 对建立我国个人破产法的思考 [J]. 新西部，2010（5）：76，78.

[20] 许莎丽. 论个人破产法律制度在我国的构建 [J]. 贵州警官职业学院学报，2010（5）：107-109，124.

[21] 于敏. 我国建立自然人破产制度之必要性 [J]. 中国商界（下半月），2010（6）：301-302.

[22] 焦锐. 浅议个人破产制度——兼论个人破产制度中的特殊规制 [J]. 法制与社会，2010（7）：52.

[23] 蒋莎莎. 论个人破产制度中的自由财产制度 [J]. 经营管理者，2010（7）：230.

[24] 彭晓雪. 我国自然人破产的模式选择及制度构建研究 [J]. 现代商贸工业，2010（8）：58-59.

[25] 马婧怡. 自然人破产能力的立法思考 [J]. 现代商贸工业，2010（12）：266-267.

［26］胡玲．建立我国个人破产立法适用范围的局限性［J］．当代经济，2010（13）：22-24．

［27］张敏．建立我国个人破产制度的相关思考［J］．法制与社会，2010（14）：50．

［28］赵丽娜．论我国自然人破产制度的构建［J］．法制与社会，2010（17）：53．

［29］杨铁然．自然人破产制度：个人市场退出的有效机制［J］．现代经济信息，2010（17）：79．

［30］杨氢．关于自然人破产的法律问题探析［J］．经济研究导刊，2010（18）：96-97．

［31］马晶晶．自然人破产制度的必要性及其制度保障［J］．知识经济，2010（19）：34．

［32］戴欣鑫．当代中国呼唤个人破产法［J］．法制与社会，2010（28）：259-260．

［33］李玲玲，李云滨．自然人破产制度研究［J］．经济研究导刊，2010（32）：160-161．

［34］王琳．论个人破产制度之适当构建［J］．科技资讯，2010（34）：232-233．

［35］熊宗鹏．浅谈我国自然人破产制度的建立［J］．法制与社会，2010（36）：104-105．

［36］程巧玲，周知秋．浅析中国消费者破产的合理性和必要性［J］．知识经济，2010（6）：87．

［37］夏和平，郭华江．我国银行破产重整制度的构建［J］．苏州教育学院学报，2010（1）：82-86．

［38］李彬．浅析我国商业银行破产法律问题［J］．法制与社会，2010（2）：84．

［39］周柳．试论我国金融机构破产的法律问题［J］．长江大学学报（社会科学版），2010（3）：195-197．

［40］李福泉，陈平．中小型银行业金融机构依法破产问题研究——以白银市银鹏城市信用社为例［J］．甘肃金融，2010（3）：31-33．

［41］张志爱．完善我国商业银行破产法律制度［J］．新乡学院学报
（社会科学版），2010（3）：70-72.

［42］唐婧．关于我国金融机构破产若干法律问题的思考［J］．许昌
学院学报，2010（3）：146-148.

［43］许静．我国商业银行破产法律制度初探［J］．湖北警官学院学
报，2010（4）：47-49.

［44］李莹．我国金融机构破产制度的本土化构建［J］．时代金融，
2010（5）：13-14.

［45］刘俊．论保险保障基金公司在保险公司破产程序中的法律地位
［J］．理论界，2010（6）：66-68.

［46］张媛．商业银行破产原则探析［J］．企业研究，2010（8）：53-
54.

［47］崔庆陵．商业银行破产中的股东责任［J］．安庆师范学院学报
（社会科学版），2010（11）：30-34.

［48］严音莉．商业银行破产若干法律问题研究［J］．金融经济，
2010（20）：52-53.

［49］黄宏．金融危机下我国金融机构破产法律制度研究［J］．才智，
2010（27）：267-268.

［50］吴慧．试论商业银行破产若干法律问题［J］．商品与质量，
2010（SC）：91.

［51］袁华江．破产融资中政府的导向功用［J］．国际融资，2010
（2）：38-41.

［52］刘伟娜．我国公立高校破产问题的法律分析［J］．牡丹江教育
学院学报，2010（1）：63-64.

［53］赵广宇．应对企业破产风险：防范与救济［J］．国际融资，
2010（6）：57-59.

［54］黄申．中小企业破产再生模式研究［J］．法治研究，2010
（11）：58-62.

［55］杨江涛，余君梅．论我国避免中介机构破产风险法律制度之完
善［J］．湖北经济学院学报（人文社会科学版），2010（11）：
83-84.

［56］郭松民．应尽快制定《高校破产法》［J］．学习月刊，2010（19）：5.

［57］潘永东．建立个人破产法律制度迫在眉睫［N］．金融时报，2010-01-18（3）.

［58］潘永东．个人破产法律制度亟待出台［N］．金融时报，2010-05-10（8）.

［59］王永亮．关联企业破产实体合并的适用条件及审理重点［N］．人民法院报，2010-08-18（7）.

2011 年

［1］刘静．试论当代个人破产程序的结构性变迁［J］．西南民族大学学报（人文社会科学版），2011（4）：108-113.

［2］许德风．论个人破产免责制度［J］．中外法学，2011（4）：742-757.

［3］杨静．我国商业银行破产法律问题探讨［J］．商业经济研究，2011（6）：114-115.

［4］张羽晓．论我国自然人破产制度的构建［J］．金融发展研究，2011（2）：48-52.

［5］吕欣．自然人破产的模式选择与制度依赖［J］．金融发展研究，2011（5）：39-42.

［6］王仰光．自然人破产制度的建立［J］．金融发展研究，2011（7）：43-45.

［7］巫文勇．《企业破产法》与中国金融机构的市场退出［J］．资本市场，2011（7）：84-87.

［8］王晓锋．个人破产法律制度建立的必要性与可行性［J］．齐齐哈尔大学学报（哲学社会科学版），2011（1）：75-77.

［9］樊英杰．自然人破产制度比较研究［J］．知识经济，2011（2）：39.

［10］肖瑶．试论我国自然人破产免责制度［J］．法制与经济（中旬刊），2011（2）：61-62.

［11］李代江．我国自然人破产制度构建的法律思考［J］．四川省社会主义学院学报，2011（2）：56-58.

［12］胡玲．个人破产与企业破产的制度研究［J］．当代经济，2011（3）：32-33.

［13］张艳艳．论我国自然人破产能力的确立［J］．职业时空，2011（3）：140-141.

［14］杜娟．浅议我国自然人破产制度的可行性［J］．黑龙江省政法管理干部学院学报，2011（5）：80-82.

［15］刘敏溪．论个人破产中的失权制度［J］．商品与质量，2011（S8）：177.

［16］王勇旗．论自然人破产法律制度的构建［J］．经济研究导刊，2011（10）：112-113.

［17］谢晓．论自然人破产制度建立之下夫妻财产制的完善［J］．陕西教育（高教版），2011（10）：53-55.

［18］廖华．我国个人破产制度初探［J］．法制与经济（下旬），2011（11）：168，170.

［19］严萍华．我们应该建立个人破产制度［J］．法制与社会，2011（13）：40-41.

［20］高杨．构建我国自然人破产制度的必要性与可行性研究［J］．现代经济信息，2011（14）：219-220.

［21］胡成．论我国自然人破产制度的构建［J］．学理论，2011（17）：107-108.

［22］曾阳．论我国建立自然人破产制度的必要性与可行性［J］．知识经济，2011（23）：28.

［23］闵俊萍．我国商业银行破产法律制度的现状分析［J］．现代经济信息，2011（2）：220-221.

［24］安迎方．商业银行破产中监管机构的法律定位［J］．山西师大学报（社会科学版），2011（S3）：41-43.

［25］张强．论商业银行破产的若干法律问题［J］．四川教育学院学报，2011（7）：28-33.

［26］曾就萍．商业银行破产的法律问题研究［J］．法制与经济（中

句），2011（11）：88-89.

［27］余小培．浅析商业银行破产［J］．商业文化（上半月），2011（12）：206-207.

［28］王翁阳，杨晶，魏文静．云南证券公司破产案审理纪略［J］．中国审判，2011（12）：67-69.

［29］姜力琳，邹婷，王磊．金融机构破产法律问题浅析［J］．全国商情（理论研究），2011（2）：106-107，120.

［30］杨涛．论破产法之金融机构及破产能力［J］．黑龙江省政法管理干部学院学报，2011（4）：94-97.

［31］王庆斌．怎样处理民营企业破产案件［N］．江苏经济报，2011-01-14（B03）.

［32］张海征，曾智．逐步构建个人破产制度［N］．中国社会科学报，2011-05-31（12）.

［33］梁琛．自然人破产的必要性和功能［N］．现代物流报，2011-08-29（A12）.

［34］任晓松，岳大巍．浅论银行业金融机构破产相关问题［N］．金融时报，2011-12-05（12）.

2012 年

［1］于海斌．论个人破产制度——兼论个人信用体系之完善［J］．长白学刊，2012（6）：80-84.

［2］王欣新，亢力．试论证券投资者保护基金有限责任公司在证券公司破产中的作用［J］．法学杂志，2012（4）：23-31.

［3］李继业，马丽丽．个人破产法与破产管理人制度探析［J］．人民论坛，2012（8）：66-67.

［4］李晓新．试论地方政府债务的破产法律解决机制［J］．学海，2012（6）：107-110.

［5］刘兴成．中国亟需建立个人破产保护制度［J］．法人，2012（5）：6-7，96.

［6］陈艳倩．论个人破产制度在我国的可行性研究［J］．商品与质

量，2012（S5）：225.

[7] 项凡书．论我国个人破产制度之实体制度的构建［J］．北方经贸，2012（2）：50.

[8] 王枫．我国建立自然人破产法律制度的思考［J］．重庆工商大学学报（社会科学版），2012（2）：69-73.

[9] 马睿．论个人破产制度在我国的构建——以比较法为视角［J］．经济视角（中旬），2012（3）：102-103.

[10] 郭玉坤，徐佳．我国个人破产立法的价值分析［J］．文化学刊，2012（4）：82-86.

[11] 檀宾宾．构建我国个人破产法律制度探究［J］．企业导报，2012（17）：141.

[12] 王帅．基于法律层面的个人破产制度分析［J］．法制与社会，2012（25）：40-41.

[13] 李峣，陈庆凤．美国《防止破产滥用及消费者保护法》法案的内容及对我国建立个人破产制度的启示［J］．全国商情（理论研究），2012（22）：85-87.

[14] 王聪．试论我国独立学院破产制度的构建［J］．法制与社会，2012（20）：55-56.

[15] 张月．论金融机构破产中司法权与行政监管权的关系［J］．湖北警官学院学报，2012（3）：131-133.

[16] 杨涛．论金融机构之破产能力［J］．改革与开放，2012（2）：119-120.

[17] 孙勇，余林林．有关我国商业银行破产法律制度的构建思考［J］．时代金融，2012（36）：132.

[18] 刘昱彤．我国银行破产制度若干法律问题研究［J］．法制与社会，2012（3）：103-104.

[19] 杨静．浅论我国商业银行破产法律问题［J］．山东省农业管理干部学院学报，2012（4）：62-64.

[20] 蒋云贵．债务危机视角的乡镇政府机构改革与财政破产刍议［J］．长沙大学学报，2012（1）：56-58.

[21] 李治华．国家破产的拯救［J］．资本市场，2012（4）：124.

［22］孙乐恩．农民专业合作社破产立法的若干思考与设想［J］．中国外资，2012（6）：70-71.

［23］祁盼盼．浅析合伙企业破产的特殊性问题［J］．中国科技投资，2012（21）：240.

［24］项凡书．实质合并原则在我国关联企业破产中的适用［J］．黑龙江省政法管理干部学院学报，2012（2）：89-91.

［25］吴君毅．我国自然人破产制度初探［J］．商品与质量，2012（S3）：218-219.

［26］王庆斌．试论民营企业破产案件存在的问题及对策［N］．江苏经济报，2012-02-10（B02）.

［27］陈凯．剐蹭豪车可否申请个人破产［N］．北京日报，2012-02-15（18）.

［28］张海征．加快中国银行业金融机构破产立法［N］．中国社会科学报，2012-02-22（A07）.

［29］李虹．破产企业的知识产权保护对策［N］．江苏经济报，2012-03-30（B02）.

［30］林华．当个人破产成为现实［N］．中国审计报，2012-04-16（5）.

［31］赵小芹．应尽快确认民办学校破产能力［N］．光明日报，2012-12-24（16）.

2013 年

［1］何骧．文化语境下的我国个人破产制度建构之路——以美国相关立法为研究视角［J］．贵州社会科学，2013（1）：162-165.

［2］马宁，周泽新．我国存款保险人的职能定位——兼论我国银行破产立法模式与破产程序控制权配置［J］．甘肃政法学院学报，2013（5）：40-49.

［3］潘耀华．美国个人破产法律制度主要内容及其对我国的启示［J］．金融发展研究，2013（1）：84-85.

［4］赵小芹．中国民办学校破产能力研究［J］．社会科学战线，2013

（5）：281-282.

[5] 苏洁澈．银行破产中的国家责任——以欧盟法为例［J］．天津行政学院学报，2013（1）：105-112.

[6] 商鹏鹏．试论个人破产制度的建立所需的配套制度［J］．科技信息，2013（5）：249，290.

[7] 周玉琦．我国自然人破产制度构建的必要性与可行性［J］．呼伦贝尔学院学报，2013（3）：40-44，47.

[8] 朱文鹏．自然人破产制度体系的构建［J］．河北企业，2013（3）：81.

[9] 董健，张庆林．论我国自然人破产制度的构建［J］．经济视角（下旬刊），2013（1）：146-148.

[10] 李景义．论自然人经济主体与我国个人破产法律制度的构建［J］．开发研究，2013（6）：146-149.

[11] 季敏．民事执行难之解决路径——论我国自然人破产制度的设立［J］．郑州航空工业管理学院学报（社会科学版），2013（6）：114-117.

[12] 朱文鹏．自然人破产制度体系的构建［J］．河北企业，2013（3）：81.

[13] 商鹏鹏．试论个人破产制度的建立所需的配套制度［J］．科技信息，2013（5）：249，290.

[14] 孟德花．论我国消费者破产制度建立的必要性［J］．现代商业，2013（6）：283-284.

[15] 李曙光，刘贤明．从温州借贷危机中企业家困境看个人破产免责制度的构建［J］．法制与经济（中旬），2013（2）：97-98.

[16] 刘兴树．商业银行破产的立法价值取向分析［J］．文史博览（理论），2013（2）：59-60，79.

[17] 刘爱萍，樊忠民．我国银行业破产法律制度重构的思考［J］．山东审判，2013（2）：98-102.

[18] 刘兴成．国企依法破产的社会效益其实更好［J］．法人，2013（1）：22.

[19] 袁华江．论矿业企业破产的特殊性［J］．江汉学术，2013

（2）：42-50.

［20］周玉琦．浅论我国自然人破产制度的构建［J］．今日中国论坛，2013（11）：170-173.

［21］赵冰，王群．论法律视野下的自然人破产制度［J］．中共山西省直机关党校学报，2013（2）：29-31.

［22］杨涛．天价赔偿呼唤个人破产制度"搭救"［N］．重庆商报，2013-09-26（A08）.

［23］周剑浩．个人破产入法可能吗［N］．检察日报，2013-09-07（3）.

［24］王兆同．处理地方债最终手段：政府财政重建［N］．经济参考报，2013-09-24（8）.

［25］刘立峰．中国的地方政府能否破产？［N］．中国经济时报，2013-08-26（6）.

［26］赵灵敏．政府破产的国际样本［N］．华夏时报，2013-06-24（39）.

［27］陈丽平．修法清障推动上市公司并购重组［N］．法制日报，2013-05-20（3）.

2014 年

［1］卜璐．诉讼外消费者债务清理制度研究［J］．法律科学（西北政法大学学报），2014（1）：109-118.

［2］解欣萌，慕雅琦．关于我国制定《银行破产法》的思考［J］．经济研究参考，2014（29）：77-79，83.

［3］莫开伟．实现银行破产"软着陆"［J］．经济研究参考，2014（18）：24.

［4］朱黎．论实质合并破产规则的统一适用——兼对最高人民法院司法解释征求意见稿的思考［J］．政治与法律，2014（3）：153-161.

［5］巫文勇．金融机构破产中税收债务优先清偿规则的反思与修正［J］．税务研究，2014（4）：66-70.

［6］张利国．自然人破产取舍论［J］．时代金融，2014（23）：50-51．

［7］王澍颖．我国自然人破产法律制度构建的可行性与必要性分析［J］．知识经济，2014（6）：54-55．

［8］叶翠婷．我国自然人破产制度立法研究［J］．经济师，2014（2）：68-70．

［9］翁强．论自然人破产制度建立之下侵权之债的破产免责制度构建［J］．金华职业技术学院学报，2014（1）：69-71．

［10］焦转同．论个人破产制度在我国构建的紧迫性［J］．法制博览（中旬刊），2014（10）：283．

［11］陈亮．藏族"夸富宴"习俗对构建我国个人破产制度的启示［J］．海南广播电视大学学报，2014（3）：50-53．

［12］张明良．我国当下构建个人破产制度的可行性分析［J］．商场现代化，2014（1）：174．

［13］陈吉．浅谈《中华人民共和国企业破产法》中的免责制度［J］．企业科技与发展，2014（17）：52-53．

［14］蒙瑞华．我国金融机构破产重整制度构思——基于金融机构特殊性和现行制度空白［J］．广东行政学院学报，2014（6）：58-65．

［15］范迎新．论我国自然人破产制度的构建［J］．商，2014（6）：196．

［16］唐宏飞．我国银行业金融机构破产法律制度研究［J］．浙江金融，2014（12）：44-48．

［17］唐宏飞．完善我国银行业金融机构破产法律制度研究［J］．金融会计，2014（12）：48-53．

［18］鲁玉祥．银行业金融机构市场化退出机制研究［J］．北方金融，2014（11）：74-77．

［19］李彬，朱珠．商业银行市场退出研究［J］．时代金融，2014（20）：111．

［20］王旭旭，木茂林．我国商业银行破产法律制度的构建与完善［J］．商场现代化，2014（20）：206．

［21］任祥玉．民营银行市场退出法律问题研究［J］．湖北警官学院学报，2014（3）：106-108.

［22］王宁．中国集体企业破产所面临的法律问题［J］．中外企业家，2014（29）：114.

［23］周潇枭．未来需研究地方政府破产法［J］．党政视野，2014（12）：29.

［24］地方政府破产不能殃及民众［J］．协商论坛，2014（11）：61.

［25］陈明．关联企业破产相关法律问题初探［J］．法制与社会，2014（30）：90-91.

［26］彭旭林．关联企业破产债权保障刍议［J］．西南石油大学学报（社会科学版），2014（5）：62-66.

［27］张少丽．关联企业实质合并破产制度研究［J］．重庆第二师范学院学报，2014（4）：22-25，174.

［28］李寿宏．合伙人的连带破产探析［J］．法制与经济（中旬），2014（6）：54-55.

［29］倪登搬．浅谈合伙人的连带破产［J］．求知导刊，2014（3）：95-96.

［30］李燕洁．关联企业的相关规制应当整合［J］．中国律师，2014（2）：75-76.

［31］张利国，严翔．民办学校退出形式的类型化研究［J］．浙江树人大学学报（人文社会科学版），2014（2）：1-7.

［32］李瑞．个人破产制度在我国的可行性探讨［N］．江苏经济报，2014-11-27（B01）.

2015 年

［1］蒋贤锋．个人破产立法调整的效果：美国经验及对我国的启示［J］．金融理论与实践，2015（5）：95-98.

［2］叶呈嫣，张世君．积极构建我国金融机构破产法律体系［J］．银行家，2015（6）：126-127.

［3］黄志凌．问题银行的判断与破产早期干预机制［J］．金融研究，

2015（7）：45-59.

[4] 贾晶. 论人身险公司破产清算中的保单持有人权益保护 [J]. 上海金融, 2015（12）：95-100.

[5] 张宗军, 吴耀峰. 不充分定价、破产风险与保险监管 [J]. 金融发展研究, 2015（7）：3-8.

[6] 孙立娟. 保险公司破产的经济影响与监管研究：来自美国的经验及启示 [J]. 金融理论与实践, 2015（6）：97-101.

[7] 贾晶. 论我国保险公司破产重整法律制度中的保单持有人权益保护 [J]. 保险研究, 2015（4）：115-123.

[8] 孙明宇. 浅议中国构建自然人破产制度的必要性 [J]. 中国集体经济, 2015（36）：91-92.

[9] 殷慧芬. 个人破产立法的利益平衡机制探究 [J]. 山西省政法管理干部学院学报, 2015（4）：65-68.

[10] 郭兴利, 成中英. 个人破产的文化基础探微——再访成中英教授 [J]. 南京林业大学学报（人文社会科学版）, 2015（2）：104-113.

[11] 蒋贤锋. 个人破产和金融稳定 [J]. 北方金融, 2015（5）：3-6.

[12] 石光. 我国个人破产制度构建可行性研究 [J]. 经贸实践, 2015（16）：369.

[13] 周治琼. 创业另一面：中国应该引入个人破产机制 [J]. 绿色环保建材, 2015（10）：35-37.

[14] 彭文艳. 商业银行破产风险处置机制中的监管合作——美国模式和中国启示 [J]. 金融经济, 2015（24）：132-134.

[15] 张启. 论银行破产法律制度的建构 [J]. 西部财会, 2015（12）：48-51.

[16] 邓启峰. 我国商业银行破产重整问题浅析 [J]. 时代金融, 2015（32）：103, 106.

[17] 黄邦锋. 银行破产处置机制亟待完善 [J]. 中国农村金融, 2015（19）：12-14.

[18] 杨亮，韩璐璐．存款保险制度对中小银行发展的影响——以银行破产为视角 [J]．河北地质大学学报，2015（3）：12-17.

[19] 户国栋．银行类金融机构破产制度初探 [J]．企业技术开发，2015（6）：123，125.

[20] 刘黎明．建立个人破产制度的构想 [J]．绿色环保建材，2015（10）：38-39.

[21] 徐洋艺．个人破产制度研究 [J]．东方企业文化，2015（17）：188.

[22] 刘双．浅析我国个人破产制度的构建 [J]．赤子（上中旬），2015（13）：174.

[23] 夏延芳，陈必真．创新社会管理视角下破产企业社区重建研究——基于成都市某三家国有企业单位社区的考察 [J]．西南石油大学学报（社会科学版），2015（4）：58-63.

[24] 赵全厚，王珊珊．做好应对地方政府债务危机的预案——美国地方政府破产与债务重组的启示与借鉴 [J]．公共财政研究，2015（6）：18-27，17.

[25] 张艺莲．我国地方政府债务重整程序的构建——以美国地方政府破产程序为鉴 [J]．黑龙江省政法管理干部学院学报，2015（4）：89-91.

[26] 盛建明，贾晶．论我国保险公司破产前置程序的实践、困境及解决之道 [J]．法学杂志，2015（12）：52-59.

[27] 刘光宇．华光地产破产拉开全国房企倒闭潮序幕？[J]．安家，2015（9）：82-83.

[28] 傅蔚冈．破除对银行破产的恐惧 [N]．华夏时报，2015-04-13（30）.

[29] 张维．银行破产存款人最高可获偿 50 万元 [N]．法制日报，2015-04-01（6）.

[30] 熊锦秋．上市公司破产重整应在终止上市后进行 [N]．证券时报，2015-12-07（A03）.

2016 年

[1] 娄敏, 曹树基. 产权之分化与制约: 私人破产案的审理及《破产律》的实践——以民国初年江津债务类司法档案为中心 [J]. 中国社会经济史研究, 2016 (3): 71-86.

[2] 徐斌. 论商自然人破产制度 [J]. 福州大学学报 (哲学社会科学版), 2016 (3): 65-69.

[3] 李帅. 论我国个人破产制度的立法进路——以对个人破产 "条件不成熟论" 的批判而展开 [J]. 商业研究, 2016 (3): 186-192.

[4] 丁海湖, 李欣婷. 房地产企业破产重整若干司法实务问题探讨 [J]. 法律适用, 2016 (3): 2-8.

[5] 徐阳光, 叶希希. 论建筑业企业破产重整的特性与模式选择——兼评 "分离式处置" 模式 [J]. 法律适用, 2016 (3): 9-15.

[6] 池伟宏. 房地产企业破产重整中的权利顺位再思考 [J]. 法律适用, 2016 (3): 30-34.

[7] 张力毅. 通过破产法解决地方政府债务危机——美国的经验和启示 [J]. 行政法学研究, 2016 (3): 128-144.

[8] 李帅. 论我国个人破产制度的立法进路——以对个人破产 "条件不成熟论" 的批判而展开 [J]. 商业研究, 2016 (3): 186-192.

[9] 徐斌. 论商自然人破产制度 [J]. 福建法学, 2016 (1): 19-23.

[10] 宋珊珊. 论我国构建个人破产制度的障碍 [J]. 对外经贸, 2016 (10): 124-125, 127.

[11] 黄敏. 浅论我国个人破产制度的构建 [J]. 现代经济信息, 2016 (7): 319-320, 322.

[12] 丁灿榕. 论 P2P 网贷平台高管个人破产制度的引进——基于法国商法典的借鉴与启示 [J]. 福建金融, 2016 (11): 43-46.

[13] 上海银监局法律事务处课题组, 马立新, 陆海天. 商业银行破

产风险处置的权力配置研究［J］.金融监管研究，2016（10）：79-94.

［14］刘开委.商业银行破产法律制度研究［J］.海南金融，2016（9）：43-45，62.

［15］司旭，秦伟剑.我国商业银行破产程序中的特殊法律制度研究［J］.商场现代化，2016（18）：182-183.

［16］郑梦冉.浅析允许金融机构有序破产的合理性［J］.现代商业，2016（27）：103-104.

［17］赵姗，应文杰.农业企业破产兼并之困境［J］.河北农机，2016（9）：31-32.

［18］杨环，刘洋.破产法视域下的法人型农村集体经济组织——问题的提出及解决路径初探［J］.四川省干部函授学院学报，2016（4）：134-137.

［19］应文杰，李海瑛.当前农业企业破产清算存在的问题及对策［J］.河北农业，2016（7）：56-57.

［20］赵姗，应文杰.农机业县级企业破产重组和改制的探讨［J］.河北农机，2016（10）：28-29.

［21］陈国良.浅议合并破产的条件及程序［J］.中小企业管理与科技（中旬刊），2016（8）：57-58.

［22］王欣新.关联企业的实质合并破产程序［J］.人民司法（应用），2016（28）：4-10.

［23］王欣新，张思明.房地产开发企业破产中的房屋产权界定与合同履行［J］.人民司法（应用），2016（7）：4-8.

［24］池伟宏.企业经营者与个人破产制度［N］.人民法院报，2016-11-16（7）.

［25］张涛.要允许金融机构有序破产［N］.人民日报，2016-06-14（11）.

［26］路虹.商业金融机构破产立法当提速［N］.国际商报，2016-06-14（A07）.

［27］范荣.允许银行破产才合市场逻辑［N］.北京日报，2016-06-15（7）.

［28］付敏杰．允许金融机构有序破产重在制度设计［N］．中国证券报，2016-06-15（A05）．

［29］莫开伟．清除金融业破产道路上的最后几道障碍［N］．上海证券报，2016-06-16（9）．

［30］孟焕良．让"僵尸企业"破产退出市场［N］．人民法院报，2016-01-21（5）．

［31］万静．清理僵尸企业破产法不能缺位［N］．法制日报，2016-01-28（6）．

［32］孟焕良．破产审判针对"僵尸企业"的医疗与送终服务［N］．人民法院报，2016-02-22（6）．

［33］蒋菡．"僵尸企业"为何不愿以破产方式"死"去？［N］．工人日报，2016-03-17（3）．

［34］李曙光．清理僵尸企业：失灵的破产法要灵起来［N］．经济参考报，2016-03-22（8）．

［35］洪鸿．"僵尸企业"破产亟待突破执法瓶颈［N］．中国企业报，2016-05-03（13）．

［36］陈莹莹，吴晓灵．加快"僵尸企业"出清［N］．中国证券报，2016-05-30（A03）．

［37］李群星．发挥破产审判职能依法处置"僵尸企业"［N］．人民法院报，2016-07-21（8）．

［38］孙华．对症医治"僵尸企业"需要三类"处方"［N］．证券日报，2016-08-13（A02）．

［39］刘效仁．破产庭有助"僵尸企业"依法退市［N］．人民法院报，2016-08-17（2）．

［40］余雷．关联企业破产案件中适用实质合并原则的判断标准［N］．江苏经济报，2016-09-07（B03）．

2017 年

［1］程水旺．论我国设立个人破产制度的必要性［J］．法制与社会，

2017（11）：29-30.

［2］屠小霞．个人破产法律制度研究［J］.法制与社会，2017（6）：98-99.

［3］郭炎兴．加速推进金融机构破产立法——访全国政协委员、人民银行西安分行行长白鹤祥［J］.中国金融家，2017（3）：92-93.

［4］贺丹．金融机构市场化退出：一个制度协调的新思路［J］.东方论坛，2017（1）：101-108.

［5］杨锡慧．论银行的破产标准［J］.法制博览，2017（8）：89.

［6］崔明亮．证券公司行政处置与破产程序的冲突与协调［J］.北京航空航天大学学报（社会科学版），2017（2）：55-62.

［7］李文龙，雷和平．尽快制定金融机构破产法［N］.金融时报，2017-03-10（5）.

［8］马悦．《金融机构破产法》应加快破题［N］.中华合作时报，2017-03-17（B01）.

（五）破 产 原 因

1986 年

［1］周建华．清理整顿新办公司"资不抵债"若干法律问题探讨［J］.上海大学学报（社会科学版），1986（2）：89-91.

1987 年

［1］潘琪．论债权人提出破产申请的实质要件［J］.法学杂志，1987（4）：22-23.

1988 年

[1] 吴国平. 论宣告破产的要件 [J]. 山东法学, 1988 (4): 6-9.

[2] 大卫, 小兵. 破产原因的理论探讨 [J]. 政治与法律, 1988 (5): 24-27.

[3] 项志国. 浅论企业资不抵债的评价 [J]. 财会通讯, 1988 (8): 19-20.

[4] 钟斌. 浅谈企业破产的界限及其法律效力 [J]. 企业经济, 1988 (4): 53-54.

1989 年

[1] 陈祥健. 关于破产界限的认定问题 [J]. 福建论坛 (经济社会版), 1989 (12): 39-41.

[2] 吴国平. 破产宣告之原因要件初探 [J]. 福建论坛 (经济社会版), 1989 (2): 59-60.

1991 年

[1] 陈志刚, 李茂荣. 论企业破产界限 [J]. 兰州大学学报, 1991 (1): 51-56.

1992 年

[1] 李由. 企业隐蔽性破产: 现状·原因·对策 [J]. 广东社会科学, 1992 (3): 42.

[2] 王妍. 资不抵债与企业破产关系新议 [J]. 求是学刊, 1992 (5): 69-71.

1993 年

［1］贾厚吉. 以不能清偿作为破产原因探究［J］. 现代法学，1993
（6）：53-56.

［2］施宣. 论《破产法》实施的障碍［J］. 淮阴师专学报，1993
（3）：24-25.

1994 年

［1］朱仲灼. 关于企业破产界限之重新认定［J］. 改革与战略，1994
（1）：15-20.

［2］唐道成. 谈企业破产的标准［J］. 财会通讯，1994（12）：45.

［3］葛文新. 企业破产的困境与出路［J］. 国有资产管理，1994
（11）：37-40.

［4］许永明，陈钢，钟明星. 三资企业撤销、破产原因及海关应采
取措施［J］. 浙江经济，1994（3）：38-40.

1995 年

［1］李永军. 试论破产原因［J］. 政法论坛，1995（6）：63-68.

［2］张成娴，石谦. 从一桩破产案谈企业破产的障碍因素［J］. 云南
财贸学院学报，1995（3）：41-43.

［3］李旭. 小议资不抵债和破产的界定［J］. 会计之友，1995（3）：
28.

［4］武文军. 转型时期引发企业破产的特殊因素［J］. 兰州学刊，
1995（3）：3-11.

［5］邓自力. 如何理解破产法的"不能清偿到期债务"［J］. 法律适
用，1995（6）：34-35.

［6］江忠元. 大连色织布总厂破产原因教训初探［J］. 辽宁经济，
1995（1）：25-26.

1996 年

[1] 李克武. 关于我国破产界限立法的探讨 [J]. 华中师范大学学报 (哲学社会科学版)，1996（3）：67-70.

[2] 曹阳. 浅析企业破产界限的确定 [J]. 四川会计，1996（6）：14-15.

[3] 崔世春. 企业破产的难点及其对策 [J]. 上海建设论苑，1996（2）：13-15.

1997 年

[1] 李晓燕. 破产要件比较研究 [J]. 法律适用，1997（12）：20-22.

[2] 刘大洪. 论破产开始的实质要件 [J]. 理论月刊，1997（10）：27-28.

[3] 何慧君. 对我国企业法人破产界限的法律思考 [J]. 中州学刊，1997（S1）：55.

1998 年

[1] 韩长印. 破产原因立法比较研究 [J]. 现代法学，1998（3）：101-106.

[2] 杜鹏程. 对破产界限的几点讨论 [J]. 中国工业经济，1998（5）：76-79.

[3] 曾玉珊. 论破产原因 [J]. 淮海工学院学报（自然科学版），1998（4）：80-82.

[4] 田士永. 简论破产原因的立法模式 [J]. 研究生法学，1998（2）：36-41.

[5] 殷文忠. 明晰企业破产原因完善企业破产法 [J]. 当代司法，1998（6）：43-44.

1999 年

[1] 于金葵. 破产原因比较探析 [J]. 内蒙古经济管理干部学院学报, 1999（1）: 61-63.

2000 年

[1] 柴荣. 完善我国破产原因的立法构想 [J]. 内蒙古大学学报（人文社会科学版）, 2000（S1）: 128-131.

[2] 焦冶. 浅议我国企业破产界限 [J]. 青海师专学报, 2000（2）: 47-48.

2002 年

[1] 周永生. 破产法定条件及程序探析 [J]. 河北法学, 2002（1）: 111-113.

[2] 张建平, 高军. 我国《破产法（试行）》破产界限浅析及修改建议 [J]. 湖南大学学报（社会科学版）, 2002（S2）: 148-151.

[3] 商振涛, 孙桂荣. 关于我国企业破产"原因"规定的分析 [J]. 黑龙江省政法管理干部学院学报, 2002（1）: 15-16.

[4] 刘文, 梅世杰. 从上市公司的破产退出谈我国破产界限的立法修正 [J]. 现代企业, 2002（7）: 58-60.

[5] 衣学东, 王泽. 我国现行企业破产原因评析 [N]. 法制日报, 2002-07-21.

[6] 沈伟. 资不抵债不是破产原因的构成要件 [N]. 人民法院报, 2002-08-07.

2003 年

[1] 朱军华. 名为破产, 实为毁誉 [N]. 中国工商报, 2003-02-14.

［2］朱军华．不得以申请破产为名损害他人商业信誉［N］．法制日报，2003-02-12．

［3］李国．追踪重庆民企破产第一案［N］．工人日报，2003-04-13．

［4］朱军华．并非"资不抵债"就该破产［N］．经济参考报，2003-04-02．

［5］刘建华．对恶意破产的审查［N］．人民法院报，2003-06-18．

［6］韦芬茹．借破产逃债难逃法网［N］．亚太经济时报，2003-06-14（B06）．

2004 年

［1］程春华．破产原因研究［J］．经济法论坛，2004（0）：175-198．

［2］张艳丽．破产能力探究［J］．北京理工大学学报（社会科学版），2004（1）：57-60．

［3］彭磊，曹顺文．"破产逃债"现象及防范对策［J］．武汉冶金管理干部学院学报，2004（3）：61-63．

［4］王欣新．新破产立法中的破产原因［N］．人民法院报，2004-08-20．

［5］程春华．新破产立法中的破产原因之我见［N］．人民法院报，2004-12-17．

2005 年

［1］滕燕．企业利用破产逃债的法律规制［J］．重庆交通学院学报（社会科学版），2005（4）：46-50．

［2］谢兴萍．新破产法应加大对"假破产真逃债"的打击力度［J］．经济师，2005（8）：53-54．

［3］王红玲．我国破产界限的立法完善［N］．人民法院报，2005-10-26（B03）．

2006 年

[1] 韩长印. 破产界限之于破产程序的法律意义 [J]. 华东政法学院学报，2006（6）：113-117.

[2] 刘丽萍. 浅析破产原因 [J]. 内蒙古电大学刊，2006（8）：35-36，38.

[3] 张青政. 从不同的视角看破产原因 [J]. 山西高等学校社会科学学报，2006（7）：45-48.

[4] 曹守晔. 破产界限之争 [N]. 法制日报，2006-11-14（10）.

2007 年

[1] 邢丹. 破产原因的反思与解析——兼对《企业破产法》第 2 条的解读 [J]. 当代法学，2007（3）：117-123.

[2] 史海涵. 商业银行破产原因法律规定的评析与重构 [J]. 消费导刊，2007（2）：40.

[3] 龙雨. 论商业银行的破产标准 [J]. 南华大学学报（社会科学版），2007（4）：26-29.

2008 年

[1] 张晨颖. 企业破产中的"资不抵债"要件辨析 [J]. 华东政法大学学报，2008（6）：40-47.

[2] 白江. 公司支付不能或资不抵债时申请破产的义务和责任 [J]. 华东政法大学学报，2008（1）：51-60.

2009 年

[1] 丁兆增. 我国企业破产法的破产原因及存在问题 [J]. 黑龙江史志，2009（8）：115-116.

［2］高守恒．新破产立法中的破产原因浅析［J］．今日科苑，2009
（22）：181-182.

［3］纪萌．企业破产标准之比较研究［J］．法制与社会，2009（2）：
342.

2010 年

［1］王欣新，王斐民．合伙企业破产的特殊性问题研究［J］．法商研
究，2010（2）：125-134.

［2］费煊．破产原因概念的廓清——对我国破产原因通行定义的批
评［J］．学术界，2010（4）：91-96，284.

［3］王欣新．破产原因理论与实务研究［J］．天津法学，2010（1）：
16-27.

［4］庄云，蔡祥．施工企业法律风险防范专题系列之二　"表见代
理"风险成隐形杀手［J］．施工企业管理，2010（2）：97-98.

［5］王志岗．企业合并反垄断审查中的破产企业抗辩——金融危机
背景下破产企业抗辩的适用［J］．甘肃联合大学学报（社会科
学版），2010（2）：33-38.

2011 年

［1］易仁涛．论我国破产原因之完善［J］．河南省政法管理干部学院
学报，2011（4）：175-181.

［2］郭勇．浅析我国新《破产法》的破产条件［J］．法制与社会，
2011（17）：111.

2012 年

［1］孙允婷．破产原因理论和实务问题探析——兼对《破产法司法
解释（一）》的解读［J］．山西经济管理干部学院学报，2012
（2）：87-90.

［2］袁定波 . 连带债务人未丧失清偿能力不妨碍破产 ［N］. 法制日报，2011-09-26（5）.

2013 年

［1］韩长印，何欢 . 破产界限的立法功能问题——兼评《企业破产法》司法解释《规定（一）》的实际功效 ［J］. 政治与法律，2013（2）：2-14.

［2］孙科峰 . 完善企业破产原因问题的探讨 ［J］. 物流工程与管理，2013（12）：153-155.

［3］张潇尹 . 金融危机下我国中小企业破产原因的探讨 ［J］. 中国市场，2013（44）：36-38，47.

2014 年

［1］王丽美 . 企业破产原因应然内涵新探——兼论《企业破产法》的完善问题 ［J］. 法学杂志，2014（2）：126-134.

［2］李庆浩 . 破产原因的概念界定 ［J］. 法制与经济，2014（17）：74-76.

［3］刘冰玉，梁子枫，张倜 . 企业破产原因的理论探析 ［J］. 辽宁公安司法管理干部学院学报，2014（3）：77-79.

2015 年

［1］齐明 . 我国破产原因制度的反思与完善 ［J］. 当代法学，2015（6）：111-120.

2016 年

［1］张程 . 基于我国中小型企业的发展状况分析破产的原因及对策 ［J］. 全国商情（经济理论研究），2016（6）：110-111.

［2］赵蓉蓉 . 我国企业法人破产原因制度的反思与重构 ［J］. 法制博
览，2016（12）：208，207.

2017 年

［1］郭玮奇 . 我国破产法中破产原因设计的反思与改进 ［J］. 法制与
社会，2017（8）：90-91.

［2］刘湘羽 . 我国现行破产法上破产原因设计的评析与展望 ［J］. 法
制博览，2017（5）：98-99.

（六）破 产 财 产

1988 年

［1］鲁生 . 破产财产和破产费用 ［J］. 人民司法，1988（2）：27-28.

1990 年

［1］邹海林 . 论破产财产的范围 ［J］. 法律科学（西北政法学院学
报），1990（4）：36-40.

1993 年

［1］刘作湘，管秋荣 . 对破产企业土地使用权的处理 ［J］. 人民司
法，1993（11）：3-4.

1995 年

［1］汤维建 . 试论破产财产的构成要件——兼谈两大实践难题的解

决 [J]. 河北法学, 1995 (6): 5-10.

[2] 王爱华. 破产财产的界定 [J]. 经济论坛, 1995 (18): 37-39.

[3] 钱卫清, 郭玉元. 破产企业财产抵押效力的认定与完善 [J]. 法学, 1995 (9): 43-45.

[4] 葛文新. 从企业破产谈加强国有资产管理工作 [J]. 辽宁经济, 1995 (1): 28.

[5] 祁先立, 杨波. 对破产企业国有资产管理的几点建议 [J]. 湖北财税, 1995 (9): 6-7.

1996 年

[1] 刘应森. 试论国有金融资产在企业破产时的流失与防治 [J]. 经济改革与发展, 1996 (10): 61-62.

[2] 雷仲篪. 破产企业资产评估的几个问题 [J]. 企业改革与管理, 1996 (10): 33.

[3] 李伟生, 李磊, 巩光亮. 破产企业的欠税该咋办——驻马店机电配件厂破产清欠的启示 [J]. 税收征纳, 1996 (9): 21-22.

[4] 毛桂红. 应重视破产企业欠税的清缴工作 [J]. 税务, 1996 (9): 17.

[5] 庄太源. 也谈破产财产分配率 [J]. 商业会计, 1996 (6): 43.

1997 年

[1] 厉宁. 论企业破产之知识产权处分 [J]. 知识产权, 1997 (4): 9-13.

[2] 四川南充市总公司财务部. 对破产企业工会资产清查、清偿工作的认识与做法 [J]. 财会月刊, 1997 (3): 44-45.

[3] 周庆. 企业破产中国有资产流失的途径与对策 [J]. 疏导, 1997 (6): 23-24.

[4] 叶健强. 破产企业划拨土地使用权的处置 [J]. 人民司法, 1997 (10): 25-27.

［5］俞飞颖．论破产企业土地使用权的处分［J］．福州大学学报（哲学社会科学版），1997（3）：14-17.

［6］杜先礼．对破产企业工会资产清查清偿工作的认识与做法［J］．中国工会财会，1997（8）：16-17.

1998 年

［1］王忠波，袁飞．浅谈破产财产的确认［J］．技术经济，1998（1）：20-23.

［2］蔡福华．论完善破产财产的清偿顺序［J］．福建法学，1998（4）：25-27.

1999 年

［1］韩长印．建立我国的破产财团制度刍议［J］．法学，1999（5）：53-56.

［2］曹中辉．破产财产的特征及范围［J］．陕西经贸学院学报，1999（6）：65-67.

［3］许慧博．股权能否作为破产财产［J］．广西政法管理干部学院学报，1999（1）：62-63.

2000 年

［1］张雪梅．融资租赁物是否破产财产［N］．检察日报，2000-06-13（3）.

［2］张宏伟，朱正生．破产财产的界定与清理［N］．人民法院报，2000-09-08（3）.

2001 年

［1］李建新．破产财产变现应注意的问题［N］．江苏经济报，2001-

08-16（C）．

2002 年

［1］孙英．破产财产的界定［J］．山东审判，2002（6）：9-12．

［2］康建新．破产程序终结后发现有未参加清算的财产，其财产请求权应由谁行使？法院能否对其强制执行？［J］．人民司法，2002（10）：77．

［3］徐英杰，王雷．破产企业的股权不属破产财产［N］．人民法院报，2002-03-27（3）．

［4］陈美芳．破产资产的界定及对策［N］．江苏经济报，2002-05-09（C）．

［5］冀文海．最高法院详释"破产财产"［N］．中国经济时报，2002-08-06．

［6］盛茂，徐同凯．有效保持破产财产的市场价值［N］．江苏经济报，2002-08-29（A）．

［7］黎夏，林晓静．完善破产财产的分配方式［N］．民主与法制时报，2002-12-17（7）．

［8］李世光．以借贷名义向职工筹集的资金不应列入破产财产［N］．人民法院报，2002-04-24（3）．

2003 年

［1］宋笛，吴迪．破产财产处置法律制度建构问题研究［J］．学术探索，2003（10）：43-47．

［2］绳丽娜．论《破产法》中破产财产的构成范围［J］．石家庄经济学院学报，2003（5）：702-705．

［3］庞新英．谈谈破产财产的审查认定［J］．中山大学学报论丛，2003（6）：107-112．

［4］陈旭，张贵银．破产财产与破产债权［J］．中国乡镇企业会计，2003（10）：40-42．

［5］朱鑫鹏．论公司破产财产分配顺序［J］．天中学刊，2003（S1）：23-25.

［6］封春．"王麻子"破产，商标归谁？［N］．中国工业报，2003-02-12.

［7］吴兢．企业破产政府收回划拨土地［N］．人民日报，2003-04-18.

［8］吴兢．企业破产，划拨土地收回［N］．中国企业报，2003-04-21.

［9］刘晓静．高院司法解释：国有划拨土地使用权不属破产财产［N］．中国房地产报，2003-04-24.

［10］丁庆海．破产企业可否以土地使用权抵债［N］．检察日报，2003-07-21.

［11］梅贤明，陈志杰．福建审理破产案件严把关［N］．人民法院报，2003-07-13.

［12］崔立伟，唐伟．这样的资产算不算破产财产？［N］．法制日报，2003-07-15.

［13］张克邦，胡铁民．泗阳法院审理破产案件注重提高资产变现率［N］．江苏经济报，2003-08-13.

［14］张路．该土地使用权可否列入破产财产［N］．人民法院报，2003-10-22.

［15］高喜善，聂燕军．破产企业土地及房屋的确权［N］．中国国土资源报，2003-10-14.

［16］张志强．该破产财产未拍即卖亦有效［N］．江苏经济报，2003-11-05.

2004 年

［1］陈奇伟，王国良．论破产债权确认制度之立法构建［J］．企业经济，2004（6）：186-188.

［2］刘爱平．试谈企业破产财产的确认［J］．山西财经大学学报，2004（S1）：139.

［3］陈兴华，周慧．破产财产信托化之构想［J］．学术探索，2004
（7）：57-61．

［4］刘全琴．关于破产企业土地使用权的争议问题［J］．黔东南民族
师范高等专科学校学报，2004（1）：28-31．

［5］乔萍萍．试谈企业破产财产的确认［J］．图书情报导刊，2004
（3）：198-199．

［6］王黎明．破产财产构成要件研究［J］．洛阳师范学院学报，2004
（4）：39-40，53．

［7］杨承国，李群．关于认定破产财产应注意的几个问题［J］．辽宁
师专学报（社会科学版），2004（4）：129-130．

［8］李德志．关于破产企业土地使用权处理的法律思考［J］．中国地
产市场，2004（7）：76-79．

［9］赖淑春．已被裁定截留但未履行完毕的租金应否作为破产财产
［J］．经济师，2004（12）：276-277．

［10］胡晟．破产企业对外投资问题的处理［N］．人民法院报，
2004-02-04．

［11］张连军，贺志安．划拨的土地使用权应作为破产财产［N］．人
民法院报，2004-03-26．

2005 年

［1］王欣新．论破产案件中土地使用权的处理原则［J］．甘肃政法学
院学报，2005（5）：102-105．

［2］李新贵．夫妻离婚时破产安置费应公正分割［J］．法律适用，
2005（7）：94-95．

［3］王春梅．议遗产破产［J］．哈尔滨工业大学学报（社会科学
版），2005（5）：109-113．

［4］杨洲．我国破产程序中破产财产界定刍议［J］．晟典律师评论，
2005（2）：73-96．

［5］汪晖．谈破产企业国有划拨土地使用权的处理原则及方法［J］．
晟典律师评论，2005（2）：122-127．

［6］ 吴文琦 . 两岸破产财产范围之比较研究 ［J］. 南阳师范学院学报
（社会科学版），2005（4）：23-26.

［7］ 张军 . 破产企业财产的拍卖变现 ［J］. 中国拍卖，2005（11）：
11-13.

2006 年

［1］ 丁嘉慧 . 论破产财产的性质 ［J］. 江西社会科学，2006（7）：
220-222.

［2］ 闫凤娟，李俐 . 论破产财产的界定 ［J］. 理论界，2006（9）：
144-145.

2008 年

［1］ 李雪田 . 破产财产范围评析 ［J］. 长白学刊，2008（3）：74-77.

2009 年

［1］ 张雨 . 也论破产财产 ［J］. 行政与法，2009（4）：91-94.

［2］ 刘洪光 . 驰名商标作为破产财产的处理方式——从三鹿破产案
谈起 ［J］. 中华商标，2009（3）：4-6.

2010 年

［1］ 王哲 . 对划拨土地使用权抵押及破产处置的法律思考 ［J］. 法制
与社会，2010（3）：61-63，66.

［2］ 刘玲茹 . 破产财产法律性质探析 ［J］. 商业文化（学术版），
2010（9）：26.

［3］ 金秀琴 . 船舶管理公司破产债务的范围及种类辨析 ［J］. 经济研
究导刊，2010（35）：178-179.

2011 年

[1] 韩长印. 论破产程序中的财产处分规则——以"江湖生态"破产重整案为分析样本 [J]. 政治与法律，2011（12）：76-85.

[2] 王黎明. 企业破产财产分配制度的重构 [J]. 商业经济研究，2011（15）：46-48.

[3] 张剑波. 我国破产企业的知识产权保护探析 [J]. 理论与改革，2011（4）：133-136.

[4] 钱桂芳. 破产企业所涉知识产权纠纷的管辖冲突 [J]. 人民司法，2011（3）：96-102.

[5] 郭海宁. 破产无效行为研究 [J]. 社科纵横（新理论版），2011（2）：140-141.

[6] 张琳. 论合伙企业的破产财产 [J]. 法制与社会，2011（20）：117.

[7] 柴丽. 破产企业的知识产权保护对策分析 [J]. 公民与法（法学），2011（4）：40-42.

[8] 郭英杰. 对破产企业知识产权保护的思考 [J]. 科技和产业，2011（10）：62-65.

[9] 柴丽. 破产程序中知识产权的权利状态及其保护 [J]. 河南商业高等专科学校学报，2011（2）：71-73.

[10] 薛文芳，薛学军. 破产企业的划拨地应如何处置？[J]. 资源导刊，2011（6）：46.

[11] 薛文芳. 破产企业的划拨地可作为财产清算吗？[N]. 中国国土资源报，2011-04-06（11）.

2012 年

[1] 孙学亮. 论破产财产的界定 [J]. 天津商业大学学报，2012（4）：55-60.

[2] 徐璐. 合伙企业破产财产问题探究 [J]. 知识经济，2012

（20）：26，28.

2013 年

［1］傅穹，王欣. 破产债务人财产制度的法律解释 ［J］. 社会科学研究，2013（5）：106-111.

［2］张钦昱. 论破产财产出售的程序规制——以克莱斯勒破产案为例 ［J］. 法学杂志，2013（2）：132-140.

［3］张先明. 积极追收债务人财产，充分保障债权人利益 ［N］. 人民法院报，2013-09-13（4）.

2014 年

［1］马开轩，宣言. 破产财产范围若干问题探析 ［J］. 特区经济，2014（5）：184-185.

2015 年

［1］公韬. 合伙企业中破产财产的法律问题 ［J］. 法制与经济，2015（3）：53-54.

［2］王赛男. 我国破产财产除外制度体系初步设想 ［J］. 合作经济与科技，2015（13）：188-189.

［3］严刚，嵇大海. 涉及破产财产分配的若干特殊事项的处理原则 ［J］. 齐鲁珠坛，2015（2）：38-40.

2016 年

［1］韦忠语. 破产财产经营论 ［J］. 法商研究，2016（2）：95-104.

［2］陈政. 论我国物权变动规则在破产程序中的适用——兼及《物权法司法解释（一）》第六条的解读 ［J］. 宁夏社会科学，2016（4）：74-80.

［3］余欣怡．论破产财产网络司法拍卖的合法性［J］．法制与社会，2016（8）：289-290.

2017 年

［1］张晨．设立抵押的财产在破产企业中的清偿顺序问题的研究［J］．法制博览，2017（6）：267.

（七）破 产 债 权

1987 年

［1］鲁生．谈谈破产债权［J］．人民司法，1987（10）：28-29.

1988 年

［1］王新欣．谈企业破产法中的债权申报期限［J］．法学杂志，1988（4）：30，11.

1989 年

［1］栾甫贵．企业破产债权的界定［J］．会计研究，1989（6）：48-51.

1990 年

［1］王欣新．浅谈未到期债权破产清偿的扣息问题［J］．中南政法学院学报，1990（1）：93-94.

1991 年

[1] 王欣新. 未到期的无利息破产债权应当扣息吗？——与高校试用教材《破产法教程》商榷 [J]. 法律学习与研究，1991（2）：56-57.

1994 年

[1] 邹海林. 债权申报若干基本问题研讨 [J]. 中外法学，1994（1）：8-14.

[2] 武振全. 应妥善处理好银行贷款债权——对处理破产企业贷款的几点思考 [J]. 中国城市金融，1994（12）：41-42.

[3] 叶龙. 试论企业和解整顿期的债权保护及税收附条件免征 [J]. 法治论丛，1994（6）：7-8.

1995 年

[1] 宋清华. 从"债权银行"角度看我国企业破产 [J]. 经济问题，1995（8）：39-41.

[2] 牛长勇. 企业破产对债权的影响及对策 [J]. 金融理论与实践，1995（7）：17-19.

[3] 杜忠成，陈金华. 论破产企业的逃债方式及银行法律对策 [J]. 金融经济，1995（4）：44-45.

[4] 韩克勇. 企业制度改革与银行债权保护 [J]. 经济问题，1995（9）：8-14.

[5] 曹思源，邬萍晖. 银行被动何时了——"运洗"破产案的启示 [J]. 改革，1995（4）：117-122.

[6] 吴新潮. 企业破产与银行债权的回收 [J]. 西安金融，1995（11）：18-19.

[7] 张晓夕. 企业破产与银行债权的保护 [J]. 农金纵横，1995

（6）：45-47，40.

1996 年

［1］韩长印，王会军，张胜利．论破产程序中保证债权的处理［J］．甘肃政法学院学报，1996（4）：26-30.

［2］王淑玲，张临伟．论有担保的债权在破产案件中的法律适用［J］．法律适用，1996（7）：28-31.

［3］吕和东．揭开债权人"羞涩"的面纱［J］．经济问题探索，1996（5）：48.

［4］邹金山，谢又刚，周格华．银行在企业破产中被动的成因及对策［J］．金融经济，1996（6）：40-41.

［5］盛浩，李润华．谈银行与企业破产的若干法律问题［J］．福建金融管理干部学院学报，1996（4）：65-68.

1997 年

［1］蒋传国，董建平．应加强企业破产中的金融债权管理［J］．山东金融，1997（11）：62.

［2］许洪臣，郭诗英．论企业破产中有担保的债权［J］．政法论丛，1997（4）：17-18.

［3］中国人民银行临沂市分行课题组．从企业破产谈金融机构债权保全问题［J］．山东金融，1997（4）：22-24.

［4］中国工商银行武汉市分行课题组．从企业逃废银行债权看《破产法》的完善［J］．城市金融论坛，1997（3）：25-28.

［5］徐永静．论企业破产及银行之对策［J］．重庆大学学报（社会科学版），1997（3）：57-60.

［6］盛浩，李润华．谈银行与企业破产的若干法律问题［J］．广州金融高等专科学校学报，1997（3）：53-56.

［7］章红梅，周学宏．企业破产与银行债权实现的法律思考［J］．江苏农村金融，1997（7）：45-46.

［8］谢安平，叶雪飞．企业破产与银行债权保全［J］．公安司法·新疆公安司法管理干部学院学报，1997（4）：20-23．

［9］蒋禄良．浅议企业破产时银行债权的保护［J］．四川金融，1997（4）：54-56．

［10］刘泽华．破产企业逃废银行债务与银行债权保全的法律研究［J］．金融学刊，1997（3）：54-56．

［11］梁建丽．浅论《破产法》对银行业务的影响［J］．湖北农村金融研究，1997（7）：49-50．

1998 年

［1］张惠保．罚金应作为破产债权申报［J］．人民检察，1998（11）：49．

［2］李晓燕．试论企业破产制度中的权利侵蚀［J］．安徽大学学报，1998（3）：107-111．

［3］荣凤英．企业破产债权保护的法律思考［J］．财税理论与实践，1998（2）：16-18．

1999 年

［1］侯丽艳，许彩云．论破产程序中有财产担保债权的处理［J］．石家庄经济学院学报，1999（6）：608-610．

2000 年

［1］郭勇力．企业破产逃债与银行资产保全［J］．南方金融，2000（5）：53-55．

［2］李志平．关于当前企业实施破产过程中涉及银行债权的思考［J］．国际金融，2000（5）：52-53．

［3］王军．关于破产企业国有资产的法律保护问题［J］．新疆社会经济，2000（4）：87-90．

2001 年

［1］王艳林，朱春河．破产债权的申报与调查制度研究［J］．河南大学学报（社会科学版），2001（5）：35-39.

［2］陶钟灵．在《企业破产法》中应建立定金债权优先清偿制度［J］．金筑大学学报（综合版），2001（2）：64-67.

［3］王瑛．破产程序中银行担保利益的保护［J］．金融法苑，2001（4）：115-120.

［4］罗妍．对企业破产中保全金融债权的法律思考［J］．农村金融研究，2001（3）：37-38.

［5］罗妍．完善企业破产偿债制度保全金融债权的法律思考［J］．中国农村信用合作，2001（4）：42-44.

［6］吴西彬，石晓慧．企业破产时拖欠的集资房工程款是破产债权吗［N］．人民法院报，2001-03-01（3）.

［7］张平．税款滞纳金不宜认定为破产债权［N］．人民法院报，2001-06-21（3）.

［8］陈美芳．破产企业债权的收取［N］．江苏经济报，2001-07-19（C）.

［9］徐强．破产企业债权清收对策［N］．江苏经济报，2001-12-20（C）.

2002 年

［1］胡文涛．逃废金融债务原因分析——以破产制度和银行债权保护为视角［J］．法学，2002（7）：61-66.

［2］王丹锋．如何避免企业通过破产逃避银行债务［J］．河北法学，2002（S1）：88-90.

［3］楼红明．破产应收债权的法律完善［J］．人民司法，2002（6）：34-36.

［4］张爱东．破产案件中的债权申报［J］．山东审判，2002（6）：

13-14.

[5] 于森林，杜伟堂．如何运用破产法新司法解释维护金融债权
    [J]．海南金融，2002（11）：33-34.

[6] 邓勇．小议企业破产中银行债权的法律保护［J］．海南金融，
    2002（12）：31-34.

[7] 杜维堂．审理企业破产案新规定与金融债权维护［J］．现代金
    融，2002（9）：42.

[8] 吉秀兰，耿艳红．追加分配：维护金融债权的法律保护伞［J］．
    现代金融，2002（10）：39.

[9] 杨兆全．安然股东能获赔吗？［N］．证券时报，2002-01-12（8）.

[10] 王彦山，常方刚．税务机关追缴破产企业拖欠的税金是否受破
     产债权申报期限限制［N］．人民法院报，2002-02-04（B04）.

[11] 李储华．债务人破产视为债权已到期［N］．人民法院报，
     2002-02-06（B02）.

[12] 蔡晖，李显先．罚金可否确认为破产债权［N］．人民法院报，
     2002-02-27（3）.

[13] 高原．论破产案件中补充分配制度［N］．人民法院报，2002-
     03-18（B02）.

[14] 邓建云．主债务人破产担保人难辞其责［N］．检察日报，
     2002-03-27.

[15] 唐忠伟．破产债权的审查确认权不宜赋予债权人会议［N］．人
     民法院报，2002-08-14.

[16] 秦兴贤．改制企业申请破产还债原企业被剥离的资产和债务如
     何处理［N］．江苏经济报，2002-09-26（C）.

[17] 汪来超，娄红阳．国有企业破产是否应优先偿还私营和个人债
     务［N］．人民政协报，2002-09-30（B04）.

[18] 企业破产谁先受偿［N］．中国税务报，2002-12-11.

2003 年

[1] 周刚．《破产法》最新司法解释及其对银行实现债权的影响

[J]. 上海金融, 2003 (3): 46-47, 31.

[2] 青梅. 破产法中的债权保护机制 [J]. 西南政法大学学报, 2003 (3): 39-42.

[3] 赵敏玉. 破产企业银行债权保护初探 [J]. 现代金融, 2003 (8): 43.

[4] 张晋龙. 完善法律手续保障破产债权 [J]. 中国农村信用合作, 2003 (4): 43-44.

[5] 王岩. 试论破产债权 [J]. 行政与法, 2003 (6): 84-85.

[6] 王晓艳, 王跃峰. 通知保证人申报破产债权制度杂议 [N]. 人民法院报, 2003-11-12.

2004 年

[1] 徐江彬. 对完善我国破产债权机制的几点思考 [J]. 金融与经济, 2004 (9): 14-15.

[2] 朱忠良, 杜敬祥. "自然债权" 的 "维权" —— "过了诉讼时效" 的债权人在债务人破产时能否实现权利 [J]. 山西经济管理干部学院学报, 2004 (4): 62-64.

[3] 张立群. 论破产企业财产分配次序的若干法律问题 [J]. 黑龙江对外经贸, 2004 (11): 41.

2005 年

[1] 黄少安, 赵海怡. 破产企业劳动债权是否应该法定为优于有担保债权受偿——一个法经济学视角的分析 [J]. 经济科学, 2005 (4): 29-39.

[2] 李学武, 朱杰, 张晓磊. 对破产债权、别除权审查确认的思考 [J]. 山东审判, 2005 (3): 108-109.

[3] 吴鹏. 破产债权逾期未申报的法律后果 [J]. 河南财政税务高等专科学校学报, 2005 (5): 33-35.

[4] 刘明尧. 银行破产债权研究 [J]. 湖北农村金融研究, 2005

（8）：21-24.

［5］顾贵学．破产企业职工劳动债权的优先性研究［J］．特区经济，2005（4）：218-219.

［6］仇家明．论破产程序中劳动债权的清偿顺序及范围［J］．政法学刊，2005（5）：59-60.

［7］郭磊．试论破产程序中劳动债权与别除权的受偿顺序［J］．中国农业银行武汉培训学院学报，2005（5）：56-58.

［8］韩长印．我国破产分配顺位的重构——"破产分配顺位"学术讨论综述［J］．上海交通大学学报（哲学社会科学版），2005（6）：42-44.

［9］刘文．论破产法上劳动债权的优先性［J］．电子科技大学学报（社会科学版），2005（2）：102-105.

［10］曹士兵．金融债权遭遇劳动债权：破产分配谁优先［J］．晟典律师评论，2005（2）：118-121.

［11］陈东．破产案件中劳动债权优先受偿的律师实务［J］．晟典律师评论，2005（2）：97-105.

［12］白建军，李曙光．金融债权保护，难在哪里？［N］．中国证券报，2005-04-20（A03）.

［13］陈甦．新破产法应当合理规定债权清偿的优先次序［N］．中国社会科学院院报，2005-02-03（3）.

［14］益言．破产法：有关清偿顺序的国别经验［N］．金融时报，2005-01-19.

［15］李曙光．破产法进入三审关键之争：担保债权与职工债权孰优先［N］．21世纪经济报道，2005-05-30.

2006 年

［1］任春琼．企业破产案件中银行债权的维护［J］．新金融，2006（2）：61-62.

［2］徐江彬．关于我国破产债权人问题的探讨［J］．江西社会科学，2006（11）：195-198.

［3］刘明尧．破产债权申报制度研究［J］．湖北社会科学，2006
（7）：148-150.

［4］任春琼．企业破产案件中银行债权的维护［J］．新金融，2006
（2）：61-62.

［5］叶敏．论破产程序中的母公司债权［J］．新疆社会科学，2006
（1）：79-82.

［6］余暮．试论职工劳动债权与有物权担保的债权在破产清偿中的
顺位问题［J］．海南师范学院学报（社会科学版），2006（2）：
140-142.

［7］向春华．新破产法合理保护劳动债权［J］．中国社会保障，2006
（10）：9-11.

［8］孙宏涛，田强．试析破产企业职工工资债权清偿优先的理由及
其制度设计［J］．广东行政学院学报，2006（1）：59-63.

［9］朱春河．破产债权的确认与确认诉讼——兼论债权确认诉讼中
的当事人适格［J］．韶关学院学报（社会科学），2006（4）：1-
4.

［10］李国强．破产清偿：劳动债权优先［J］．法人杂志，2006
（4）：30-31.

［11］付百固．论企业破产程序中的税收优先权［J］．河南商业高等
专科学校学报，2006（3）：70-73.

［12］杜文艳．劳动债权与有担保债权在破产法上的清偿顺位安排
［J］．青海师范大学学报（哲学社会科学版），2006（3）：27-
30.

［13］耿文杰，吴义茂．公司集团破产中外部债权人的法律保护［J］.
上海市经济管理干部学院学报，2006（3）：59-63.

［14］凤立成，戴中璧．关联企业间破产债权问题研究［J］．特区经
济，2006（9）：318-319.

［15］翟玉娟．破产程序中的劳动债权的界定及保障［J］．云南大学
学报（法学版），2006（5）：58-61.

［16］李金泽，刘熙睿．新破产法有关清偿顺序规定的缺憾及对策
［J］．银行家，2006（12）：124-126.

［17］吕伟．试论新破产法债权受偿顺序的经济法意义［J］．当代经理人，2006（21）：510-511.

2007 年

［1］熊伟．作为特殊破产债权的欠税请求权［J］．法学评论，2007（5）：90-97.

［2］刘子平．破产债权确认诉讼制度研究［J］．法律适用，2007（10）：16-20.

［3］刘明尧．破产债权救济机制研究［J］．湖北农村金融研究，2007（3）：42-47.

［4］汪源，孙克任．新《企业破产法》下维护金融债权的新动向［J］．商场现代化，2007（12）：289.

［5］刘莉亚，王永航．《企业破产法》对银行债权的影响及对策［J］．华北金融，2007（10）：46-48，52.

［6］席晓娟．企业破产所涉税收问题的法律思考［J］．中国商法年刊，2007（0）：499-503.

2008 年

［1］刘文信．破产债权中的关联交易问题［J］．广西社会科学，2008（2）：106-108.

［2］田学伟，徐阳光．论破产程序中的税收债权［J］．政治与法律，2008（9）：16-21.

［3］贺丹．有争议破产债权的确认——兼论我国新《企业破产法》的完善［J］．甘肃政法学院学报，2008（5）：144-148.

［4］刘伟，郑超峰．论劳动债权与有担保债权在破产程序中的清偿顺位——兼论新破产法第 132 条［J］．特区经济，2008（3）：242-243.

［5］惠晓梅．破产逃债行为探析［J］．法制与经济（中旬刊），2008（9）：92-94.

[6] 曾宇星，林佳．险企破产保单会失效吗？［N］．福建工商时报，2008-10-08（7）.

2009 年

[1] 王瑛杰，孙杨．浅析新旧破产法体系下的破产债权［J］．哈尔滨市委党校学报，2009（1）：68-70.

[2] 孟建群．破产债权若干法律问题的探讨［J］．经营管理者，2009（15）：218.

[3] 康时华，毕婷婷．人身权的特殊保护——以破产前人身损害侵权债权清偿顺序为视角［J］．改革与开放，2009（9）：8-9.

[4] 李绍燕．劳动债权优先受偿的合理性分析［J］．今日南国（理论创新版），2009（12）：215-216.

[5] 胡经华．首次明确"债的清偿抵充顺序"［N］．人民法院报，2009-06-08（4）.

[6] 吴宁．公司财产分配完毕后未申报债权的处理［N］．人民法院报，2009-11-12（6）.

2010 年

[1] 韩长印，韩永强．债权受偿顺位省思——基于破产法的考量［J］．中国社会科学，2010（4）：101-115，222.

[2] 付翠英．论破产费用和共益债务［J］．政治与法律，2010（9）：24-32.

[3] 张勇．能否以债权折抵工资［J］．湖南农业，2010（4）：26.

[4] 苏霜．论破产法上附条件债权的抵销［J］．重庆科技学院学报（社会科学版），2010（8）：37-39.

[5] 张学谦．破产债权的特征及认定原则［J］．China's Foreign Trade，2010（12）：83.

[6] 王欣新．论破产程序中的债权申报［N］．人民法院报，2010-08-04（7）.

2011 年

[1] 王东光. 消费者债权在破产程序中的优先地位——基于风险分担的视角 [J]. 北京理工大学学报（社会科学版），2011（2）：98-102.

[2] 方芳. 破产程序中担保物权受限制之合理性探讨 [J]. 吉首大学学报（社会科学版），2011（6）：131-133.

[3] 柴丽. 论我国的破产债权申报期限 [J]. 十堰职业技术学院学报，2011（2）：52-55.

[4] 许德风. 论担保物权在破产程序中的实现 [J]. 环球法律评论，2011（3）：49-70.

[5] 孙浩. 论担保物权在破产法中的地位 [J]. 法制与社会，2011（7）：88.

[6] 吕明. 关于在借款人破产情况下维护银行保证债权的法律分析 [J]. 经济研究导刊，2011（7）：128，156.

[7] 孙勤立. 论企业破产法关于债务的清偿顺序 [J]. 企业导报，2011（10）：177-178.

[8] 王虎. 论破产债权的范围 [J]. 商业文化（上半月），2011（10）：26.

[9] 陈晨晨. 论破产清偿顺位重构 [J]. 法制与经济（下旬），2011（12）：147-148，150.

[10] 陈莉. 破产还债程序中人身损害赔偿金清偿顺序之我见 [J]. 法制与社会，2011（21）：112-113.

[11] 郭勇. 适用司法解释维护银行债权 [N]. 中国城乡金融报，2011-10-10（A03）.

2012 年

[1] 林一. 侵权债权在破产程序中的优先受偿顺位建构——基于"给最少受惠者最大利益"的考量 [J]. 法学论坛，2012（2）：

152-160.

[2] 吴春岐. 论预告登记之债权在破产程序中的法律地位和保障 [J]. 法学论坛，2012（1）：67-71.

[3] 谢安平. 企业法人恶意破产与金融债权保全 [J]. 北京工商大学学报（社会科学版），2012（1）：123-128.

[4] 郝晶. 破产法中劳动债权的相对优先性及其法律保障 [J]. 韶关学院学报，2012（1）：94-98.

[5] 杜彬瑜，蔡文清. 如何保障关联企业破产中的银行债权 [J]. 资本市场，2012（6）：52-58.

[6] 李启艳. 浅析人身损害赔偿债权在破产清偿中的顺位 [J]. 湖北警官学院学报，2012（6）：94-95.

[7] 肖健明. 论企业破产案件中的银行金融债权保护 [J]. 中外企业家，2012（7）：39-42.

[8] 邹杨，荣振华. 人身侵权债权在破产清偿顺位中优先受偿之思辩 [J]. 行政与法，2012（8）：90-94.

[9] 于定明. 破产重整与和解程序中的人身损害赔偿债权保护 [J]. 云南大学学报（法学版），2012（4）：63-67.

[10] 杨悦. 破产债权清收的制度完善 [J]. 人民司法，2012（1）：96-98.

[11] 张保国. 论破产程序中劳动债权与担保债权的关系 [J]. 工会论坛（山东省工会管理干部学院学报），2012（4）：68-69.

[12] 肖艳. 自然债权当为劣后债权纳入破产分配程序 [J]. 法制博览（中旬刊），2012（3）：57-59，17.

[13] 李冰瑶. 大规模人身侵权下破产债权清偿顺位探析——基于利益衡量原则 [J]. 学理论，2012（24）：87-88.

[14] 陈英. 普通债权人在重整程序中的法律地位与立法规制重心研究 [J]. 西部法学评论，2012（6）：89-94.

[15] 张㥁，王伟. 债务人和次债务人均破产情况下的破产债权确认 [J]. 人民司法，2012（22）：82-86，1.

[16] 张洪霞. 论破产程序中劳动债权的清偿顺序及完善 [J]. 北方经贸，2012（12）：77，79.

[17] 张磊. 对企业破产中银行风险控制的思考 [J]. 现代商业，
2012（3）：22-23.

[18] 魏利平. 破产程序中共益债权的清偿规则 [N]. 法制日报，
2012-10-31（12）.

2013 年

[1] 冯辉. 破产债权受偿顺序的整体主义解释 [J]. 法学家，2013
（2）：82-94，178.

[2] 许德风. 论破产债权的顺序 [J]. 当代法学，2013（2）：76-82.

[3] 王欣新，方菲. 破产程序中大规模人身侵权债权清偿问题探究
[J]. 政治与法律，2013（2）：15-21.

[4] 许德风. 论破产债权的顺序 [J]. 当代法学，2013（2）：76-82.

[5] 王欣新，乔博娟. 论食品安全领域大规模人身侵权债权在破产
程序中的清偿顺位 [J]. 法治研究，2013（11）：53-64.

[6] 郭丁铭. 我国破产债权受偿顺序之完善 [J]. 昆明理工大学学报
（社会科学版），2013（2）：48-57.

[7] 李丹萍. 论破产公司环境侵权债权的优先受偿性 [J]. 中南林业
科技大学学报（社会科学版），2013（1）：79-82.

[8] 陈玉江. 论我国破产债权确认的不足与完善 [J]. 中外企业家，
2013（21）：120-121.

[9] 王琳. 浅议企业破产清算中的税收优先权 [J]. 中国科技投资，
2013（Z1）：21.

[10] 郑天玲. 争议破产债权的确认 [N]. 江苏经济报，2013-07-17
（B03）.

2014 年

[1] 谢九华. 大规模侵权债权与担保债权清偿顺序之反思 [J]. 河北
法学，2014（9）：178-183.

[2] 陈政. 优先受偿：人身侵权债权的破产清偿顺位——从和谐社

会语境中破产法的功能谈开去［J］. 广西社会科学，2014（7）：90-95.

［3］袁文全，马晶. 大规模人身侵权之债在破产债权中的清偿顺位考量［J］. 重庆大学学报（社会科学版），2014（2）：131-135.

［4］刘颖. 论破产法中的债权人最大利益原则——兼析《企业破产法》第87条第2款［J］. 甘肃政法学院学报，2014（2）：119-126.

［5］殷西军. 破产法对债权人利益保护的缺陷研究［J］. 法制博览（中旬刊），2014（8）：56-57.

［6］柴丽. 论破产债权补充申报制度［J］. 濮阳职业技术学院学报，2014（3）：14-16.

［7］杨淑敏，尚晓茜. 逾期未申报破产债权因第三人承诺而恢复请求权［J］. 人民司法，2014（8）：67-70，1.

［8］兰蕊，谭海军. 浅议破产债权的申报与确认［J］. 法制与经济，2014（15）：52-54.

［9］杨灿. 超注册资本投资性质之破产债权认定问题研究［J］. 吉林工商学院学报，2014（5）：83-85.

［10］王诗萌. 浅析破产还债程序中人身损害赔偿金清偿顺序［J］. 理论前沿，2014（9）：134.

［11］苏明飞，万慧. 破产清算程序中人身侵权之债优先性探析［J］. 广西政法管理干部学院学报，2014（5）：111-114.

［12］于定明. 破产清算程序中的人身损害赔偿债权优先清偿分析［J］. 法治研究，2014（7）：120-126.

［13］吕绍熙. 担保物权在破产清算程序中如何实现［J］. 法制与社会，2014（30）：243-244.

［14］郑宏伟. 我国破产法对担保物权优先性限制研究［J］. 北方经贸，2014（5）：101，103.

2015 年

［1］杨光. 破产定金债权刍议［J］. 东方法学，2015（6）：148-158.

［2］于新循，彭旭林．论我国破产债权例外制度——基于劣后债权的制度构建视角［J］．四川师范大学学报（社会科学版），2015（3）：45-52.

［3］徐振增，宫艳艳．破产法设置劣后债权的问题研究［J］．广西民族大学学报（哲学社会科学版），2015（2）：138-141.

［4］付翠英．论破产债权的申报、调查与确认［J］．政治与法律，2015（2）：21-32.

［5］方敏华．破产法中的可撤销行为对银行债权的影响［J］．中国农村金融，2015（23）：72-73.

［6］傅炳坤．论破产债权范围［J］．现代商贸工业，2015（15）：171-172.

［7］陈敬贤．企业破产视角下的债权管理与保护［J］．农业发展与金融，2015（2）：59-61.

［8］石磊．我国破产财产优先受偿制度的完善［J］．法制博览，2015（9）：210，209.

［9］邓峰．我国劳动债权人破产程序参与权利探讨［J］．中国劳动，2015（14）：52-55.

［10］王艳．破产程序中税收滞纳金的法律性质分析［J］．特区经济，2015（9）：130-131.

［11］黄良军．论企业破产清算中劳动债权的优先权问题［J］．石家庄铁道大学学报（社会科学版），2015（3）：81-86.

［12］王欣新．破产费用、共益债务与物权担保债权间的清偿关系［N］．人民法院报，2015-09-02（7）.

［13］邹玉玲．我国破产法中债权补充申报制度的完善［N］．法制日报，2015-12-30（12）.

2016 年

［1］赵尧．《破产法》中税收优先制度的效率改革——一个处置权利冲突的新的分析视角［J］．经济体制改革，2016（5）：148-152.

［2］金春．论房地产企业破产中购房消费者的权利保护——消费者保护和债权人可预测性的平衡［J］．法律适用，2016（4）：38-44．

［3］李慈强．破产清算中税收优先权的类型化分析［J］．税务研究，2016（3）：85-90．

［4］张钦昱．企业破产中环境债权之保护［J］．政治与法律，2016（2）：143-153．

［5］任一民．期房交易合同在破产法上的效力研究［J］．法律适用，2016（5）：93-100．

［6］陆晓燕．保障生存利益与维护交易安全的平衡——房地产开发企业破产中购房人权利之顺位研究［J］．法律适用，2016（3）：16-24．

［7］中国人民银行温州市中心支行课题组，周智．民营企业破产中金融债权保护的法律思考——以温州为例［J］．浙江金融，2016（12）：74-79．

［8］罗京城，黄才宽，何林岩．企业破产中的金融债权保护法律问题研究［J］．金融教育研究，2016（3）：36-41．

［9］徐欣欣．环境公益诉讼胜诉赔偿金在破产债权中的顺位研究——基于环境公益诉讼中"公益"特殊性的考量［J］．西部法学评论，2016（4）：111-119．

［10］康靖．保证人是否应承担债务人破产后的债务利息［J］．山东审判，2016（1）：85-86，91．

［11］于焕超．破产程序中债权人对保证人的利息请求权分析［J］．海南金融，2016（11）：40-44．

［12］张萍．人身损害赔偿债权在企业破产分配中的受偿顺位［J］．长江师范学院学报，2016（6）：128-132．

［13］陈舒筠，吴国平．破产清算程序中侵权债权人利益的保护——对受偿顺位的思考［J］．长春理工大学学报（社会科学版），2016（2）：37-42．

［14］朱德良．"僵尸企业"破产出清时银行债权面临的风险及其对策［J］．中国农村金融，2016（24）：52-54．

[15] 音邦定，钱进．房地产企业破产过程中债权优先权竞合的法律分析 [J]．全国商情，2016（10）：77-80.

[16] 夏正芳，李荐．房地产开发企业破产债权的清偿顺序 [J]．人民司法（应用），2016（7）：9-14.

[17] 乔鹏．企业破产后优先赔偿人身损害 [N]．中国社会科学报，2016-03-09（5）.

[18] 余瑶瑶．破产债权清收问题探讨 [N]．江苏经济报，2016-03-16（B03）.

2017 年

[1] 李逍遥．土地出让金在破产清算中是否具有优先受偿权 [J]．中国土地，2017（5）：61.

[2] 李冀．破产程序中债转股的金融债权保护问题研究 [J]．上海金融，2017（4）：77-85.

[3] 杨忠孝，李冀．破产程序中债转股的金融债权保护问题研究 [J]．海南金融，2017（3）：70-76.

[4] 赵长生．破产程序中抵押债权的优先清偿辨析 [J]．财会学习，2017（1）：162-163.

[5] 王真真．破产重整程序中担保物权的限制与保护 [J]．汕头大学学报（人文社会科学版），2017（2）：13-19，94.

[6] 曹阳．破产债权的申报与核查 [N]．江苏经济报，2017-03-29（B03）.

（八）破 产 权 利

1987 年

[1] 王欣新，李磊．析我国破产法中的撤销权 [J]．法学，1987

（8）：35.

［2］鲁生．取回权和担保债权［J］．人民司法，1987（11）：27-28.

1988 年

［1］柯善芳．论抵销权［J］．现代法学，1988（6）：30-31.

［2］王欣新．企业破产法中的别除权、取回权与抵销权［J］．法学评论，1988（4）：26-30.

［3］鲁生．清算组的否认权和破产债权人的抵销权［J］．人民司法，1988（1）：29-30.

1990 年

［1］姚辉．论债权人撤销权［J］．法律科学（西北政法学院学报），1990（3）：61-64.

1991 年

［1］徐发成．试论破产法中的取回权［J］．青海社会科学，1991（4）：101-107.

1992 年

［1］董开军．论工资、税款的优先权问题［J］．政治与法律，1992（3）：20-22.

1993 年

［1］韩长印，刘庆远．浅析破产法上的否认权［J］．法学研究，1993（3）：91-96.

1994 年

［1］汤维建．试论破产程序中的别除权［J］．政法论坛，1994（5）：1-6.

［2］吕利民，王桂枝．从担保债权看破产案件别除权的设定范围［J］．法律适用，1994（6）：41-42.

［3］于海寅．破产案件中的抵销权、优先受偿权和财产取回权［J］．法学，1994（6）：41-43.

［4］张加伟．试论债权人撤销权［J］．政法学报，1994（3）：33-36.

1995 年

［1］汤维建．论破产法上的撤销权［J］．法律科学，1995（6）：69-77.

［2］吕利民．从担保债权看破产案件别除权的设定范围［J］．现代法学，1995（4）：60-61.

［3］刘安宇，任诚宇．破产法中的抵销权制度管窥［J］．法学论坛，1995（4）：28-29，50.

［4］胡克敏．浅析破产中的优先权［J］．法商研究，1995（5）：92-96.

1996 年

［1］王欣新．别除权论［J］．法学家，1996（2）：20-27.

［2］杨清．试论抵销［J］．河北法学，1996（6）：13-15.

［3］罗卫平．对破产企业享有优先权的债权之保护［J］．法学，1996（2）：35-37.

［4］王存．论预先追偿权［J］．政治与法律，1996（5）：45-49.

［5］王存．论追偿权的预先行使［J］．现代法学，1996（2）：58-62.

［6］王存．预先追偿权若干法律问题探析［J］．法商研究，1996（3）：55-60.

［7］周代春．破产法上否认权浅析［J］．研究生法学，1996（3）：46-48.

1997 年

［1］张守文．论税收的一般优先权［J］．中外法学，1997（5）：42-48.

［2］孙英．设立我国担保人追偿权预先行使制度之思考［J］．法学，1997（11）：28.

［3］朱谦．英国的银行抵销权制度及其启示［J］．国际金融，1997（4）：46-49.

1998 年

［1］汪世虎．试论破产法上的撤销权［J］．现代法学，1998（3）：49-53.

［2］殷召良．保证人预先追偿权若干问题研究［J］．政法论坛，1998（6）：43-47.

1999 年

［1］安静，白凤英．破产案件中债权人的撤销权［J］．辽宁工程技术大学学报（社会科学版），1999（2）：75-76.

［2］王菁华．论破产抵销权［J］．吉林财税高等专科学校学报，1999（1）：60-62.

［3］程宗璋．浅析保证人预先追偿权的几个问题［J］．洛阳大学学报，1999（1）：41-45.

2000 年

[1] 蒋贤争. 破产案件审理中的抵押问题 [J]. 广西政法管理干部学院学报, 2000 (3): 60-61.

[2] 赵贵龙. 破产程序中担保利益的保护及其限制 [J]. 人民司法, 2000 (2): 36-38.

[3] 李志惠. 如何行使取回权别除权 [N]. 人民日报, 2000-05-10 (11).

2002 年

[1] 韩长印. 破产优先权的公共政策基础 [J]. 中国法学, 2002 (3): 27-41.

[2] 刘晓纯. 破产撤销权相关期间的限制 [J]. 天津大学学报 (社会科学版), 2002 (4): 381-383.

[3] 张怡, 张绪保, 廖振中, 邱泽龙, 刘宇男. 相对破产模式下的抵押优先权问题研究 [J]. 海南大学学报 (人文社会科学版), 2002 (4): 10-16.

[4] 葛现琴. 对破产无效行为制度抑或撤销权制度的探讨——现行《破产法 (试行)》第三十五条评析及立法建议 [J]. 企业经济, 2002 (8): 129-130.

[5] 张彩云. 论破产法上的无效行为制度和撤销权制度——兼及破产法草案第 35 条和新破产法草案第 25、27 条 [J]. 济南大学学报 (社会科学版), 2002 (4): 66-69.

[6] 郭雪莹, 庞学真. 试论保证人行使预先追偿权的法律保障 [J]. 辽宁税务高等专科学校学报, 2002 (4): 32-33.

[7] 韩来平. 浅析破产清算中担保的处理 [J]. 山西省政法管理干部学院学报, 2002 (4): 25-27.

[8] 王大斌. 企业破产中的担保问题辨析 [J]. 郧阳师范高等专科学校学报, 2002 (3): 118-119.

［9］山文岑，王延禄．论保证人破产时的先诉抗辩权［J］．烟台师范
　　　学院学报（哲学社会科学版），2002（3）：97-99.

［10］戴玉华．浅议破产抵销权之特殊性［N］．江苏经济报，2002-
　　　08-01（C）.

2003 年

［1］张国明，王磊．破产撤销权问题探讨［J］．河南省政法管理干部
　　　学院学报，2003（6）：77-81.

［2］蔡晖．破产程序中租赁权的行使及限制［N］．人民法院报，
　　　2003-09-03.

2004 年

［1］蓝邓骏，杜敏丽．破产抵销权新论［J］．河北法学，2004（2）：
　　　121-125.

［2］沈理平．破产清算中的税收优先权［J］．税务研究，2005（3）：
　　　66-69.

［3］张韶华．优先权、信贷担保权与破产欠薪清偿问题［J］．金融研
　　　究，2005（5）：139-145.

［4］韩长印．我国别除权制度改革初论［J］．南京大学法律评论，
　　　2004（1）：83-92.

［5］刘嫣姝．论我国破产法中的特别取回权制度［J］．山东人大工
　　　作，2004（10）：18-22.

［6］姜桂金．破产别除权简论［J］．理论界，2004（2）：80.

［7］冯杨勇，杜龙学．论我国别除权制度之完善［J］．黑龙江省政法
　　　管理干部学院学报，2004（1）：63-65.

［8］舒符康，龚微．论破产法上的抵销权［J］．湖南工程学院学报
　　　（社会科学版），2004（4）：65-67，70.

［9］李丽英．论破产抵销权［J］．商业经济，2004（11）：63-64，
　　　66.

［10］谢耀中，崔艺耀．商业银行行使抵销权的探讨［J］．海南金融，2004（9）：49-51．

［11］冀丽华．谈谈破产法规定的优先权实现顺序［J］．经济论坛，2004（15）：104-105．

［12］毕金平．论税收优先权与无担保债权的竞合［J］．安徽警官职业学院学报，2004（1）：56-57．

［13］王玉辉．浅谈破产程序中的取回权［N］．江苏经济报，2004-11-03．

2005 年

［1］邢丹．破产撤销权的制度设计［J］．当代法学，2005（5）：66-70．

［2］其木提．论行纪合同委托人的取回权［J］．环球法律评论，2005（1）：108-114．

［3］严加武．破产抵销权问题研究［J］．法律适用，2005（11）：20-23．

［4］何丹．刍议破产撤销权制度［J］．周口师范学院学报，2005（3）：91-93．

［5］朱格锋．论破产抵消权的适用范围［J］．开封大学学报，2005（1）：57-60．

［6］王艳华．论破产抵销权［J］．河南商业高等专科学校学报，2005（1）：76-78．

［7］谢梅．对破产抵销权的审视与反思［J］．天水行政学院学报，2005（3）：49-52．

［8］陈东．破产案件中保证人追偿权预先行使的理论与律师实务［J］．晟典律师评论，2005（2）：36-45．

2006 年

［1］汪世虎．论破产程序对担保物权优先性的限制［J］．河北法学，

2006（8）：24-27.

［2］蔡人俊．解读新企业破产法撤销权制度与无效行为制度［J］．华东政法学院学报，2006（6）：118-121.

［3］倪静．破产抵消权与民法抵消权行使之异同［J］．民事程序法研究，2006（0）：120-126.

2007 年

［1］王欣新．破产撤销权研究［J］．中国法学，2007（5）：147-162.

［2］张艳丽．破产可撤销行为构成要件分析——针对我国新《企业破产法》第31、32条规定［J］．法学杂志，2007（3）：71-74.

［3］许德风．论担保物权的经济意义及我国破产法的缺失［J］．清华法学，2007（3）：60-77.

［4］王欣新．破产别除权理论与实务研究［J］．政法论坛，2007（1）：31-47.

［5］杨以生．破产别除权制度相关问题研究［J］．法律适用，2007（10）：8-11，24.

［6］刘子平．破产别除权的认定标准及其行使［J］．法律适用，2007（11）：59-62.

［7］王欣新，王中旺．论破产抵销权［J］．甘肃社会科学，2007（3）：161-164.

［8］王洪平，房绍坤．破产撤销权行使的实体条件释论——以《破产法》第31、32条的规定为分析对象［J］．中国商法年刊，2007（0）：467-473.

［9］熊祖贲．破产法对别除权的保护研究［J］．法制与社会，2007（4）：108-109.

［10］韩传华．重整期间担保权的行使［N］．人民法院报，2007-02-28（5）.

2008 年

［1］刘黎明，田鑫．美国破产法之偏颇清偿制度及对我国的借鉴意义——兼论我国新破产法第 32 条及相关条款［J］．法学评论，2008（3）：106-116.

［2］孙向齐．破产代偿取回权研究［J］．法学杂志，2008（2）：149-151.

［3］徐晓．论破产别除权的行使［J］．当代法学，2008（4）：72-77.

［4］李雪田．论破产优先权［J］．当代法学，2008（5）：123-127.

2009 年

［1］蔡毅．论破产撤销权制度对于关联交易的特别调整及实务处理［J］．法律适用，2009（3）：18-22.

［2］孙新强．破除债权平等原则的两种立法例之辨析——兼论优先权的性质［J］．现代法学，2009（6）：178-187.

［3］汪莉．企业破产收回划拨土地使用权问题［J］．法学论坛，2009（4）：139-144.

［4］易萍．破产撤销权的适用标准及完善［J］．河南省政法管理干部学院学报，2009（2）：123-130.

［5］张丽敏．我国破产法上的破产撤销权问题探究［J］．法制与社会，2009（2）：333-334.

［6］郑志军．论破产撤销权的制度价值与法律性质［J］．韶关学院学报，2009（10）：55-58.

［7］郝丽娜．破产撤销权与民法撤销权之辨析［J］．法制与社会，2009（21）：148.

［8］郝丽娜．浅析破产撤销权制度——兼论破产撤销权制度与破产无效行为制度的比较［J］．商业文化（学术版），2009（8）：225.

［9］费煊．我国新破产法之取回权制度解析［J］．法制与社会，2009

（17）：53-54.

[10] 刘凡．论信托关系中的破产取回权［J］．法制与社会，2009（30）：145-146.

[11] 王黎明．破产别除权新论［J］．商场现代化，2009（3）：282-283.

[12] 张迎秀．别除权与劳动债权优先性再探究［J］．工会论坛（山东省工会管理干部学院学报），2009（4）：140-142.

[13] 程俊鸽．反思破产抵销制度的价值——以与合同法相比较为视角［J］．黑龙江省政法管理干部学院学报，2009（4）：72-75.

[14] 张太盛．破产程序中的工程款优先受偿权［J］．施工企业管理，2009（1）：105-106.

[15] 朱雪玲．论破产制度中税收优先权的限制［J］．重庆科技学院学报（社会科学版），2009（10）：66-67.

[16] 姜瀛，王博．论船舶优先权在破产程序中的行使［J］．中小企业管理与科技（上旬刊），2009（8）：169.

[17] 王艳华．论破产法中的担保权［J］．公民与法（法学版），2009（5）：29-33.

[18] 田浩．银行提前收贷行为破产企业无权撤销［N］．人民法院报，2009-12-10（8）.

[19] 王欣新．论破产程序中公益性捐赠行为之撤销［N］．人民法院报，2009-01-15（6）.

[20] 尹秀竹．申请受理前之法定抵销，破产法之惑？［N］．人民法院报，2009-06-14（3）.

2010 年

[1] 杨春平．我国"别除权"立法及理论研究［J］．河北法学，2010（3）：102-106.

[2] 李庆锋．企业破产抵销相关法律问题探讨［J］．商业时代，2010（19）：98-99.

[3] 江清云．破产受偿规则、债权人利益冲突以及经济学解决方法

[J]. 制度经济学研究, 2010 (3): 153-168.

[4] 甘露, 薛丰民. 破产程序中债权人的撤销权 [J]. 法制与社会, 2010 (19): 273.

[5] 张志新. 对个别清偿行为行使破产撤销权的构成要件 [J]. 人民司法, 2010 (6): 32-35.

[6] 陈晓红. 试析破产程序中的撤销权 [J]. 商品与质量, 2010 (S6): 55.

[7] 王加昌. 对《破产法》第三十二条撤销权的思考 [J]. 三明学院学报, 2010 (3): 250-253.

[8] 彭荣华. 论我国企业破产中的优惠行为与代偿取回权制度 [J]. 湘潮 (下半月), 2010 (3): 19-20.

[9] 王黎明. 破产取回权新论 [J]. 河南科技大学学报 (社会科学版), 2010 (3): 96-99.

[10] 王黎明. 新企业破产法中别除权的界定和行使研究 [J]. 中国经贸导刊, 2010 (7): 91.

[11] 张仰民. 企业破产案件中别除权的处理方法 [J]. 机械管理开发, 2010 (4): 143-144.

[12] 成栋. 论破产中侵权请求权优先权 [J]. 法制与社会, 2010 (22): 47-48.

[13] 魏利平. 行使破产撤销权要体现立法价值 [N]. 法制日报, 2010-11-17 (12).

2011 年

[1] 谢九华. 所有权保留标的物取回权的性质及其在破产程序中的适用 [J]. 求索, 2011 (12): 176-177, 14.

[2] 赵曙东. 破产撤销权与破产无效行为制度的比较分析 [J]. 中国城市经济, 2011 (2): 246-247.

[3] 白雪冰. 债权人撤销权和破产法中撤销权适用研究 [J]. 经济视角 (中旬), 2011 (3): 19-20.

[4] 吴思杰. 论我国破产撤销权制度 [J]. 商品与质量, 2011

（S5）：32.

［5］王诗语．关于破产撤销权的思考［J］．现代营销（学苑版），
2011（8）：154-155.

［6］高红芝．浅议破产撤销权行使的限制［J］．经营管理者，2011
（9）：180，178.

［7］冀彩芳．出卖人破产取回权解析［J］．牡丹江教育学院学报，
2011（4）：152-153.

［8］朱敏．浅析破产别除权制度［J］．经营管理者，2011（17）：
246，232.

［9］王帅．论破产抵销权的利益权衡［J］．社科纵横（新理论版），
2011（1）：121-122.

［10］曾虹，李立贤．试论税收优先权在破产程序中的实现［J］．法
制与社会，2011（33）：102-103.

［11］车红．解析破产撤销权的行使机制［N］．法制日报，2011-08-
17（12）.

［12］李虹．破产别除权的行使与限制［N］．江苏经济报，2011-10-
12（B03）.

［13］农行江苏连云港分行法规课题组．破产抵销权行使应符合哪些
条件［N］．中国城乡金融报，2011-12-12（A03）.

2012 年

［1］祝伟荣．破产撤销权制度的反思与重构——以利益衡平理念为
视角［J］．法律适用，2012（5）：72-76.

［2］许德风．论破产中无偿行为的撤销［J］．法商研究，2012（1）：
102-111.

［3］许德风．论债权的破产取回［J］．法学，2012（6）：31-39.

［4］林清红，许中华．域外破产抵销权比较研究——我国破产抵销
权制度的完善［J］．特区经济，2012（11）：204-207.

［5］王利民，汪军，王惠玲．论破产撤销权制度中的担保行为［J］.
人民司法，2012（19）：26-30.

［6］张海征，刘巍然．浅析我国破产撤销权制度之完善［J］．全国商情（理论研究），2012（2）：78-79.

［7］邵明舟．试论对生效裁判和执行行为的破产撤销权［J］．人民司法，2012（19）：31-33.

［8］孟伟，姚彬．破产撤销权诉讼的构建［J］．江苏警官学院学报，2012（1）：52-60.

［9］刘玙，陈景善．破产程序个别清偿的撤销问题［J］．福建工程学院学报，2012（2）：138-143.

［10］李翔．企业破产法中撤销权制度的立法现状及其完善［J］．法制与社会，2012（16）：83-84.

［11］江涛．浅析破产法个别清偿行为撤销制度［J］．行政事业资产与财务，2012（12）：193-195.

［12］陈建忠．论我国破产抵销权的限制［J］．东方企业文化，2012（2）：225.

［13］董彬．论破产法中关于欠薪优先权的不足与完善［J］．东方企业文化，2012（4）：122.

［14］卢春荣．人身侵权之债债权人在破产清偿中的优先权分析［J］．行政与法，2012（2）：117-121.

［15］丁亮，王丽华．论我国物权法中优先权的定位——以破产优先权与船舶优先权的共通性研究为视角［J］．商场现代化，2012（15）：72-74.

［16］严永斌．论破产清算中的税收优先权［J］．东方企业文化，2012（3）：109-110.

［17］夏欣．不能剥夺出资人权益处置权［N］．中国经营报，2012-02-13（B07）.

［18］厉长明．破产案讼外债权人权益归属探讨［N］．江苏经济报，2012-02-29（B03）.

［19］谢剑．破产企业讼外债权人权益缘何易落空［N］．江苏经济报，2012-03-07（B03）.

2013 年

[1] 房绍坤，崔艳峰 . 论破产临界期内强制执行行为的撤销 [J]. 甘肃社会科学，2013（5）：201-204.

[2] 韩长印 . 破产撤销权行使问题研究 [J]. 法商研究，2013（1）：136-143.

[3] 唐军 . 论破产撤销权 [J]. 社会科学研究，2013（1）：91-94.

[4] 庞大鹏 . 论破产撤销权的构成要件 [J]. 商业经济，2013（1）：124-125.

[5] 庞大鹏 . 浅析我国破产撤销制度 [J]. 北方经贸，2013（1）：47-48.

[6] 张凤翔 . 企业破产案件中涉担保债权问题的处理 [J]. 人民司法，2013（7）：10-13.

[7] 常璐 . 破产别除权的权利基础 [J]. 天津市经理学院学报，2013（4）：17-18.

[8] 于维同，颜程程 . 辨析我国破产抵销权制度的局限性 [J]. 商场现代化，2013（26）：182-183.

[9] 李军，张方彪 . 论破产中待履行合同的拒绝履行 [J]. 河北青年管理干部学院学报，2013（1）：66-71.

[10] 周斌 . 债务人无偿低价转让财产行为可撤销 [N]. 法制日报，2013-09-13（5）.

[11] 许杰 . 破产清算中优先受偿权如何实现？ [N]. 财会信报，2013-12-23（B03）.

[12] 钟伟珩 . 建设工程价款优先受偿权若干疑难问题分析（之三）[N]. 建筑时报，2013-03-04（4）.

2014 年

[1] 戴孟勇 . "债务人放弃到期债权"与债权人撤销权 [J]. 中国政法大学学报，2014（5）：46-56，158.

［2］乔博娟．论破产撤销权之行使——兼析《最高人民法院关于适用〈企业破产法〉若干问题的规定（二）》［J］．法律适用，2014（5）：43-49．

［3］于莹，杨立．破产程序中抵销规则的解释论考察［J］．甘肃社会科学，2014（5）：179-183．

［4］崔艳峰．基于权利倾斜性配置的破产取回权行使期限分析［J］．商业研究，2014（12）：180-184．

［5］保雅坤．论破产撤销权［J］．现代商业，2014（11）：276-277．

［6］史芳．浅析破产撤销权——兼论我国《破产企业法》第31条、第32条之规定［J］．法制与社会，2014（35）：94-95．

［7］方忠宏．我国破产撤销权制度的立法不足与改进［J］．企业科技与发展，2014（18）：70-71．

［8］王捷．论《中华人民共和国企业破产法》中的可撤销行为［J］．企业科技与发展，2014（17）：47-49．

［9］郑宏伟．浅议破产别除权制度［J］．商业经济，2014（1）：128-129．

［10］李成文．论债权诉讼时效对破产抵销权的影响［J］．黑龙江省政法管理干部学院学报，2014（1）：107-109．

2015 年

［1］崔艳峰，房绍坤．论主观意思在破产撤销权中的地位［J］．贵州社会科学，2015（4）：98-103．

［2］任一民．既存债务追加物保的破产撤销问题［J］．法学，2015（10）：102-113．

［3］杨姝玲．论破产重整中对有财产担保债权的限制与保护［J］．河北法学，2015（2）：78-85．

［4］汪铁山．论破产别除权的权利基础及其裁判规则的选择［J］．南京社会科学，2015（3）：102-107．

［5］许德风．破产视角下的抵销［J］．法学研究，2015（2）：137-157．

［6］罗欢平．论破产抵销权的限制［J］．河北法学，2015（1）：90-97．

［7］韩长印，张玉海．借贷合同加速到期条款的破产法审视［J］．法学，2015（11）：41-53．

［8］王欣新，乔博娟．论破产程序中未到期不动产租赁合同的处理方式［J］．法学杂志，2015（3）：60-71．

［9］王欣新．银行贷款合同加速到期清偿在破产程序中的效力研究［J］．法治研究，2015（6）：112-121．

［10］孙然．论破产程序中附期限、附条件债权的抵销［J］．宿州学院学报，2015（5）：48-50，82．

［11］陈学箭，黄丽君．银行作为债权人行使破产抵销权的要件［J］．人民司法，2015（6）：55-57．

［12］严刚，嵇大海．破产清算程序中的取回权如何行使？［N］．财会信报，2015-01-12（B03）．

2016 年

［1］徐阳光，袁一格．买卖型担保的法律定性与破产法检视［J］．法律适用，2016（10）：49-55．

［2］张玉海．登记对抗主义下未登记抵押权在抵押人破产时的效力［J］．法律科学，2016（5）：118-126．

［3］姚芳萍．浅析银行借款合同加速到期条款的破产法限制［J］．吉林工商学院学报，2016（4）：93-97．

［4］杨曦，李孟雪．利益平衡视角下破产撤销权制度的完善［J］．北华大学学报（社会科学版），2016（5）：82-88．

［5］杜一鸣．破产撤销权制度对加速到期条款的适用［J］．黑龙江省政法管理干部学院学报，2016（6）：74-77．

［6］唐郢．论融资租赁合同中出租人的破产取回权［J］．西安建筑科技大学学报（社会科学版），2016（5）：52-56．

［7］王莹．融资租赁中出租人破产取回权问题研究［J］．时代金融，2016（26）：192-193．

［8］徐樟鲁．破产清算中担保债权与劳动债权的清偿顺位［J］．中国律师，2016（6）：59-61.

［9］曹琼．破产撤销权是否影响欠税清缴？［N］．中国税务报，2016-08-24（B04）.

2017 年

［1］李哲．浅析破产撤销权行使问题［J］．法制博览，2017（10）：248.

［2］王一超，张醒声．从银行清收视角看破产撤销权——从一则案例说起［J］．浙江金融，2017（4）：60-64.

［3］冯阿华．关于完善我国别除权制度的建议［J］．法制与经济（下旬刊），2017（5）：80-81.

［4］罗成翼，何冰．以别除权纠纷案探析法律方法在民事判决中的适用［J］．法制与社会，2017（13）：77-78.

［5］黄晓林，杨瑞俊．融资租赁中破产取回权的基础与限制［J］．山东科技大学学报（社会科学版），2017（1）：36-43.

［6］周伟．论破产管理人对待履行租赁合同的解除权［J］．中国律师，2017（5）：83-84.

［7］潘天文．试析破产程序中待履行合同的选择权［J］．法制博览，2017（13）：178-180.

［8］李艳云．论破产程序中尚未履行完毕的合同［J］．法制博览，2017（13）：260.

（九）破产重整与和解

1987 年

［1］鲁生．和解与整顿［J］．人民司法，1987（8）：28-29.

［2］杨德明．实施企业破产法应注重和解拯救［J］．福建论坛（经济社会版），1987（5）：61-63.

1989 年

［1］丁海湖．简析企业破产中的和解［J］．河北法学，1989（6）：23-16.

［2］邹海林，常敏．在破产法上的效力：谈和解协议［J］．法学，1989（1）：32-33.

［3］胡泽恩．论破产法中的和解与整顿——兼评我国企业破产法中的和解与整顿［J］．政治与法律，1989（6）：22-24.

1991 年

［1］郭伟．略论我国《企业破产法》中的和解整顿制度——与胡泽恩同志商榷［J］．政治与法律，1991（1）：39-40.

1992 年

［1］张忠军．我国企业和解整顿制度的不足与对策［J］．当代财经，1992（8）：21-22.

1994 年

［1］寒羽．萧灼基：实施破产兼并的阻力来自何方？［J］．上海经济研究，1994（3）：4-5.

［2］曹思源．关于破产与兼并问题的思考［J］．江汉论坛，1994（3）：6-11.

［3］万国华．破产与合并——谈《公司法》的两个问题［J］．证券市场导报，1994（7）：20-21.

［4］邹海林．论我国破产程序中的和解制度及其革新［J］．法学研

究，1994（5）：45-51.

[5] 翟玉娟．试论破产程序中的和解和整顿制度［J］．研究生法学，
1994（1）：17-19.

1995 年

[1] 汤维建．破产和解制度的改革与完善［J］．中国法学，1995
（2）：40-45.

[2] 毕颖．论设立公司重整制度［J］．河北法学，1995（1）：1-5.

[3] 孙建江．公司重整制度探究［J］．宁波大学学报（人文科学
版），1995（4）：110-114.

[4] 李双利．完善破产和解与整顿法律程序之我见［J］．人民司法，
1995（7）：6-7.

1996 年

[1] 朱焕强．中国公司重整制度构建论［J］．河北法学，1996（4）：
5-9.

[2] 朱焕强．企业重整制度的理论透视［J］．现代法学，1996（1）：
80-82.

[3] 王卫国．论重整制度［J］．法学研究，1996（1）：81-99.

[4] 郭振斌．破产重组是搞活县级特困企业的主要途径［J］．湖湘论
坛，1996（4）：81-84.

1997 年

[1] 范海龙，李政平．规范企业破产鼓励企业兼并［J］．当代法学，
1997（5）：39-40.

[2] 陈爱玲，杨国科．对企业债务重整的设想［J］．财会月刊，1997
（9）：21-22.

[3] 冯果．公司重整制度与债权人的法律保护［J］．武汉大学学报

（哲学社会科学版），1997（5）：57-62.

［4］房宇辉．也谈破产整顿制度［J］．南京社会科学，1997（7）：55-59.

［5］潘嘉玮．略论建立我国公司重整制度［J］．华南师范大学学报（社会科学版），1997（4）：92-95.

［6］谭兴民．对试点城市企业破产、兼并浪潮的剖析——兼论破产、兼并对银行资产的影响及对策［J］．改革，1997（1）：33-39.

［7］郭建平．掌握运用金融法规正确处理企业兼并及破产问题［J］．金融与经济，1997（2）：46-48.

［8］宋福生．美国公司重整制度评析［J］．外国经济与管理，1997（2）：11-13.

［9］季俊东．重整制度的价值论基础初探［J］．南京社会科学，1997（1）：54-59.

［10］干俊奇．破产制度中的和解问题［J］．法学，1997（5）：50-53.

［11］王朝阳．建立破产重整制度的法律思考［J］．政府法制，1997（11）：37-38.

［12］杜静．重整——企业困境治理制度［J］．政策与管理，1997（10）：19-20，47，13.

［13］李万明，周阿骊，张静．规范破产兼并机制盘活国有存量资产［J］．新疆农垦经济，1997（3）：28-30.

［14］陈成尧，王善荣，包正浩，宋孝礶．加大兼并破产力度　完善兼并破产机制［J］．党政论坛，1997（7）：29-32.

［15］杜宝贵．破产、兼并孰更优？［J］．上海经济，1997（2）：24-25.

［16］刘勇．北京观察（之七）——兼并破产多面观［J］．领导文萃，1997（2）：19-23.

［17］刘先龙．论破产程序中的和解［J］．云南法学，1997（3）：66-68.

［18］朱国光．破产和解申请初探［J］．法学天地，1997（3）：24-26.

[19] 朱成. 浅谈建立健全企业破产和解制度 [J]. 改革与开放,
1997 (5)：30-31.

1998 年

[1] 王卫国. 论重整企业的营业授权制度 [J]. 比较法研究, 1998
(1)：75-84.

[2] 王周欢. 论公司重整制度 [J]. 华东理工大学学报（文科版），
1998 (1)：59-62.

[3] 高保刚. 试论我国破产和解制度的特点及其完善 [J]. 科技信
息, 1998 (11)：5-6.

[4] 刘明丽. 我国的破产和解制度的缺陷及其完善 [J]. 许昌师专学
报, 1998 (3)：30-31.

[5] 闫小龙. 论破产案件中和解协议的效力 [J]. 法制与经济, 1998
(2)：12-13.

1999 年

[1] 田田. 企业重整制度评析 [J]. 华东经济管理, 1999 (5)：46-
47.

[2] 王琪. 建立我国公司更生制度的构想 [J]. 湖南师范大学社会科
学学报, 1999 (6)：17-20.

[3] 叶健, 王立君. 公司重整制度刍议 [J]. 求索, 1999 (6)：31-
34.

[4] 严斌彬, 陈月秀. 论完善我国的破产和解制度 [J]. 华东政法学
院学报, 1999 (5)：40-44.

[5] 俞飞颖. 关于建立企业重整制度的构想 [J]. 福州大学学报
（社会科学版），1999 (4)：33-37.

[6] 梁伟. 建立我国公司重整法律制度的思考 [J]. 华侨大学学报
（哲学社会科学版），1999 (4)：35-40.

[7] 张桂芹. 重整制度应纳入破产法 [J]. 企业改革与管理, 1999

（10）：22.

2000 年

[1] 王平生，胡充寒．我国破产和解制度存在的问题与对策［J］．佛山科学技术学院学报（社会科学版），2000（4）：39-43.

[2] 杨浩．完善我国破产和解制度的立法构想［J］．中山大学学报论丛，2000（5）：195-199.

2001 年

[1] 蔡晓玲．我国企业重整法律制度初探［J］．法学家，2001（6）：78-82.

[2] 肖莉，肖澎．关于我国现行破产和解的法律问题［J］．理论探索，2001（2）：63-64.

[3] 陈鹏飞．论建立我国破产重整制度的几个问题［J］．律师世界，2001（5）：40-42.

[4] 杨兢．债转股与公司重整问题探讨——兼评郑百文公司重组方案［J］．法制与经济，2001（6）：37-40.

[5] 付宏杨．试论我国的企业重整对象［J］．北京商学院学报，2001（2）：66-68.

[6] 杨金庆．破产和解程序应予完善［N］．江苏经济报，2001-11-08（C）.

2002 年

[1] 韩长印，康伟．"郑百文"重组的破产法分析［J］．河南大学学报（社会科学版），2002（6）：76-82.

[2] 李海燕，朴正兰．试论公司重整制度——兼谈韩国的公司整理制度［J］．当代法学，2002（10）：113-115，133.

[3] 张璟慧．我国破产和解与整顿制度的立法完善［J］．河南大学学

报（社会科学版），2002（5）：64-66.

［4］李卫国．论破产和解制度［J］．贵州工业大学学报（社会科学版），2002（4）：40-43.

［5］林双华．论我国破产和解制度的现实意义及立法完善［J］．行政与法（吉林省行政学院学报），2002（4）：46-49.

［6］马向伟．破产和解制度［J］．山东审判，2002（6）：7-9.

［7］马骞．完善破产和解制度之我见［N］．人民法院报，2002-05-29.

2003 年

［1］亨利·契夫曼，王闻越．中国企业财务重整的一种可选择方案——辅助性的财务重整法律制度［J］．比较法研究，2003（4）：113-116.

［2］杜尚．公司重整立法的若干理论问题思考［J］．中共福建省委党校学报，2003（11）：25-27.

［3］朱晔．论破产和解中中小额债权人利益之保护［J］．甘肃政法学院学报，2003（2）：37-40.

［4］董红，王有强．论完善我国的破产和解制度［J］．西安电子科技大学学报（社会科学版），2003（2）：92-95.

［5］傅高煌，何能高．构建司法重整程序的几点理性思考［J］．西南政法大学学报，2003（1）：49-55.

［6］付翠英．关于建构中国企业破产重整制度的思考［J］．北京航空航天大学学报（社会科学版），2003（2）：14-18.

［7］代瑞．试论破产和解与重整程序中对有担保债权优先性的限制［J］．华北水利水电学院学报（社会科学版），2003（2）：82-84.

［8］张鑫，仲维清．破产重整中的债权人保护问题［J］．辽宁工程技术大学学报（社会科学版），2003（5）：20-22.

［9］胡淑珠，傅高煌，何能高．我国设立司法重整程序的必要性与立法构想［J］．中国律师，2003（3）：63-67.

［10］王飞．破产和解制度刍议［J］．江南大学学报（人文社会科学

版），2003（6）：25-27，46.

2004 年

[1] 韩长印．我国企业破产预防制度的多样化构建［J］．河南社会科学，2004（1）：100-105.

[2] 钱德关．试论重整程序——兼议新破产法草案［J］．江淮论坛，2004（5）：49-53.

[3] 陈历幸，肖熊．在修订《公司法》时确立公司重整制度的若干设想［J］．政治与法律，2004（3）：55-57.

[4] 陈霁，陈碰有．论我国破产重整制度的构建［J］．河海大学学报（哲学社会科学版），2004（1）：19-23.

[5] 王伟．重整制度与理念更新［J］．晟典律师评论，2004（0）：203-209.

[6] 刘文军．论破产重整与破产预防［J］．北方经贸，2004（2）：50-51.

[7] 李棽．论破产重整制度的若干问题［J］．河南省政法管理干部学院学报，2004（4）：83-87.

[8] 李荣君，于萍．论破产重整程序中的担保物权［J］．山东科技大学学报（社会科学版），2004（4）：69-73.

[9] 孟祥秀，张鹏．对我国上市公司重整制度的法律思考［J］．引进与咨询，2004（4）：10-13.

[10] 吕荣珍．试析破产和解债权——兼谈和解制度立法例的选择［J］．福建行政学院福建经济管理干部学院学报，2004（2）：74-78.

[11] 付翠英．论中国企业破产预防程序体系之构造——比较法视角［J］．金陵法律评论，2004（2）：103-115.

[12] 董文彬．对完善破产法"和解和整顿制度"的思考［N］．江苏经济报，2004-02-25（T00）.

[13] 欧海鸥，周业友．破产和解协议对保证人的效力［N］．人民法院报，2004-05-12.

［14］顾肖荣，陈历幸．公司重整：ST 族破产边缘的救命稻草［N］.
21 世纪经济报道，2004-05-13.

［15］孔维寅．破产和解协议效力不及于保证责任范围［N］.江苏经
济报，2004-07-21.

［16］李曙光．关于新破产法中的重整制度［N］.人民法院报，
2004-08-27.

2005 年

［1］汤维建．我国破产法草案在重整程序设计上的若干争议问题之
我见［J］.法学家，2005（2）：33-37.

［2］陈昶屹．破产重整制度的建立与完善［J］.法律适用，2005
（3）：73-75.

［3］蔡一文．论我国破产和解制度的完善［J］.湘潭大学学报（哲
学社会科学版），2005（S1）：165-167.

［4］贾林青，钟欣．企业重整制度与破产和解制度比较研究［J］.法
律适用，2005（1）：32-37.

［5］叶佳昌．论破产重整制度之精神［J］.天水行政学院学报，2005
（2）：55-58.

［6］孙秋明．论我国公司重整制度的设立［J］.四川省政法管理干部
学院学报，2005（4）：33-34.

［7］姜远志，代强．公司重整的法律规制［J］.辽宁经济，2005
（5）：54.

［8］贾林青，钟欣．我国企业重整制度的法律构建研究［J］.中国司
法，2005（6）：80-84.

［9］刘文宇．破产重整制度中各方主体的角色定位［J］.行政与法
（吉林省行政学院学报），2005（12）：122-124.

［10］方韧，李卫国．论我国现行破产和解制度的完善［J］.探求，
2005（3）：31-34.

［11］王雪峰．试论破产和解协议的法律效力［J］.商场现代化，
2005（8）：83-85.

［12］习鸿健，孙广鹏．浅论破产过程中的治理结构重建［J］．石家庄经济学院学报，2005（2）：230-232.

［13］宗玲，关林．对我国破产法中的和解与整顿制度的反思［J］．西安石油大学学报（社会科学版），2005（3）：83-87.

［14］陈东．新《破产法（草案）》中重整及和解程序评析［J］．晟典律师评论，2005（2）：151-172.

［15］汤恩婧．公司重整与公司破产、和解和整顿之比较分析［J］．内蒙古电大学刊，2005（4）：2-4.

［16］谢江武．重整制度设立之我见［N］．人民法院报，2005-07-06（7）.

［17］徐苏江．德隆重组和我国破产重整制度的建设［N］．金融时报，2005-04-25.

2006 年

［1］赵罡．新破产法的制度亮点：重整程序［J］．中国法律，2006（5）：37-38，101-103.

［2］王丽娜．新破产法中的和解制度［J］．中国法律，2006（6）：35，101-102.

［3］余春阳．浅论我国破产和解制度对债权人的保护［J］．北方经济，2006（12）：42-43.

［4］黄权伟．重整制度研究［J］．河南科技大学学报（社会科学版），2006（4）：105-108.

［5］盛鹏．中国企业破产整顿制度的缺陷与完善［J］．中国石油大学学报（社会科学版），2006（5）：81-84.

［6］余艺．论企业破产和解与重整制度［J］．商场现代化，2006（36）：316-318.

［7］杨燕．破产和解制度若干问题研究［J］．武汉船舶职业技术学院学报，2006（6）：92-96，106.

［8］饶晓敏．公司重整若干问题的法律思考［J］．行政与法，2006（S1）：49-51.

2007 年

[1] 汪世虎. 重整计划与债权人利益的保护 [J]. 法学，2007 (1)：112-117.

[2] 王欣新，徐阳光. 破产重整立法若干问题研究 [J]. 政治与法律，2007 (1)：89-93.

[3] 张世君. 破产重整机构选任模式的比较研究 [J]. 中国社会科学院研究生院学报，2007 (1)：124-127.

[4] 王欣新，徐阳光. 上市公司重整法律制度研究 [J]. 法学杂志，2007 (3)：65-70.

[5] 孔洁珉. "重整"破产 [J]. 首席财务官，2007 (8)：18-20.

[6] 刘文，施文昌. 论我国公司重整人选任制度的完善 [J]. 中国商法年刊. 2007 (0)：436-442.

[7] 王爽. 银行在破产重整程序中的平衡监督作用 [J]. 中国商法年刊 2007 (0)：474-481.

[8] 刘诚. 论企业重整制度的法域归属 [J]. 贵州工业大学学报（社会科学版），2007 (5)：108-110.

[9] 付茜茹. 浅析旨在企业拯救的破产重整制度 [J]. 科技广场，2007 (12)：94-95.

[10] 黄沙. 我国建立破产重整制度必要性 [J]. 现代商业，2007 (20)：240.

[11] 伊航. 论破产法的价值取向变迁——重整中心主义的兴起 [J]. 科技信息，2007 (2)：204，66.

[12] 黄沙. 我国建立破产重整制度的具体构想 [J]. 现代商贸工业，2007 (3)：20.

[13] 陶莉. 论重整制度在我国新《企业破产法》中的构建 [J]. 法制与经济（上半月），2007 (9)：26-28.

[14] 杨剑. 新《企业破产法》的重整制度解析 [J]. 商业时代，2007 (22)：66，83.

[15] 曾思亮. 新破产重整与旧破产整顿制度之比较 [C] //当代法

学论坛，2007（4）：3.

[16] 齐树洁．我国新破产法之重整制度若干述评 [J]．福建法学，2007（1）：37-41.

[17] 豆景俊．论重整制度实施中的问题与对策 [J]．中国商法年刊，2007（0）：377-383.

[18] 刘源．论我国企业破产重整制度的完善 [J]．山西青年管理干部学院学报，2007（3）：55-58.

[19] 汪世虎．法院批准公司重整计划的条件探析 [J]．商业经济与管理，2007（1）：57-63.

[20] 莫初明．企业重整中的金融债权保护 [J]．商场现代化，2007（15）：272-273.

[21] 叶甲生．重整计划制度比较研究 [J]．合肥学院学报（社会科学版），2007（3）：99-103.

[22] 程虹，袁国栋．论债权人的破产重整收益 [J]．科技信息（科学教研），2007（11）：131-132.

[23] 董娇娇．论公司重整制度中担保债权人的权利限制与保护 [J]．中国商法年刊.2007（0）：370-376.

[24] 姬静晓．浅谈重整计划表决过程中股东权利的保护 [J]．法制与社会，2007（8）：252-253.

[25] 郑志斌．上市公司重整的八大问题 [J]．法人杂志，2007（9）：50-51.

[26] 刘洋．全国首例公司重整案京城试水 [J]．中国审判，2007（9）：36-38.

[27] 温志锋，冷水平．论破产和解制度 [J]．企业家天地下半月刊（理论版），2007（3）：183-184.

[28] 杨剑．破产和解制度刍议 [J]．北方经济，2007（14）：18-19.

[29] 张世君．破产重整与清算、和解程序相互转换的法律思考——以新《破产法》为中心的考察 [J]．中国商法年刊，2007（0）：511-515.

[30] 秦炜．《企业破产法》：帮助濒临破产上市公司重生 [N]．证券日报，2007-01-08（B02）.

［31］王学军．预防企业破产的利器（上）［N］．财会信报，2007-
　　　06-25（B03）．

［32］王学军．预防企业破产的利器（下）［N］．财会信报，2007-
　　　07-02（B03）．

［33］武雷．重整制开辟救济待破产企业新战场［N］．中国证券报，
　　　2007-06-01（A08）．

［34］贾国文．重整是新破产法最大亮点［N］．中国证券报，2007-
　　　06-04（A04）．

［35］陈默．破产法起草组专家：企业重整制度有五大缺陷［N］．21
　　　世纪经济报道，2007-08-31（6）．

［36］刘俊海．上市公司破产重整问题亟待规制［N］．法制日报，
　　　2007-12-02（11）．

［37］陆文山．券商破产、重整与退出等法律问题亟待完善［N］．中
　　　国证券报，2007-11-08（A16）．

2008 年

［1］宋文霞．破产重整的法律问题探析［J］．湖北社会科学，2008
　　　（2）：138-141．

［2］金春．中国重整程序与和解程序的功能及构造［J］．政法论坛，
　　　2008（1）：27-41．

［3］宋文霞．破产重整的法律问题探析［J］．湖北社会科学，2008
　　　（2）：138-141．

［4］李志强．关于我国破产重整计划批准制度的思考——以债权人
　　　利益保护为中心［J］．北方法学，2008（3）：50-55．

［5］郁琳．我国企业破产法和解制度评析［J］．中国青年政治学院学
　　　报，2008（6）：93-96．

［6］刘锋，梁红漫．破产重整制度安排下银行债权保护面临的风险
　　　及对策：风华集团案例［J］．南方金融，2008（11）：61-63．

［7］刘宁，贾洪香．论破产重整程序中出资人权益的调整［J］．中国
　　　律师，2008（10）：66-68．

[8] 李万里. 破产重整制度的评析 [J]. 法制与社会，2008（33）：44-45.

[9] 穆慧，周平军. 浅析破产重整制度 [J]. 泰安教育学院学报岱宗学刊，2008（2）：52-54.

[10] 王艳丽. 论我国破产和解制度的完善 [J]. 南京审计学院学报，2008（4）：52-56.

[11] 褚玉顺，杨贵生. 上市公司破产重整之法律问题研究 [J]. 中国律师，2008（2）：81-83.

[12] 邓艳君. 破产重整与破产和解程序之比较 [J]. 中南林业科技大学学报（社会科学版），2008（6）：41-44.

[13] 张艳丽，李蒙娜. 企业重整的价值目标及其实现——从重整制度构成的角度 [J]. 北京理工大学学报（社会科学版），2008（6）：3-8.

[14] 汪世虎. 法学视野的多方利益平衡与公司重整 [J]. 重庆社会科学，2008（3）：51-55.

[15] 石慧，任宏. 上市公司破产重整程序中投资者权益调整之思考 [J]. 中国律师，2008（9）：68-71.

[16] 杨柳. 从"浙江海纳"看我国的破产重整制度 [J]. 企业活力，2008（1）：22.

[17] 李志强. 论破产重整中的公司治理问题——以我国《企业破产法》有关条款为中心 [J]. 黑龙江省政法管理干部学院学报，2008（2）：118-121.

[18] 杨雯婧. 小议重整计划的批准 [J]. 商业文化（学术版），2008（2）：295.

[19] 张静. 浅谈破产企业重整制度以及对银行债权的影响 [J]. 河北金融，2008（2）：35-36.

[20] 张雨. 论企业重整制度的若干法律问题 [J]. 陕西行政学院学报，2008（2）：113-115.

[21] 胡戴民，王睿婷. 破产重整制度对有担保债权限制的法理思考 [J]. 法制与社会，2008（13）：28-29.

[22] 刘诚. 企业重整制度的经济学思考——以重整管理人为线索

[J].贵州师范大学学报（社会科学版），2008（3）：64-67.

[23] 彭金超.论破产重整审核制度 [J].才智，2008（15）：14-15.

[24] 魏志义.破产和解与破产重整制度之比较 [J].文史博览（理论），2008（6）：79-81.

[25] 王克飞.破产重整制度的理论依据探索 [J].安徽文学（下半月），2008（8）：387.

[26] 唐晶.浅谈上市公司破产重整 [J].北方经贸，2008（7）：54-55.

[27] 侯亦杨.论破产法重整制度下对债权人和债务人利益保护的冲突 [J].法制与社会，2008（27）：70.

[28] 王楠.破产重整经济分析 [J].北方经贸，2008（9）：6-7，87.

[29] 张君丰.对我国破产法中重整计划批准程序的思考 [J].合作经济与科技，2008（19）：127-128.

[30] 王欣新.上市公司重整实务问题研究 [J].中国律师，2008（9）：66-67.

[31] 马存利.上市公司破产重整的金融创新手段初探 [J].中国商法年刊，2008（0）：167-173.

[32] 栾甫贵.企业破产重整价值评估探讨 [C]//首都经济贸易大学会计学院、首都经济贸易大学理财学研究所、《经济与管理研究》杂志.第七届全国财务理论与实践研讨会论文集.首都经济贸易大学会计学院、首都经济贸易大学理财学研究所、《经济与管理研究》杂志，2008：6.

[33] 汪放，肖梁平.朝华科技公司破产诉讼中获准重整 [N].人民法院报，2008-01-14（1）.

[34] 家路美.法律框架成型 ST 公司破产重整加速 [N].证券日报，2008-12-09（A01）.

2009 年

[1] 王欣新，李江鸿.论破产重整中的债务人自行管理制度 [J].政

治与法律，2009（11）：83-88.

［2］董惠江．我国企业重整制度的改良与预先包裹式重整［J］．现代法学，2009（5）：31-39.

［3］王佐发．预重整制度的法律经济分析［J］．政法论坛，2009（2）：100-112.

［4］刘有东，李季宁．上市公司重整相关问题研究［J］．法律适用，2009（3）：23-26.

［5］张世君．破产重整中担保债权人的法律保护［J］．经济经纬，2009（1）：154-156.

［6］张艳丽．重整计划比较分析［J］．法学杂志，2009（4）：80-83.

［7］齐明．论破产重整中的公司治理——美国经验及其借鉴［J］．当代法学，2009（2）：133-138.

［8］胡利玲．破产重整制度之审思［J］．中国政法大学学报，2009（4）：128-134，160.

［9］蒋馨叶．管理人在破产重整中的角色定位及其规制完善［J］．法律适用，2009（10）：77-79.

［10］彭晓娟，朱远超．对破产重整程序中债权人利益保护的思考［J］．武汉理工大学学报（社会科学版），2009（5）：87-92.

［11］许燕舞．从银行债权保护看我国破产重整批准制度［J］．银行家，2009（4）：119-121.

［12］陈英．破产重整中的信息披露问题研究［J］．广西大学学报（哲学社会科学版），2009（5）：108-111.

［13］李慧荣．略论我国上市公司重整法律制度之完善［J］．南京工业大学学报（社会科学版），2009（3）：50-56.

［14］陈承美，张波．破产重整制度实体法律问题探究［J］．天津市政法管理干部学院学报，2009（1）：63-67.

［15］王晓雪．论企业破产重整制度［J］．法制与经济（下旬刊），2009（3）：79-80.

［16］毕惠岩．论法院在破产重整程序中的角色和地位——以美国破产法律制度为中心展开［J］．山东审判，2009（1）：68-73.

［17］张尔珺，任宏，赵珞．破产重整制度之实务思考［J］．法制资

讯，2009（3）：90-91.

[18] 朱世文．我国企业破产重整中的问题与对策［J］．上海商学院
学报，2009（2）：83-85，90.

[19] 龚玉秀，方珏．新破产法重整制度下对债权人的保护［J］．理
论导报，2009（4）：34-36.

[20] 代彦，王翁阳．"橡胶大王"的重生之路——云南首例民营企
业破产重整案审判纪实［J］．中国审判，2009（1）：56-58.

[21] 吴晴．全球金融危机下金融机构破产立法重整问题研究——以
银行业为例［J］．南阳师范学院学报，2009（4）：21-24.

[22] 杨森，牛宁．论破产重整程序中的重整债权及保护［J］．法制
与经济（中旬刊），2009（6）：93，95.

[23] 庞志莹．论破产重整中担保物权的保护［J］．企业导报，2009
（2）：150-151.

[24] 胡利玲．论困境企业拯救的预先重整机制［J］．科技与法律，
2009（3）：82-86.

[25] 陈英．破产重整立法利益倾向之比较——以美、德、法为例
［J］．云南大学学报（法学版），2009（4）：27-33.

[26] 何佳艳．破产重整的三大关键点［J］．投资北京，2009（11）：
84-87.

[27] 李丽．论破产重整中债权人利益保护的问题与对策［J］．西昌
学院学报（社会科学版），2009（4）：57-60.

[28] 蒋馨叶．破产重整制度在挽救濒危企业中的适用［J］．人民司
法，2009（12）：78-82.

[29] 李贤华．在审理上市公司破产重整案中创新法律适用方法［J］．
人民司法，2009（12）：86-89.

[30] 江顺心．企业破产重整计划强行批准的原则及限制［J］．淮南
职业技术学院学报，2009（4）：98-100.

[31] 金京玉，赵凯．企业破产重整制度存在的瑕疵及弥补措施［J］．
法制与社会，2009（11）：341.

[32] 破产重整案例启示［J］．新理财，2009（8）：46.

[33] 华凯．公司重整中的债权人利益保护［J］．内蒙古农业大学学

报（社会科学版），2009（3）：24-26.

[34] 王倩．论重整制度中债务人的法律地位［J］．时代金融，2009
（7）：152-154.

[35] 李曼．关于破产重整企业治理结构的探讨［J］．商业会计，
2009（18）：52-53.

[36] 张阳．论公司重整债权人之间的利益平衡［J］．中国商界（下
半月），2009（9）：297-298.

[37] 齐明．埋葬或拯救：从三鹿破产案件看我国重整制度的价值尺
度［J］．中国商界（下半月），2009（9）：304，336.

[38] 刘诚．论破产重整制度的价值序位［J］．贵阳学院学报（社会
科学版），2009（4）：39-43.

[39] 常玉霞．论我国企业破产重整申请的司法审查［J］．改革与开
放，2009（12）：51，53.

[40] 陶光辉．企业破产重整中的股东权利探讨基于利益平衡的视角
［J］．中国律师，2009（8）：27-29.

[41] 赵柯．上市公司重整程序启动的实务研究［J］．人民司法，
2009（1）：38-42.

[42] 刘宁，贾洪香．破产重整程序中出资人的权益保护机制［J］.
中国律师，2009（6）：78-80.

[43] 蔡赟婷．保证人在破产重整中的独立保证责任和最终偿债责任
［J］．法制与社会，2009（25）：141.

[44] 从实务案例看企业重整制度的优越性［J］．法制资讯，2009
（2）：90-91.

[45] 庞志莹．上市公司重整制度研究［J］．北方经贸，2009（9）：
78-79.

[46] 贺子．浅谈股东的重整计划表决权［J］．法制与社会，2009
（32）：150-151.

[47] 王兵．积极尝试破产重整，审慎创新法律适用［J］．人民司法，
2009（12）：89.

[48] 刘宁，贾洪香．重整计划执行阶段若干法律问题探讨［J］．中
国律师，2009（9）：68-70.

［49］叶玉仙．重整制度的合理性探析［J］．齐齐哈尔大学学报（哲学社会科学版），2009（4）：51-54.

［50］刘宁．重整计划效力探析［J］．中国律师，2009（3）：66-68.

［51］谭筱清，肖江．司法重整在执行程序中的适用［J］．人民司法，2009（13）：101-104.

［52］杨智玲，俞丽虹．破产和解制度的价值分析——从破产法三大制度比较的视角［J］．湘潮（下半月）（理论），2009（5）：56，58.

［53］杨智玲．从新旧法比较看我国现行破产和解制度的特点［J］．湘潮（下半月）（理论），2009（4）：92，95.

［54］任盛楠．破产和解制度价值之反思［J］．消费导刊，2009（12）：153.

［55］何晓惠．浅析我国企业破产法和解制度［J］．法制与社会，2009（4）：263.

［56］余萍．浅析确认破产重组或破产和解中有关债务终止的原则［J］．财经界（学术版），2009（8）：114.

［57］包哲钰，侯顺忠．我国《破产法》中重整与和解制度的经济分析［J］．江西金融职工大学学报，2009（S2）：124-126.

［58］王建平．破产清算程序如何转化为重整程序［J］．人民司法，2009（12）：83-85.

［59］赵树文，朱淑南，王嘉伟．试论破产管理人与重整人的设置——以清算程序与重整程序的比较研究为视角［J］．河北经贸大学学报（综合版），2009（3）：28-33.

［60］王建平．清算转为重整债务人再踏征程——解析风华集团公司破产重整案［J］．法制资讯，2009（5）：91-95.

［61］刘晓燕．破产重整：无"壳"可借，民企咋"整"［N］．人民法院报，2009-01-09（8）.

［62］丁国锋．破产容易重整难法院何敢踏荆棘［N］．法制日报，2009-02-23（8）.

［63］张海征．新破产法中的重整制度具有潜在问题［N］．中国社会科学院报，2009-03-26（5）.

［64］赵刚．破产重整打开企业重生之门［N］．人民法院报，2009-04-26（2）．

［65］张娜．解决破产重整案件中的法律适用难题［N］．人民法院报，2009-05-14（6）．

［66］江苏省苏州市中级人民法院．企业破产重整制度实务探析［N］．人民法院报，2009-05-07（6）．

［67］陈姗姗．法律界呼吁东星航空应重整［N］．第一财经日报，2009-07-07（A10）．

［68］郑金雄．破产重整：司法之力扶企业重新上路［N］．人民法院报，2009-12-25（8）．

［69］张仲侠．重整之旅一路"攻坚克难"［N］．人民法院报，2009-12-13（1）．

2010 年

［1］王佐发．上市公司"重整融资"模式的检讨与改进路径［J］．证券市场导报，2010（3）：23-29．

［2］齐明．破产重整期间的企业控制权刍议——兼评《破产法》第73条［J］．当代法学，2010（5）：95-100．

［3］张世君．破产重整企业监督机关设置研究［J］．首都经济贸易大学学报，2010（5）：77-80．

［4］刘诚，刘沂江．论利益相关者对重整企业的社会责任［J］．法学论坛，2010（4）：156-160．

［5］赵泓任．企业破产重整计划可行性的法律分析［J］．法学杂志，2010（6）：137-139．

［6］金春，Stacey Steele，Andrew Godwin．破产重整程序中的管理人制度［J］．政法论坛，2010（6）：52-66．

［7］陈树茂．关于重整计划制定的相关实务探讨［J］．商业时代，2010（30）：88-89．

［8］常琳．破产重整计划批准制度的价值与运用——以中美立法制度为比较［J］．四川理工学院学报（社会科学版），2010（5）：

45-48.

[9] 王建平，张达君．破产重整计划批准制度及反思［J］．人民司法，2010（23）：52-56．

[10] 张晟杰．试论破产重整程序中的管理人权利之完善［J］．法治研究，2010（1）：94-97．

[11] 张世君．破产重整制度的理论基础研究［J］．西部法学评论，2010（1）：79-84．

[12] 朱明阳．企业破产重整制度探析［J］．中共成都市委党校学报，2010（1）：37-40．

[13] 彭晓娟．论破产重整制度与债权人利益之对立统一［J］．武汉科技大学学报（社会科学版），2010（2）：42-47．

[14] 韦健南．重整启动阶段对债权人利益的保护［J］．中国商界，2010（2）：333．

[15] 崔征．关于上市公司破产重整中投资者权益保护的几点思考——基于"宝硕"、"沧化"案例的分析［J］．财务与会计（理财版），2010（2）：31-33．

[16] 丁国峰．试论我国破产重整计划制度之完善［J］．法治研究，2010（1）：36-40．

[17] 陶川．试论重整计划表决中的意思自治及其限制［J］．襄樊学院学报，2010（3）：66-71．

[18] 栾甫贵，李曼．关于优化破产重整企业治理结构的探讨［J］．财会学习，2010（3）：21-22．

[19] 王亮．破产和解法律适用问题研究［J］．中国律师，2010（4）：68-70．

[20] 赵泓任．企业破产重整中法院的管理调控功能［J］．中国律师，2010（4）：74-76．

[21] 吕慧娟．论破产重整参与主体的角色定位［J］．怀化学院学报，2010（4）：59-61．

[22] 沈田丰，吕卿．重整计划制定的实务问题探析［J］．中国律师，2010（5）：54-55．

[23] 赵泓任．法院在企业破产重整中的管理调控功能［J］．理论界，

2010（5）：48-50.

［24］王欣新．试论重整制度之立法完善［J］．昆明理工大学学报（社会科学版），2010（5）：28-34.

［25］蒋新华．对重整计划草案强制批准权的理解与适用［J］．中国律师，2010（11）：50-52.

［26］龙玥．完善我国审查破产重整程序开始要件的探讨［J］．知识经济，2010（6）：28-29.

［27］闻长智，李力．对上市公司破产重整程序中股东权益调整的思考［J］．中国审判，2010（6）：100-103.

［28］华红艳．我国破产法重整制度的价值解构［J］．今日南国（中旬刊），2010（7）：138-139.

［29］谭兴民，侯雪莲．企业破产重整：银行债权的无奈与对策［J］．西部论丛，2010（8）：74-75.

［30］谢玲．我国破产重整制度的缺陷对司法公正价值的影响及其矫正［J］．经济与社会发展，2010（9）：98-101.

［31］刘国华，李玲玲，李云滨．论破产重整中债权人利益的保护［J］．北方经贸，2010（11）：36-37.

［32］庾晨．重整人选任模式的利益考量［J］．法制与社会，2010（34）：254，259.

［33］史春雷．重整程序中的偿债能力分析问题研究［J］．法制与社会，2010（35）：105-106.

［34］王军权，乔长军．浅谈我国的企业重整制度［J］．法制与社会，2010（35）：51.

［35］王瑛．S＊ST光明破产重整再出发［N］．21世纪经济报道，2010-01-07（14）.

［36］吴丹．张家港法院力促破产资产重生［N］．江苏法制报，2010-01-07（2）.

［37］李曙光．企业转机与重整新趋势［N］．中国会计报，2010-01-08（14）.

［38］王欣新．破产重组，需要法律与社会联动［N］．法制日报，2010-01-26（9）.

［39］吴琼．"老三板"公司：看上破产重整模式［N］．上海证券报，2010-02-02（F13）．

［40］徐锐，邱江．破产重整三样本解剖：谁动了中小股东的"奶酪"［N］．上海证券报，2010-06-01（F12）．

［41］汤晓明．从破产重整制度看银行债权的保护［N］．上海金融报，2010-06-08（A13）．

［42］吴长军．破产企业抗辩与破产重整制度关联性辨析［N］．国际商报，2010-06-09（16）．

［43］张娜．依法受理破产申请鼓励企业重整再生［N］．人民法院报，2010-06-27（1）．

［44］李远方．绝地逢生，企业破产重整的"五谷道场"样本［N］．中国商报，2010-07-06（6）．

［45］徐育，张羽馨．省法院总结破产重整审判经验［N］．江苏法制报，2010-08-02（1）．

［46］蒋先锋，钱新才．破产重整要形成长效机制［N］．江苏经济报，2010-08-04（B01）．

［47］刘振．探求破产重整案件的审判理念和规范［N］．人民法院报，2010-09-15（7）．

［48］张慧鹏，何娟，梁锦荣．中谷糖业集团破产重整案尘埃落定［N］．人民法院报，2010-09-16（3）．

［49］阮晓琴，邱江．ST公司破产重整卡壳倒逼司法解释"清障"［N］．上海证券报，2010-09-21（F11）．

［50］李延生，李倩，马晓琴．清算转重整破产企业起死回生［N］．中国企业报，2010-09-21（3）．

［51］杨志艺，杨继祥．我省首例外企破产重整案审结［N］．厦门日报，2010-11-05（11）．

［52］任侠．企业破产重整程序的法律与经济视角分析［N］．国际商报，2010-11-24（16）．

［53］郑璜，杨志艺，黄璐．星星实业破产重整的法律路径［N］．福建日报，2010-12-15（9）．

［54］邓静．创新破产重整，助企渡过难关［N］．德州日报，2010-

12-15（2）.

2011 年

［1］陈本寒，陈英．破产重整中有担保债权行使问题之检讨［J］．甘肃政法学院学报，2011（2）：107-111.

［2］辛欣．我国破产重整中强制批准问题探究［J］．法律适用，2011（5）：57-59，118.

［3］肖磊．论再建希望作为重整启动之要件［J］．东南学术，2011（6）：167-177.

［4］王欣新，周薇．关联企业的合并破产重整启动研究［J］．政法论坛，2011（6）：72-81.

［5］黄权伟．公司重整中的股东权益保护［J］．商业会计，2011（30）：78-80.

［6］王春超，曹阳，张小立．集团上市公司整体破产重整模式研究［J］．经济纵横，2011（4）：91-94.

［7］张继红．问题银行重整中的救助法律制度——以私主体救助为主要视角［J］．金融理论与实践，2011（9）：83-87.

［8］周泽新．银行重整制度中的存款人利益保护机制［J］．法学杂志，2011（2）：114-116.

［9］高境．太子奶破产重整迷局［J］．光彩，2011（1）：26-30.

［10］涂晟．上市公司破产重整"两步走"问题探析［J］．中共南昌市委党校学报，2011（2）：55-58.

［11］王慧．破产重整制度法律初探［J］．法制与经济（下旬），2011（2）：31，33.

［12］洪迪昀．完善我国破产重整中强制批准制度的对策建议［J］．经济视角（下），2011（2）：89-91.

［13］朱明阳，黄华星．有担保债权在企业破产重整中的利益平衡［J］．成都行政学院学报，2011（3）：41-43，80.

［14］许春茂．浅析破产重整企业的融资困局［J］．太原理工大学学报（社会科学版），2011（3）：1-5.

［15］何冠楠．论我国破产和解的监督机制［J］．山西煤炭管理干部学院学报，2011（3）：75-77．

［16］吕丹．重整：破而后立［J］．首席财务官，2011（5）：84-85．

［17］周依苒．浅议公司破产重整制度［J］．经营管理者，2011（7）：267，266．

［18］李少波．重整，企业自我救治的一剂良药［J］．法人，2011（9）：52-53．

［19］许春茂．浅析破产重整企业的"代理"困局［J］．山西高等学校社会科学学报，2011（10）：63-67．

［20］朱春河．论破产重整的价值与理论基础［J］．公民与法（法学版），2011（12）：16-18．

［21］汤海庆，施迎华．民营企业破产重整之司法探索——南望信息产业集团有限公司重整案的总结与反思［J］．法治研究，2011（12）：102-107．

［22］胡成金．公司破产重整中的几点思考——以法律和会计交叉研究为视角［J］．法制与社会，2011（16）：92-93．

［23］周子旋．企业破产重整制度的研究与思考［J］．中国外资，2011（17）：121-122．

［24］赵冰．论利益相关者对破产重整企业承担社会责任的方式［J］．法制与社会，2011（24）：103-104．

［25］魏文霞．破产重整中对债权确认及处理方式探讨［J］．科技信息，2011（26）：393．

［26］宋斌帅．我国企业重整制度中重整计划问题研究［J］．法制与社会，2011（27）：245-246．

［27］期海明，姜黎皓．论重整法律制度的构建基础［J］．中国市场，2011（52）：171-172．

［28］王兆茹．试论破产和解制度与职工债权之间的利益冲突［J］．经营管理者，2011（7）：263．

［29］许蓝之．论我国的破产和解制度［J］．法制与社会，2011（23）：39-40．

［30］任猛．论上市公司重整中的出资人利益保护［N］．国际商报，

2011-03-02（16）.

［31］深圳市中级人民法院民七庭课题组．解决上市公司疑难问题确保重整程序有效运作［N］．人民法院报，2011-03-03（8）.

［32］孔维寅．重整程序中引进投资人应注意的问题［N］．江苏经济报，2011-04-06（B03）.

［33］丁国卫．企业破产重整中应关注的税务风险［N］．中国税务报，2011-04-11（11）.

［34］李季先．期待司法新解释重新确立破产重整标准［N］．上海证券报，2011-07-14（F06）.

［35］赵旦，丁峻．法院在企业破产重整中的职权规制［N］．江苏法制报，2011-07-19（C01）.

［36］王玥．从一起破产重整案谈重整计划瑕疵的处理［N］．江苏经济报，2011-10-28（B04）.

［37］王欣新．维护债权人的后续重整申请权［N］．人民法院报，2011-11-23（7）.

2012 年

［1］贺丹．上市公司重整中的公司集团破产问题［J］．政治与法律，2012（2）：13-22.

［2］刘颖．日本破产重整程序中的股东代表诉讼［J］．政治与法律，2012（2）：31-44.

［3］陶蛟龙，史和新．关联公司合并破产重整若干法律问题研究——以纵横集团"1，5"公司合并重整案件为视角［J］．政治与法律，2012（2）：23-30.

［4］彭国元，张亚琼．论破产重整程序的启动［J］．学术论坛，2012（2）：72-78.

［5］季境，田晓．有担保债权在公司重整程序中的限制［J］．法学杂志，2012（4）：32.

［6］王欣新．重整制度理论与实务新论［J］．法律适用，2012（11）：10-19.

［7］张勇健，杜军．破产重整程序中股权调减与股权负担协调问题
刍议［J］．法律适用，2012（11）：20-23．

［8］邹海林．法院强制批准重整计划的不确定性［J］．法律适用，
2012（11）：24-29．

［9］陶蛟龙，史和新．司法实务视野下破产重整制度若干问题研究
［J］．法律适用，2012（11）：30-35．

［10］纪红勇．浅谈破产重整程序中债权人的知情权［J］．法律适用，
2012（11）：36-39．

［11］郗伟明．论破产重整中未按期申报债权之处置［J］．法商研究，
2012（6）：85-92．

［12］叶敏．商事审判中能动司法应用的探讨——以公司重整制度为
例［J］．江苏行政学院学报，2012（6）：128-132．

［13］陈英．破产重整中私人利益的调整规则探析［J］．湖南社会科
学，2012（6）：66．

［14］李金波，包万平．我国公立大学债务化解与破产重整制度研究
［J］．现代教育管理，2012（7）：56-59．

［15］李连祺．破产重整中债权协商制度存在的问题及解决［J］．学
术交流，2012（7）：37-40．

［16］丁燕．论公司重整计划制定主体的多元化构造［J］．湖北社会
科学，2012（7）：154-156．

［17］殷慧芬．论个人重整［J］．中国海洋大学学报（社会科学版），
2012（6）：60-65．

［18］蒋国艳．论我国企业破产重整制度存在的缺陷及其完善［J］．
学术论坛，2012（10）：195-199．

［19］权瑾，刘仪．重整中利益衡量之于公司治理——以重整企业经
营控制权的配置和制约为例［J］．山西省政法管理干部学院学
报，2012（1）：91-93．

［20］廉小社．企业破产重整中银行债权保护应当注意的几个问题
［J］．甘肃金融，2012（1）：54-56．

［21］贾涛．浅议破产重整制度的价值［J］．经营管理者，2012
（2）：271．

[22] 李晨岑. 破产重整的相关法律问题 [J]. 法制与社会，2012 (5)：24-25.

[23] 李曙光. 我国企业重整制度亟待梳理 [J]. 资本市场，2012 (4)：28-30.

[24] 张海征，徐宪. 论我国破产重整程序存在的问题——以英国法为视角 [J]. 铜陵学院学报，2012 (1)：74-76.

[25] 王欣新，周薇. 论中国关联企业合并破产重整制度之确立 [J]. 北京航空航天大学学报（社会科学版），2012 (2)：51-59.

[26] 刘诚. 企业破产重整中的重整监督人 [J]. 贵州大学学报（社会科学版），2012 (1)：90-92.

[27] 王欣新，周薇. 论中国关联企业合并破产重整制度之确立 [J]. 北京航空航天大学学报（社会科学版），2012 (2)：51-59.

[28] 金梦云. 破产重整效率分析——基于重组的方式和效果 [J]. 新会计，2012 (4)：57-59，30.

[29] 张彧通. 公司重整新坐标 [J]. 资本市场，2012 (5)：125.

[30] 张海征，金晓文. 浅析英国破产法上的预重整制度 [J]. 全国商情（理论研究），2012 (7)：90-91.

[31] 彭小霞. 试论美国破产重整制度及其启示 [J]. 盐城师范学院学报（人文社会科学版），2012 (3)：39-43.

[32] 赵岚. 破产重整起死回生——企业破产法为破产企业带来重生曙光 [J]. 人民之声，2012 (3)：48-49.

[33] 乐斌旺. 破产重整中的信息披露制度研究 [J]. 法制与经济（下旬刊），2012 (3)：71-72.

[34] 禹芳. 浅析俄罗斯破产重整中调查制度对债权人利益的保护 [J]. 北京化工大学学报（社会科学版），2012 (2)：25-28.

[35] 宋琪. 破产重整中出资人权益调整之思考 [J]. 山西省政法管理干部学院学报，2012 (3)：121-123.

[36] 赵卓青，沃晨雯，张云霞. 如何保护重整公司股东的权益 [J]. 北方经济，2012 (12)：30.

[37] 丁林. 企业破产重整中出资人的角色定位 [J]. 行政与法，2012 (10)：126-129.

［38］廉小社．企业破产重整与银行担保权利保全［J］．中国城市金融，2012（5）：66．

［39］胡燕．ST光明破产重整案的启示［J］．商业会计，2012（17）：48-49．

［40］陈英．股东在破产重整中的法律地位及立法规制重心［J］．山东警察学院学报，2012（5）：149-153．

［41］丁林．论公司破产重整中股东权利的配置［J］．长春师范学院学报，2012（10）：31-32．

［42］谢慧君．上市公司破产重整的启动要件与司法审查［J］．法制与社会，2012（27）：94-95．

［43］李婷．我国商业银行破产重整监管法律制度探析［J］．重庆教育学院学报，2012（5）：28-31．

［44］叶炳坤．和谐共赢——破产重整案件的方向［J］．中国审判，2012（8）：88-91．

［45］陈蒙．论破产重整制度中的经营控制权［J］．德州学院学报，2012（5）：20-23．

［46］李志强．论破产重整计划表决制度［J］．天津商业大学学报，2012（6）：62-67．

［47］王尧．浅析我国破产法重整制度中存在的问题及其解决对策［J］．现代营销（学苑版），2012（11）：173．

［48］高升东，李丹丹．破产重整程序下担保债权的处理规则［J］．湖南工业大学学报（社会科学版），2012（5）：60-64．

［49］徐睿．破产重整中各方当事人的利益博弈［J］．劳动保障世界（理论版），2012（5）：81-83．

［50］尹秀超．上市公司破产重整融资风险及其防范［J］．中国律师，2012（2）：46．

［51］许浩．破产重整制度的本质是一种博弈［N］．中国经营报，2012-02-13（B16）．

［52］周金龙．破产和解协议是否免除保证人责任［N］．中国城乡金融报，2012-02-20（A03）．

［53］金语．无锡惠山：破产和解帮扶企业逆转倒闭困局［N］．人民

法院报，2012-05-06（3）.

2013 年

［1］张澎，彭辉．企业破产重整计划制定和批准若干问题的研究［J］.法律适用，2013（6）：100-104.

［2］吴林涛，林秀芹．论我国商业银行破产重整制度的构建［J］.厦门大学学报（哲学社会科学版），2013（1）：149-156.

［3］邹杨，丁玉海．破产和解制度的反思：价值、规范与实践的统一［J］.海南大学学报（人文社会科学版），2013（6）：85-89.

［4］刘庆飞．论中小企业特殊的破产重整制度［J］.企业经济，2013（1）：81-85.

［5］丁燕．论我国上市公司重整计划的价值与规制理念［J］.商业经济研究，2013（34）：101-102.

［6］李帆，李志坚，张艺馨．企业破产重整中债权人利益的保护——两家上市公司破产重整案的启示［J］.经营与管理，2013（10）：79-82.

［7］宋珂，崔艳峰．破产和解的价值分析和制度完善——与破产重整的比较视角［J］.今日中国论坛，2013（21）：430-432.

［8］帅宏英．分析企业重整中的行为以及效果［J］.财经界（学术版），2013（5）：47，49.

［9］李帅．论强制破产重整计划中对持反对意见债权人的保护［J］.人民司法，2013（7）：14-18.

［10］李永军，李大何．重整程序开始的条件及司法审查——对"合并重整"的质疑［J］.北京航空航天大学学报（社会科学版），2013（6）：48-53.

［11］张萌．破产重整程序中可转股债权问题研究［J］.东方企业文化，2013（23）：82-83.

［12］王佐发．尚德重整需尊重市场和法律［J］.法人，2013（5）：64-65.

［13］刘依宁．破产法中政府托管经营的合法性分析——由太子奶集

团破产案引发的思考 [J]. 法制与经济（中旬刊），2013（11）：89-90.

[14] 万良勇，朱武祥. 法律制度、法律执行与上市公司破产重整效率——基于宝硕股份的案例研究 [J]. 管理案例研究与评论，2013（6）：431-439.

[15] 余建华. 破产企业重整，审判机制重构 [N]. 人民法院报，2013-12-01（5）.

[16] 马瑛杰. 创新破产重整模式需要司法智慧 [N]. 人民法院报，2013-10-20（5）.

2014 年

[1] 王化成. 一部健全和实施市场化退出机制的力作——《企业破产重整价值评估研究》一书评介 [J]. 经济与管理研究，2014（5）：129.

[2] 陈义华. 论破产重整计划强制批准权的法律规制 [J]. 商业研究，2014（11）：172-178.

[3] 王欣新，宋玉霞. 重整计划强制批准法律问题研究 [J]. 江汉论坛，2014（10）：121-126.

[4] 张海征，王欣新. 论法院强制批准重整计划制度之完善 [J]. 首都师范大学学报（社会科学版），2014（4）：66-73.

[5] 丁燕. 上市公司重整计划执行制度的完善——基于我国上市公司的样本分析 [J]. 政治与法律，2014（9）：142-151.

[6] 杜坤，周含玉. 破产重整公司治理结构逻辑分析——以利益相关者间利益冲突为视角 [J]. 西南政法大学学报，2014（4）：120-127.

[7] 唐旭超. 论上市公司重整中的股东权益 [J]. 政治与法律，2014（6）：98-107.

[8] 黄权伟. 上市公司重整中的股东权益调整 [J]. 商业时代，2014（3）：94-96.

[9] 乔文湘. 上市公司破产重整中对中小股东权益的保护 [J]. 现代

管理科学，2014（4）：115-117.

[10] 任秀芳．危困企业法律风险的处置及对策——以推进破产重整制度实施为视角［J］．学术交流，2014（1）：41-44.

[11] 张思明．房地产开发企业破产重整利益平衡实务分析［J］．河南师范大学学报（哲学社会科学版），2014（3）：79-82.

[12] 张钦昱．破产和解之殇——兼论我国破产和解制度的完善［J］．华东政法大学学报，2014（1）：150-160.

[13] 李震东．重整中的新融资债务属于破产程序中的共益债务［J］．人民司法，2014（24）：43-45.

[14] 占佳佳．浅析破产重整制度［J］．法制与社会，2014（30）：45-46.

[15] 陈冠男．企业破产重整计划若干问题浅析［J］．法制与社会，2014（32）：101，109.

[16] 詹元凯．浅论破产重整计划强制批准权的完善［J］．法制博览（中旬刊），2014（3）：76-77.

[17] 郭琰．上市公司重整中股东权益的保护［J］．黑龙江社会科学，2014（4）：71-74.

[18] 丁燕．上市公司重整中股东权益调整的法律分析［J］．东方论坛，2014（3）：122-128.

[19] 高文红．论我国公司重整制度存在的问题及建议［J］．太原城市职业技术学院学报，2014（5）：164-165.

[20] 朱鸣谦，翁强．重整计划中的债权人利益保护研究［J］．牡丹江大学学报，2014（5）：59-61.

[21] 邓旭，赵紫雄．我国破产重整中债权人利益保护现状评析［J］．法制博览（中旬刊），2014（3）：267.

[22] 赵刚．探析破产重整中担保债权人的保护［J］．法制博览（中旬刊），2014（3）：225.

[23] 任洁．重整程序中保护有担保债权人的完善建议［J］．北方经贸，2014（2）：53-54.

[24] 袁洪君，郑春利．企业重整期间劳动关系法律问题［J］．中国律师，2014（3）：83-85.

［25］ 周卓斌．我国金融机构破产重整问题浅析与制度构建［J］．现代商业，2014（6）：45-47.

［26］ 廖士超．商业银行破产重整制度探析［J］．知识经济，2014（2）：90.

［27］ 池伟宏．台湾公司重整经验及对大陆的借鉴［N］．人民法院报，2014-05-07（7）.

［28］ 罗畅．创新破产转换形式，发挥"重整"机制效力［N］．中国改革报，2014-06-26（7）.

2015 年

［1］ 齐明．论我国破产程序转换与债权人后续重整申请权［J］．东北师大学报（哲学社会科学版），2015（5）：27-32.

［2］ 张亚楠．完善我国破产保护制度的若干思考［J］．政治与法律，2015（2）：9-20.

［3］ 丁恒越．某公司破产重整的法律分析——以某公司为视角［J］．现代商贸工业，2015（25）：1.

［4］ 王治政．上市公司破产重整和债务重组方式的比较研究［J］．浙江金融，2015（12）：35-39.

［5］ 虞孔坝，程剑飞，项小青．企业破产重整中银行债权保护的研究——基于温州的实践经验［J］．浙江金融，2015（11）：9-14.

［6］ 常宏建．企业破产重整中银行债权保护策略［J］．农业发展与金融，2015（10）：52-54.

［7］ 叶美峰．深化府院良性互动推进企业破产重组［J］．浙江经济，2015（20）：54-55.

［8］ 翟新纯子．对我国破产重整计划制定主体制度的思考［J］．商，2015（38）：223，196.

［9］ 郝淑红．河北宝硕股份有限公司破产重整案评析［J］．商，2015（3）：25.

［10］ 陈政．破产重整中担保物权之法律规制：限制与救济［J］．信阳师范学院学报（哲学社会科学版），2015（3）：42-47.

［11］颜子．上市公司破产重整案例分析——中核钛白的摘帽之路
　　　［J］．会计师，2015（6）：22-23．

［12］孙红丽．破产重整中大额债权组和小额债权组之设立浅析［J］．
　　　法制与经济，2015（5）：74-75，81．

［13］韩长印．简论破产重整计划表决的信息披露机制——以美国法
　　　为借鉴［J］．人民司法，2015（1）：33-36．

［14］吴传斌．经济下行环境下经营困难企业债务重组路径——美国
　　　通用汽车公司破产重组启示［J］．商，2015（35）：10-11．

［15］邓旭．浅议破产重整中债权人利益法律保护的完善［J］．理论
　　　观察，2015（6）：20-21．

［16］徐丽．破产重整制度价值浅析［J］．商，2015（19）：242．

［17］谭浩俊．温州最大建筑企业破产重整的启示［N］．证券时报，
　　　2015-01-19（A08）．

［18］吴江怀．以企业破产重组盘活培育新的经济增长点［N］．衢州
　　　日报，2015-05-29（1）．

［19］郭小燕．重整背后的产能布局［N］．中国冶金报，2015-10-01
　　　（1）．

［20］应雨轩．关注破产重组，助力企业转型［N］．浙江法制报，
　　　2015-11-19（5）．

2016 年

［1］朱黎，华碧琼．破产重整中浮动抵押权人权利保护问题研究
　　　［J］．宏观经济研究，2016（11）：50-58，151．

［2］陆晓燕．运用法治手段化解产能过剩——论破产重整实践之市
　　　场化完善［J］．法律适用，2016（11）：68-76．

［3］张钦昱．大规模侵权纠纷之破产重整解决路径［J］．法学杂志，
　　　2016（8）：89-97．

［4］张思明．美国破产重整 DIP 融资制度研究［J］．商业研究，2016
　　　（6）：186-192，185．

［5］赛铮．中国保险公司破产重整中行政权与司法权的均衡［J］．财

经理论与实践，2016（5）：133-139.

[6] 宋宏飞，蒋文，张德存．东北经济振兴语境中的企业破产重整法律制度研究［J］．经济研究参考，2016（57）：60-64.

[7] 刘思颖．战略成本管理在战略性新兴产业的应用研究——以无锡尚德破产重组为例［J］．商，2016（14）：289，270.

[8] 陆春晖．浅论强制批准权［J］．山西省政法管理干部学院学报，2016（1）：44-48.

[9] 楼秋然．关于《破产法》中重整计划规定的再思考——以破产重整第一案为视角［J］．北京化工大学学报（社会科学版），2016（2）：40-44，23.

[10] 谢丽芳，陈君微．我国企业破产清算和破产重整的案例分析及启示——以浙江省乐清市有关企业破产清算、重整案为例［J］．征信，2016（4）：85-87.

[11] 吴狄．中美破产重整法律制度比较研究及启示［J］．浙江金融，2016（4）：23-26.

[12] 杨海．我国破产重整程序对有担保债权人利益保护存在的问题及对策［J］．经济师，2016（11）：68-69.

[13] 郭婷婷．"僵尸企业"破产重整中的几个问题［J］．天水行政学院学报，2016（5）：24-26.

[14] 宋玉霞．实施破产重整企业信用修复制度［J］．人民法治，2016（9）：28-29.

[15] 赵舒．政府主导的破产重整中银行债权问题研究［J］．审计与理财，2016（7）：56-58.

[16] 张文举．我国破产重整期间的公司治理及管理模式评析［J］．经济研究导刊，2016（17）：178-181.

[17] 曲瑞琦．浅析企业破产重整中债权人利益保护［J］．法制与社会，2016（10）：105-106.

[18] 何日贵．我国破产重整中债权人利益保护问题研究［J］．浙江金融，2016（1）：24-27.

[19] 唐卫华．供给侧改革视阈下企业破产重整机制的创新［J］．经济论坛，2016（11）：131-133.

[20] 孙浩．浅析破产重整制度的价值与局限 [J]．现代商业，2016 （27）：184-186.

[21] 唐卫华．新常态下危困企业破产重整的困境与对策 [J]．全国商情，2016 （23）：78-80.

[22] 冯立果．用破产重整拯救僵尸企业 [J]．董事会，2016 （5）：84.

[23] 贺丹．评《上市公司破产重整计划法律问题研究：理念、规则与实证》[J]．东方论坛，2016 （2）：128.

[24] 杨海．我国破产重整程序中有担保债权人利益保护的规制 [J]．经济师，2016 （10）：82-83.

[25] 侯晶，王一冉．上市公司破产重整价值判断的逻辑起点及体系框架 [J]．西部财会，2016 （9）：48-50.

[26] 胡利玲．破产重整对拯救困境企业的价值 [J]．科技创新导报，2016 （14）：99-100.

[27] 李琳，徐瑞阳．困境企业的重整启动机制研究 [J]．中国物价，2016 （2）：73-75.

[28] 郁琳．关联企业破产整体重整的规制 [J]．人民司法 （应用），2016 （28）：11-17.

[29] 叶建平．价值思维与无害标准在破产重整案件中的运用 [J]．人民司法 （案例），2016 （23）：63-67.

[30] 秦石．"僵尸企业"破产重组的市场原则与法治方式——"2016破产重组实务研讨会暨供给侧改革法治论坛"在京举办 [J]．中国律师，2016 （12）：23.

[31] 化解产能过剩，要多兼并重组、少破产清算 [J]．科技智囊，2016 （2）：16-19.

[32] 高翔．出清"僵尸企业"温州探路破产重整化解金融风险 [N]．上海证券报，2016-04-23 （2）.

[33] 于莹．正确看待上市公司破产重整依法维护中小股东权益 [N]．中国证券报，2016-06-06 （A12）.

[34] 任晓．温州探路僵尸企业破产重整 [N]．中国证券报，2016-06-06 （A02）.

［35］ 王欣新．谈重整计划执行中的协助执行［N］．人民法院报，2016-07-13（7）．

［36］ 许美征．我国破产重整制度亟待完善［N］．经济参考报，2016-08-30（8）．

［37］ 许美征．我国的破产重整制度到底怎么走［N］．经济参考报，2016-09-06（8）．

［38］ 方亮．破产重整为企业留住再生之机［N］．辽宁日报，2016-10-03（2）．

［39］ 高敏，温萱，瓯文．温州着力帮重整企业修复信用摸索出"温州经验"［N］．浙江法制报，2016-10-26（12）．

［40］ 戴建敏．谁在主导破产重整？［N］．21世纪经济报道，2016-10-31（11）．

［41］ 史燕君．重整计划投资人实为"量身定制"？［N］．国际金融报，2016-11-21（12）．

2017 年

［1］ 杨松．"僵尸企业"破产重整中银行债权实现的法律保障［J］．政法论丛，2017（1）：46-54．

［2］ 邹海林．供给侧结构性改革与破产重整制度的适用［J］．法律适用，2017（3）：57-66．

［3］ 高立萍．浅析我国的破产重组程序［J］．法制博览，2017（14）：179-180．

［4］ 潘旺．试论破产重整制度中的利益保护［J］．法制博览，2017（11）：276．

［5］ 魏玮．论重整计划强制批准中出资人的权益调整［J］．市场周刊（理论研究），2017（2）：121-122．

［6］ 刘雯丽．破产重整程序社会价值刍议［J］．法制博览，2017（3）：253．

［7］ 刘雯丽．国外重整企业控制权模式对我国的启示［J］．法制与经济，2017（1）：64-65．

［8］ 江孟燕. 企业预重整制度构建的必要性探析 ［J］. 哈尔滨学院学
报，2017（5）：48-52.

［9］ 叶甲生，高鹏. 重整期间的公司治理结构研究 ［J］. 安徽广播电
视大学学报，2017（2）：7-11.

［10］ 曹激. 会计师在破产重整中发挥作用的路径探析 ［J］. 中国市
场，2017（8）：226-227，235.

［11］ 武永庆. 资本在破产重整中的作用 ［N］. 人民法院报，2017-
01-11（7）.

［12］ 姜国云. 审理破产重整案件需要把握四个关键 ［N］. 江苏法制
报，2017-02-03（C）.

［13］ 刘乐平. 破产重整，要过几道坎？［N］. 浙江日报，2017-03-13
（8）.

［14］ 王佐发. 什么是真正的市场化破产重组 ［N］. 经济参考报，
2017-03-28（8）.

（十）破 产 清 算

1987 年

［1］ 徐明. 对破产界限及债务清偿顺序的探讨 ［J］. 法学，1987
（8）：35-36.

［2］ 鲁生. 破产宣告和清算组织 ［J］. 人民司法，1987（9）：27-28.

1988 年

［1］ 徐德敏，梁增昌. 试论我国企业破产清算制度 ［J］. 西北政法学
院学报，1988（3）：33-36.

1991 年

［1］周军. 债务清偿顺序问题辨析——与何益同志商榷贷款偿还优先权问题［J］. 四川金融，1991（10）：43-45.

［2］何益. 对《民事诉讼法》修改财产清偿债务顺序的探讨——兼论专业银行的法律地位［J］. 四川金融，1991（7）：64-65.

1995 年

［1］易改. 试论我国破产清算工作的市场化、专业化［J］. 经济研究参考，1995（34）：31-35.

1996 年

［1］王双喜. 企业破产与清算［J］. 财会通讯，1996（8）：26-27.

［2］庄太源. 浅谈企业破产清算［J］. 商业会计，1996（7）：16-17.

1997 年

［1］孙芳城，冯明，李剑，武皓军. 破产清算财产管理及债务清偿［J］. 财务与会计，1997（11）：16-19.

［2］刘勇. 破产清算中应如何对待银行贷款［J］. 财会通讯，1997（9）：39.

［3］陈业宏. 论完善外商投资企业终止清算立法［J］. 江海学刊，1997（2）：61-65.

［4］张兴莲，吴桂茹. 浅谈企业清算的原因及组织程序［J］. 北方经贸，1997（6）：78.

［5］康远美. 企业破产清算的程序和方法［J］. 工业会计，1997（11）：41-43.

［6］刘元耀. 律师在破产清算中应注意的几个问题［J］. 律师世界，

1997 (4)：12.

1999 年

［1］张如宝．论公司清算的若干法律问题［J］．南京航空航天大学学报（社会科学版），1999（3）：25-30.

2000 年

［1］韩长印．破产清算人制度的若干问题［J］．河南大学学报（社会科学版），2000（3）：1-7.

［2］邢淼，杨红灿．破产清算中的若干法律问题［J］．中国工商管理研究，2000（10）：57-59，1.

2001 年

［1］吴景明．论企业法人破产清算和普通清算的关系［J］．国家行政学院学报，2001（4）：46-50.

［2］王昇贵．企业破产清算中的律师实务［J］．发展，2001（2）：46-47.

2002 年

［1］李敏．对指导和监督破产清算的法律思考［N］．江苏经济报，2002-04-25（C）.

［2］花克明，李锋，樊华．破产：当心清算人偷吃"唐僧肉"［N］．检察日报，2002-07-22.

2003 年

［1］何琦．关于破产清算中财产变现涉税问题的探讨［J］．天府新

论, 2003 (4): 65-66.

[2] 广东国投破产案尘埃落定 [N]. 新华每日电讯, 2003-03-01 (5).

[3] 周清. 浅谈破产企业债权的清收 [N]. 江苏经济报, 2003-04-09 (B03).

[4] 韩立权, 胥宁. 重视企业破产清算中的问题 [N]. 市场报, 2003-04-04.

[5] 汪性国. 如何对破产清算组进行指导与监督 [N]. 江苏经济报, 2003-10-08.

[6] 纪宏奎. 破产企业的"涉税清偿" [N]. 中国税务报, 2003-11-05.

2004 年

[1] 胡庭成, 庞国峰. 破产清算期间效力待定合同追认权的行使 [N]. 人民法院报, 2004-01-21.

[2] 刘子平, 梁朔梅. 实质合并原则在关联企业破产清算程序的适用 [N]. 人民法院报, 2004-03-11.

2005 年

[1] 刘丹, 邓海峰. 特别清算论——对我国公司法修改中的一点建议 [J]. 商业研究, 2005 (8): 148-151.

[2] 王欣新, 孙晓敏. 谈公司清算制度之立法完善 [J]. 中国工商管理研究, 2005 (8): 27-30.

[3] 孔维寅. 破产企业的职工不能成为清算组成员 [N]. 人民法院报, 2005-03-20.

2006 年

[1] 王卫国. 中国新破产法中的清偿顺序与破产责任 [J]. 中国法

律，2006（3）：22-23，77-78.

[2] 鹿岩，刘芳. 破产清算期间生产许可证是否有效 [J]. 中国质量技术监督，2006（3）：19.

[3] 郭学桃. 破产清算期间企业可否生产及生产许可证是否有效 [J]. 大众标准化，2006（S1）：96-97.

2007 年

[1] 胡大武. 破产金融机构债务清偿顺序研究——比较法视角 [J]. 经济体制改革，2007（6）：160-164.

2009 年

[1] 郭翌. 论公司清算制度的完善 [J]. 中州学刊，2009（5）：112-115.

[2] 陈小玲. 清算制度中的弹性衔接——浅议特别清算制度在我国的构建 [J]. 中小企业管理与科技（上旬刊），2009（9）：91.

[3] 沈建辉. 企业破产清算的增值税处理 [J]. 合作经济与科技，2009（8）：112-113.

[4] 季明丽. 论破产清算程序中劳动债权的优先权问题 [J]. 农村经济与科技，2009（12）：72-73.

[5] 王军武. 公司清算人制度理论与实务研究 [J]. 贵州警官职业学院学报，2009（3）：103-107.

[6] 游伟. 解散清算向破产清算转换的实务问题 [N]. 人民法院报，2009-02-19（6）.

2010 年

[1] 栾甫贵. 论破产清算企业的内部控制 [J]. 会计研究，2010（3）：51-57，96-97.

[2] 李志强. 公司特别清算制度的反思与重构 [J]. 山东工商学院学

报，2010（6）：113-116，120.

[3] 王菲．三鹿集团进行破产清算的利弊分析 [J]．法制与社会，2010（8）：185.

2011 年

[1] 邱润根．论破产清算对植物人公司的终结 [J]．河南师范大学学报（哲学社会科学版），2011（1）：101-105.

[2] 曹琳，王怀勇．商业银行破产清算法律问题研究 [J]．北京工业大学学报（社会科学版），2011（4）：56-61.

[3] 胡卫萍．大规模侵权下的破产债务清偿探析 [J]．企业经济，2011（4）：180-183.

[4] 肖俊杰，陆晓燕．资不抵债不是破产清算的必要条件 [J]．人民司法，2011（2）：42-44.

2012 年

[1] 张利国．民办学校破产清算若干法律问题探究 [J]．武汉理工大学学报（社会科学版），2012（1）：110-113.

[2] 穆玲芝，王长亮．破产清算事务所若干问题研究 [J]．合作经济与科技，2012（9）：126-127.

[3] 周传豹．浅谈公司非破产清算的问题和对策 [J]．法制与社会，2012（12）：93.

[4] 董哲．公司非破产清算的遗漏债权研究 [J]．学理论，2012（20）：97-98.

[5] 陈怀新，孙兴旺．债权人在债务人破产清算期间从其抽逃出资股东处获偿的效力 [J]．人民司法，2012（6）：100-102.

[6] 彭霏．独立学院破产清算若干法律问题研究 [J]．知识经济，2012（15）：33-34.

[7] 王永欣．关于完善企业破产清算期间治理结构的探讨 [J]．商业会计，2012（20）：14-15.

[8] 余雷．破产案件中如何强化清算组职能 [N]．江苏经济报，2012-11-14（B03）．

2015 年

[1] 叶林，徐佩菱．关于我国公司清算制度的评述 [J]．法律适用，2015（1）：50-55．

[2] 刘敏，梁闽海．企业破产清算案件中的审判实务问题——以闽发证券有限公司破产清算案为视角 [J]．法律适用，2013（7）：75-80．

[3] 侯杰．企业破产的财务问题 [J]．商，2015（47）：214．

[4] 刘冬梅．关于破产清算会计若干问题的思考 [J]．中国商论，2015（28）：28-30．

2016 年

[1] 张钦昱．软预算约束视角下破产清算程序之反思及重构 [J]．法商研究，2016（3）：92-101．

[2] 王崇军．兼并重组与破产清理两手都要硬 [N]．衢州日报，2016-05-03（1）．

[3] 王开广．应运用出资人机制依法破产清算 [N]．法制日报，2016-07-11（6）．

[4] 罗书臻．充分发挥审判职能作用加快审理公司强制清算与企业破产案件 [N]．人民法院报，2016-08-11（1）．

[5] 周程程．债转股不兜底"僵尸企业"将依法破产清算 [N]．每日经济新闻，2016-10-11（1）．

2017 年

[1] 朱颖．破产清算管理研究 [J]．新会计，2017（4）：55-56．

[2] 丁燕，黄涛周．绝对优先原则的重新审视 [J]．东方论坛，2017

（1）：109-114.

（十一）清算组、破产管理人

1988 年

［1］王晓同．试论破产清算组的法律地位［J］．西北政法学院学报，1988（4）：46-49，45．

1993 年

［1］刘春玲．论破产清算组的法律地位［J］．现代法学，1993（4）：44-47．

1994 年

［1］汤维建．论破产管理人［J］．法商研究（中南政法学院学报），1994（5）：45-51．

1995 年

［1］刘冰，韩长印．论破产清算组的法律地位——兼论建立我国的破产财团制度［J］．法学评论，1995（3）：67-75．

1996 年

［1］王继红．关于建立我国破产管理人制度的构想［J］．当代经济科学，1996（2）：111，115．

［2］徐杨．浅谈健全破产清算人制度［J］．法律适用，1996（9）：

39-41.

［3］张如熙．破产案件中破产清算组的组建［J］．法学，1994（9）：
42-43.

［4］石雁．论破产管理人的法律地位［J］．研究生法学，1996（4）：
56-58.

1997 年

［1］张秀华．论破产管理人制度［J］．中央政法管理干部学院学报，
1997（3）：19.

［2］任建华．破产清算组的组建和运作［J］．中国律师，1997（5）：
40-41.

2000 年

［1］沈贵明．论我国破产管理人选任的立法失误及其纠正［J］．郑州
大学学报（哲学社会科学版），2000（6）：91-97.

［2］关永红，段淳林．论破产程序中财产管理人的选任及其职责
［J］．西北工业大学学报（社会科学版），2000（1）：18-21.

2001 年

［1］唐敏．破产管理人制度的若干法律问题——从破产清算组制度
到破产管理人制度［J］．浙江省政法管理干部学院学报，2001
（3）：28-31.

［2］吴秋发，邵爱红．完善我国破产财产管理人制度的构想［J］．中
国司法，2001（6）：41-42.

2003 年

［1］王立挺，周凯军．浅析破产管理人制度的若干问题［J］．合肥工

业大学学报（社会科学版），2003（4）：96-100.

［2］郑晓红．破产管理人制度研究［J］．生产力研究，2003（1）：74-75.

［3］常梅．论破产管理人制度［J］．焦作师范高等专科学校学报，2003（2）：43-45.

［4］张艳蕊．破产监督人制度探讨［J］．山东审判，2003（5）：50-53.

［5］赵伯祥，石有维．对我国破产财产管理人制度的立法思考［J］．律师世界，2003（1）：21-23.

［6］王晓云，荆龙．我国破产管理人制度的完善［N］．人民法院报，2003-09-03.

2004 年

［1］宋厚银．清算组织在劳动争议案件审理中主体地位认定［J］．中国劳动，2004（3）：45.

［2］王欣新．论新破产法中管理人制度的设置思路［J］．法学杂志，2004（5）：34-37.

［3］黄锡生．破产管理人的法律地位及其职业化研究——以破产法律制度的目标价值为基础［J］．浙江学刊，2004（5）：148-151.

［4］张颖．破产管理人法律责任理论问题研究［J］．南京大学法律评论，2004（1）：67-82.

［5］冯兵，朱俊伟．论我国破产管理人制度的构建［J］．西南政法大学学报，2004（5）：89-94.

［6］张颖杰．论中国破产清算人制度之重构［J］．襄樊学院学报，2004（3）：23-28.

［7］龙建明．论破产管理人——兼论我国破产清算组的完善［J］．太原大学学报，2004（2）：14-18.

［8］王伟国．中国新破产法草案中的管理人［J］．中国法律，2004（6）：24-25，90-92.

［9］葛现琴．破产管理人法律地位探微［J］．河南司法警官职业学院

学报，2004（2）：76-79.

[10] 魏莉，雷道茂. 论破产管理人的性质和任职条件 [J]. 海南大学学报（人文社会科学版），2004（3）：272-277.

[11] 李曙光. 新破产法的管理人制度 [N]. 人民法院报，2004-07-30.

[12] 孔维寅. 破产企业的职工不能成为清算组成员 [N]. 江苏经济报，2004-07-07.

2005 年

[1] 韩长印，楼孝海. 建立公司法定清算人制度 [J]. 法学，2005（8）：84-90.

[2] 王莉，张宗敏. 论公司清算人的选任 [J]. 法律适用，2005（9）：50-53.

[3] 张在范. 论破产管理人的法律地位 [J]. 北方论丛，2005（1）：148-151.

[4] 王艳华. 论新破产法中管理人制度 [J]. 特区经济，2005（6）：287-288.

[5] 张在范. 完善我国破产管理人监督机制的构想 [J]. 河北法学，2005（9）：53-55，68.

[6] 葛现琴. 临时破产管理人的架构分析及立法建议 [J]. 湖湘论坛，2005（3）：55-56.

[7] 时颖，黄凯. 对破产清算人的监督 [J]. 西安石油大学学报（社会科学版），2005（1）：64-68.

[8] 向华. 现行企业破产清算组制度的缺失与修正 [J]. 中国高新区，2005（4）：47-49.

[9] 南漳县审计局. 一个破产清算组的"破产" [J]. 审计月刊，2005（8）：29-30.

[10] 林明生. 论破产财产管理人服务对象 [J]. 沿海企业与科技，2005（3）：37-38.

[11] 席晓军. 小议破产管理人制度 [J]. 珠江经济，2005（4）：

95-96.

[12] 张在范. 破产管理人违反义务的行为及其责任承担 [J]. 郑州航空工业管理学院学报（社会科学版），2005（4）：46-49.

[13] 何志红. 关于破产管理人制度的思考 [J]. 广西社会科学，2005（5）：83-85.

[14] 姜鹏. 破产管理人法律地位研究 [J]. 中共南京市委党校南京市行政学院学报，2005（5）：72-75.

[15] 张在范. 论破产管理人的任职资格 [J]. 行政与法（吉林省行政学院学报），2005（5）：102-104.

[16] 沈乐平，纪丽芬. 从破产理念谈我国财产管理人制度的建立 [J]. 经济师，2005（7）：26-27.

[17] 胡耀芳. 新破产法草案中管理人监管制度初探 [J]. 中国司法，2005（7）：92-94.

[18] 沈永胜. 破产管理人制度比较研究 [J]. 企业家天地，2005（10）：10-11.

[19] 王东辉. 清算组与破产管理人 [N]. 江苏经济报，2005-06-01.

[20] 勇立宇. 现行破产清算组组成方式之缺陷 [N]. 江苏法制报，2005-01-18（T00）.

[21] 郑尚元. "破产管理人"能否成为民事主体 [N]. 工人日报，2005-01-03.

[22] 王欣新. 对管理人合同选择履行权的正确理解 [N]. 人民法院报，2013-01-16（7）.

2006 年

[1] 邹海林. 新企业破产法与管理人中心主义 [J]. 华东政法学院学报，2006（6）：121-125.

[2] 王英明. 破产管理人制度研究 [J]. 社会科学辑刊，2006（2）：65-67.

[3] 郭薇. 试论我国破产管理人监督机制的完善 [J]. 人民司法，2006（10）：75-76.

[4] 刘轶. 论我国破产管理人监督机制的完善 [J]. 南阳师范学院学报, 2006 (5): 37-39.

[5] 杨佳. 破产管理人法律制度研究 [J]. 当代经理人, 2006 (15): 100-101.

[6] 丁婷. 论破产管理人制度的立法完善 [J]. 周末文汇学术导刊, 2006 (2): 21-23.

[7] 郑海英. 论我国现行破产管理人制度的缺陷与完善 [J]. 长春大学学报, 2006 (11): 87-89.

[8] 谭阿勇. 论我国破产管理人制度的法律构建 [J]. 河南财政税务高等专科学校学报, 2006 (6): 38-40.

[9] 曹守晔. 破产管理人的监督 [N]. 法制日报, 2006-12-05 (10).

2007 年

[1] 康晓磊, 仲川. 对破产管理人法律地位的思考 [J]. 法学论坛, 2007 (6): 135-140.

[2] 李燕. 论我国破产法中管理人的法律地位 [J]. 当代法学, 2007 (6): 82-87.

[3] 郁建. 浅析新破产法之管理人制度的创新与缺陷 [J]. 科教文汇 (下旬刊), 2007 (9): 164.

[4] 严继明. 新《破产法》中的管理人制度仍有待完善 [J]. 产权导刊, 2007 (8): 42-44.

[5] 宋晶, 王晖. 论破产管理人的职责 [J]. 职业, 2007 (24): 16-17.

[6] 周敏. 破产管理人选任范围的法律分析 [J]. 华商, 2007 (26): 63-64.

[7] 肖涌. 论破产管理人制度——兼评新企业破产法 [J]. 华商, 2007 (22): 57-58.

[8] 樊云慧. 破产管理人的义务和责任探究 [J]. 中国商法年刊, 2007 (0): 384-390.

[9] 王斗斗. 应从管理人名册中指定破产管理人 [N]. 法制日报,

2007-04-17 （5）.

[10] 王斗斗. 发展完善破产管理人制度 [N]. 人民代表报, 2007-
04-24 （5）.

[11] 娄银生. "破产管理人" 的法律价值 [N]. 人民法院报, 2007-
12-14 （3）.

2008 年

[1] 张艳丽. 破产管理人的法律责任 [J]. 法学杂志, 2008 （4）:
26-29.

[2] 李棽. 新破产法中破产管理人制度的缺陷与完善 [J]. 求索,
2008 （5）: 143-145.

[3] 陈雪萍. 英美破产受托人权力制衡机制及其借鉴 [J]. 法商研
究, 2008 （5）: 131-139.

[4] 冯尚宗, 张国刚. 试论破产管理人法律制度 [J]. 湖北社会科
学, 2008 （5）: 139-141.

[5] 栾居沪, 周传会. 破产清算组聘用人员也应签订劳动合同 [J].
中国劳动, 2008 （8）: 52-53.

[6] 张子连, 戴义斌. 完善我国破产管理人制度构建之设想 [J]. 中
国律师, 2008 （10）: 85-87.

[7] 张广明. 新《企业破产法》中管理人的 "中心地位" 论 [J].
决策探索 （下半月）, 2008 （11）: 48-49.

[8] 范桂红. 国外破产管理人制度初探 [J]. 中共郑州市委党校学
报, 2008 （2）: 107-109.

[9] 吴晓锋, 王峰. 上市公司破产管理人法律地位有望明确 [N].
法制日报, 2008-06-08 （5）.

[10] 尹正友. 论破产程序中管理人对必要工作人员的聘用 [N]. 人
民法院报, 2008-06-05 （6）.

[11] 储皖中. "破产管理人" 首次亮相春城 [N]. 法制日报, 2008-
11-28 （5）.

2009 年

［1］刘沂江．管理学视野下的重整管理人制度探微［J］．法学杂志，2009（9）：96-98.

［2］蒋国艳．论破产管理人制度［J］．改革与战略，2009（6）：36-39.

［3］胡婧．完善我国破产管理人制度之构想——兼评新《企业破产法》第三章［J］．重庆科技学院学报（社会科学版），2009（7）：51-52，73.

［4］尤冰宁．执业风险控制：我国破产管理人制度的完善［J］．人民司法，2009（11）：33-39.

［5］杜云．破产管理人义务和责任探析［J］．河南省政法管理干部学院学报，2009（3）：97-100.

［6］王新绳，陈宝峰．破产管理人的民事责任及其限制［J］．中国集体经济，2009（19）：103-104.

［7］张廷栓．浅议破产管理人制度实施中的几个法律问题［J］．广西社会主义学院学报，2009（5）：83-85.

［8］刘国华，邱维焱．破产管理人选任制度研究［J］．西部法学评论，2009（6）：106-109.

［9］张平．我国破产管理人制度的立法不足及其完善［J］．商场现代化，2009（3）：278-279.

［10］陈鑫艳．破产管理人的选任资格制度评析［J］．决策探索（下半月），2009（1）：48-49.

［11］李成文．论管理人对破产债权的审核［J］．全国商情（经济理论研究），2009（19）：114-115.

［12］费煊．我国破产管理人制度解析［J］．安徽警官职业学院学报，2009（5）：30-34.

［13］邱维焱，王宇．论破产管理人及相关人员的报酬［J］．北方经贸，2009（11）：121-122.

［14］龚卿，王文佳．破产管理人选任主体研究［J］．法制与社会，

2009（10）：258-259.

[15] 杨会芳. 新破产法中管理人制度的缺失与完善 [J]. 河南工程学院学报（社会科学版），2009（1）：62-64.

[16] 姜明慧. 破产管理人监管法律制度研究 [J]. 法制与经济（下旬刊），2009（5）：20-21，23.

[17] 王峰. 浅谈我国破产管理人报酬制度 [J]. 法制与社会，2009（12）：62-63.

[18] 周五四. 浅议破产管理人与债权人利益保护 [J]. 法制与社会，2009（23）：120-121.

[19] 汪来喜. 论破产案件中法院对管理人的监管 [J]. 人民司法，2009（3）：81-84.

[20] 董会莲. 论破产管理人的独立性 [J]. 晟典律师评论，2009（1）：190-203.

[21] 刘爱生. 论中国企业破产管理人选任制度的完善——从比较的视角 [J]. 经济研究导刊，2009（28）：94-95.

[22] 关宪法. 论破产企业管理人员的民事责任 [J]. 法制与经济（下旬刊），2009（9）：81-82.

[23] 范远洪. 破产管理人制度存在的主要问题及对策分析 [J]. 科技信息，2009（23）：777，747.

[24] 徐培. 关于如何完善破产管理人的民事责任立法研究的探究 [J]. 资治文摘（管理版），2009（1）：174.

[25] 王保民. 破产管理人制度之完善 [J]. 中国律师，2009（8）：24-26.

[26] 刘学民. 论破产法上的数人管理人 [J]. 湖北警官学院学报，2009（4）：68-71.

[27] 丛彦国. 破产法律体系之管理人制度对清算组制度的完善 [J]. 中国高新技术企业，2009（20）：90-92.

[28] 盛琦. 刍议破产管理人的法律地位及其民事责任 [J]. 中国商界（下半月），2009（12）：296.

[29] 文柳山. 破产管理人境外起诉探讨对《企业破产法》第21条的思考 [J]. 中国律师，2009（11）：40-41.

[30] 赵德贤．破产管理人选任及考核制度设计［J］．中国律师，2009（12）：61-62.

[31] 李小云．破产清算组与其聘用人员之间不构成劳动关系［J］．中国劳动，2009（2）：53-54.

[32] 王宏甫，韩曹军．被指定为破产清算组成员后主体身份如何认定［J］．中国检察官，2009（12）：71-72.

[33] 罗佳意．公司清算组在房屋登记中的法律地位［J］．中国房地产，2009（10）：6-8.

[34] 姚江．破产管理人履行职责的关键环节［N］．江苏法制报，2009-01-08（C01）.

[35] 陈煜儒．破产管理人制度不能变味［N］．法制日报，2009-03-13（6）.

[36] 肖婷．完善我国破产管理人制度的立法建议［N］．汕头日报，2009-04-20（6）.

[37] 周芬棉．政府破产管理人被质疑［N］．法制日报，2009-07-30（11）.

2010 年

[1] 陈吉先．承办破产管理人业务的体会与建议［J］．中国注册会计师，2010（2）：81-82.

[2] 陈晶．论破产法中的管理人制度［J］．山西师大学报（社会科学版），2010（S2）：24-26.

[3] 马宁，郁琳．论破产管理人职业责任风险分散机制——以破产管理人责任保险制度为中心［J］．保险研究，2010（3）：109-114.

[4] 齐明．重整期间公司控制权二元模式探究——兼论我国破产管理人制度的不足与完善［J］．求是学刊，2010（5）：95-99.

[5] 王欣新，郭丁铭．论我国破产管理人职责的完善［J］．政治与法律，2010（9）：2-9.

[6] 李江鸿．论破产管理人的民事责任——以英美法之借鉴为视角

[J]. 政治与法律, 2010 (9): 10-23.

[7] 徐朋, 李华玉. 破产管理人合同解除权的法理分析 [J]. 人民司法, 2010 (12): 45-47.

[8] 窦蔚. 把握破产清算界限预防企业破产 [J]. 财政监督, 2010 (18): 56-57.

[9] 赵玉意. 律师事务所担任破产管理人的比较优势分析 [J]. 河南司法警官职业学院学报, 2010 (1): 100-104.

[10] 车晶林. 我国破产管理人选任制度评析 [J]. 经济研究导刊, 2010 (35): 180-181.

[11] 闫瑞波. 论破产管理人聘用权的限制 [J]. 新疆社科论坛, 2010 (2): 31-35.

[12] 陈裔佟. 破产重整中的管理人制度的相关法律问题研究 [J]. 知识经济, 2010 (3): 20-21.

[13] 罗曙光, 苏秋斌. 破产管理人对租赁合同的解除权透析 [J]. 中国律师, 2010 (4): 71-73.

[14] 朱明阳. 试论破产重整中银行担保债权的限制与保护 [J]. 重庆广播电视大学学报, 2010 (4): 37-41.

[15] 刘学民. 我国破产管理人选任制度的完善路径 [J]. 湖北警官学院学报, 2010 (5): 63-67.

[16] 王从烈. 我国破产"管理人"的困惑与出路 [J]. 江西金融职工大学学报, 2010 (5): 76-78.

[17] 方亦馨. 破产法的管理人选任制度比较研究 [J]. 河南财政税务高等专科学校学报, 2010 (6): 40-42.

[18] 雷蕾. 论我国破产管理人制度的若干问题 [J]. 改革与开放, 2010 (6): 7.

[19] 陈旭峰. 重构破产管理人民事责任的制度设想 [J]. 法治研究, 2010 (6): 104-105.

[20] 原巍. 试论破产管理人选人制度 [J]. 法制与经济 (中旬刊), 2010 (6): 93-94.

[21] 方亦馨. 破产法管理人选任制度比较研究 [J]. 公民与法 (法

学版），2010（6）：37-39.

[22] 丁利明．论我国破产管理人外部监督制度的完善［J］．赤峰学院学报（汉文哲学社会科学版），2010（7）：20-23.

[23] 叶能强，钟文渊．破产管理人制度运行中的几个问题［J］．中国律师，2010（8）：43-45.

[24] 胡晟．破产管理人民事责任制度的法律规制［J］．中国律师，2010（8）：46-48.

[25] 高志宏．困境与出路：我国破产管理人制度的现实考察——以"东星航空破产案"为视角［J］．法治研究，2010（8）：60-65.

[26] 唐军．论我国破产管理人的法律地位［J］．公民与法（法学版），2010（8）：47-49.

[27] 王欣新．论破产管理人制度完善的若干问题［J］．法治研究，2010（9）：14-17.

[28] 周丹萍．论破产管理人的执业责任保险制度［J］．法制与社会，2010（9）：43-44.

[29] 梁欣欣．浅析破产管理人的选任［J］．重庆科技学院学报（社会科学版），2010（10）：63-65.

[30] 刘国华，钱思彤．我国破产管理人民事责任探析［J］．行政与法，2010（10）：67-69.

[31] 车晶林．论破产管理人法律地位［J］．北方经贸，2010（12）：58-59.

[32] 刘国华．对破产管理人协会构建的探析［J］．学会，2010（12）：11-13，20.

[33] 吴磊．论破产重整中对管理人的监督机制［J］．法制与社会，2010（17）：116.

[34] 申静涛．破产管理人选任制度研究［J］．法制与社会，2010（29）：48，67.

[35] 李英姿．浅议破产管理人的法律地位［J］．法制与社会，2010（29）：49-50.

2011 年

[1] 杨忠余, 周志强. 从一宗破产案看管理人的使命和责任 [J]. 中国注册会计师, 2011 (6): 116.

[2] 徐文. 宪法视角下破产管理人选任与监督机制的完善 [J]. 绵阳师范学学报, 2011 (1): 18-22, 26.

[3] 陈义华. 理性批判与制度构建: 破产管理人监督机制论纲 [J]. 生产力研究, 2011 (7): 101-103.

[4] 周晶晶. 论破产管理人制度对债权人利益的保护 [J]. 法制与社会, 2011 (2): 57.

[5] 滨州市中级人民法院课题组, 宋文明, 冯怡浩, 赵海永. 围绕主要环节, 推进实践创新——关于破产管理人制度适用和完善的调研报告 [J]. 山东审判, 2011 (2): 20-24.

[6] 林恩伟. 我国破产管理人制度刍议——以管理人中心主义架构为视角 [J]. 北京化工大学学报 (社会科学版), 2011 (2): 1-8, 20.

[7] 赵玉意. 律师事务所担任破产管理人的执业要点与风险防范研究 [J]. 长春工业大学学报 (社会科学版), 2011 (2): 82-85.

[8] 安晓艳. 破产管理人选任制度研究 [J]. 商业文化 (下半月), 2011 (2): 60.

[9] 郭江吟, 王孔昱. 我国现行破产法中破产管理人制度简述 [J]. 知识经济, 2011 (3): 14-15.

[10] 陈玲玲. 论债务人申请更换破产管理人的权利——由 "太子奶破产重组案" 引发的思考 [J]. 福建商业高等专科学校学报, 2011 (3): 6-10.

[11] 范桂红. 试论新 《破产法》 中破产管理人的法律地位 [J]. 中共郑州市委党校学报, 2011 (3): 69-71.

[12] 赵玉意. 论新破产法管理人制度 [J]. 重庆工商大学学报 (社会科学版), 2011 (3): 69-73.

[13] 叶甲生, 高峰. 中国破产管理人选任制度的完善 [J]. 安庆师

范学院学报（社会科学版），2011（3）：30-33

[14] 李婷，陈非．浅议破产管理人的选任时间 [J]．法制与经济（中旬刊），2011（3）：138．

[15] 董士忠，刘正操，刘合英．我国破产管理人制度研究应当关注的几个重要问题 [J]．安阳师范学院学报，2011（3）：31-34．

[16] 唐维维，柳真真．试论我国企业破产管理人制度及其完善 [J]．赤峰学院学报（科学教育版），2011（5）：20-22．

[17] 黄少彬，张旭，温文治．关于构建我国跨境破产管理人制度的思考 [J]．江南大学学报（人文社会科学版），2011（5）：31-35．

[18] 吴兴武．浅议破产管理人的民事诉讼地位 [J]．洛阳理工学院学报（社会科学版），2011（5）：52-54．

[19] 涂晟，杨芸妍．我国上市公司破产重整管理人选任制度的实证分析 [J]．晋中学院学报，2011（5）：64-68．

[20] 闫瑞波．破产管理人违反勤勉义务的侵权责任构成 [J]．唯实，2011（1）：80-83．

[21] 陈玲玲．论债务人申请更换破产管理人的权利——由"太子奶破产重组案"引发的思考 [J]．产权导刊，2011（6）：41-45．

[22] 冯克法，段修排．论管理人对破产企业知识产权的保护 [J]．山东审判，2011（6）：58-61．

[23] 陈玲玲．论债务人申请更换破产管理人的权利——由"太子奶破产重组案"引发的思考 [J]．上海市经济管理干部学院学报，2011（6）：50-53．

[24] 李文娟．破产管理人职权的行使探析 [J]．企业导报，2011（7）：211-212．

[25] 魏柳艳．论破产法上的管理人中心主义 [J]．法制与社会，2011（2）：115．

[26] 王敏骥．会计事务所做好破产企业管理人的措施浅析 [J]．中国乡镇企业会计，2011（11）：221-222．

[27] 杨姝玲．破产管理人监督机制的解读与重构 [J]．学术交流，2011（11）：55-58．

[28] 赵振亚. 论我国破产管理人的选任制度 [J]. 行政事业资产与财务, 2011 (14): 172-173.

[29] 张洁. 破产管理人监督机制之评析 [J]. 知识经济, 2011 (16): 59-60.

[30] 刘艳. 论破产管理人的民事责任 [J]. 现代商贸工业, 2011 (21): 261-262.

[31] 王菁, 赵海永. 破产管理人职业准入的现状及对策 [J]. 才智, 2011 (24): 347.

[32] 林奕言. 新破产法中管理人制度之初探 [J]. 法制与社会, 2011 (26): 34-35.

[33] 佟金玲. 浅析我国破产管理人制度 [J]. 法制与社会, 2011 (26): 32-33.

[34] 朴巍. 浅议从信托关系定位破产管理人 [J]. 学理论, 2011 (33): 83-84.

[35] 张加犁. 破产重整管理人的权利义务之完善 [J]. 法制与社会, 2011 (33): 100-101.

[36] 孙畅阳. 破产管理应引入检察监督 [N]. 检察日报, 2011-08-05 (3).

2012 年

[1] 张军. 论破产管理人的法律地位 [J]. 武汉大学学报 (哲学社会科学版), 2012 (4): 77-81.

[2] 李永军. 论破产管理人合同解除权的限制 [J]. 中国政法大学学报, 2012 (6): 69-77, 159.

[3] 彭辉. 非破产清算中清算组成员的损害赔偿责任研究——以《公司法》第 190 条的法律适用为视角 [J]. 法律适用, 2012 (3): 81-85.

[4] 陈俊. 破产管理人注意义务的比较法考察 [J]. 中国注册会计师, 2012 (4): 116-118.

[5] 张磊. 论我国破产管理人制度之完善——以临时管理人制度为

视角［J］.暨南学报（哲学社会科学版），2012（8）：53-58.

［6］ 李爽.我国破产管理人的权力制衡机制探析［J］.法制与经济（中旬），2012（1）：120-121.

［7］ 邓明峰.浅议破产管理人的法律地位［J］.法制与社会，2012（6）：106-107.

［8］ 黄敏.破产管理人监督机制问题研究［J］.经济师，2012（12）：65-66，68.

［9］ 张琼.论我国破产管理人制度的完善［J］.法制博览（中旬刊），2012（11）：206.

［10］ 贾云海.破产管理人被选任主体内部结构合理化研究［J］.法制与经济（中旬），2012（12）：103-105.

［11］ 王华.论破产程序中商标使用许可合同的处理——以管理人为主要视角［J］.中国石油大学学报（社会科学版），2012（6）：64-68.

［12］ 吴大平，陈俊海.浅析我国破产管理人制度及其立法完善［J］.山东审判，2012（6）：54-57.

［13］ 张臻.论我国现行破产法中的管理人制度及其完善［J］.太原城市职业技术学院学报，2012（4）：61-63.

［14］ 王华清.浅析破产管理人制度［J］.现代经济信息，2012（10）：39-40.

［15］ 王廷玉.简析我国破产管理人制度的完善［J］.重庆科技学院学报（社会科学版），2012（13）：68-69，84.

［16］ 王若愚.浅析破产重整程序中的管理人制度［J］.沙洋师范高等专科学校学报，2012（2）：2-3.

［17］ 李波，徐志华.破产管理人违反勤勉义务的侵权责任及责任限制［J］.淮海工学院学报（人文社会科学版），2012（14）：16-18.

［18］ 叶敏.公司重整管理人的法律地位与权责研究——从公司控制权的角度展开［J］.河池学院学报，2012（4）：120-123，128.

［19］ 王庆斌，黄梅.试论优秀破产管理人的各项必备条件［N］.江苏经济报，2012-08-03（B02）.

［20］ 黄敏．破产管理人制度缺陷与完善研究［N］．中国建材报，2012-08-08（3）．

［21］ 王玥．破产案件中如何规范引导破产管理人［N］．江苏经济报，2012-08-24（B02）．

2013 年

［1］ 张君明．理性分析与制度完善：论人民法院对破产管理人的监督［J］．理论与改革，2013（5）：198-200.

［2］ 王义，刘丽燕．律师事务所担任破产管理人的法律风险防范要点［J］．广西大学学报（哲学社会科学版），2013（2）：64-68.

［3］ 张磊，陆晓燕．论破产管理人报酬基金制度之构建［J］．法律适用，2013（5）：98-101.

［4］ 刘沂江．论破产管理人的角色定位——以破产重整制度切入点［J］．贵州大学学报（社会科学版），2013（2）：121-126.

［5］ 文诚公．理性评述与完善路径：论我国破产管理人指定制度［J］．经济与社会发展，2013（4）：87-91.

［6］ 李旺东，董坤．浅议破产管理人制度［J］．法制与经济（中旬），2013（10）：100-101.

［7］ 于维同，颜程程．我国破产管理人法律责任制度的完善［J］．全国商情（理论研究），2013（11）：93-94.

［8］ 肖文桂．我国管理人选任制度存在的问题及对策［J］．中共云南省委党校学报，2013（1）：174-176.

［9］ 林立营．信托法视角下破产管理人研究的创新与价值［J］．东方企业文化，2013（3）：53.

［10］ 史巍，李东．完善我国破产管理人制度［N］．光明日报，2013-02-26（7）．

2014 年

［1］ 宋庆阁．我国中小企业破产管理人法律监督制度研究［J］．企业

经济，2014（7）：180-184.

［2］陈英骅．论我国商业银行破产管理人制度构建［J］．理论导刊，2014（4）：78-81，108.

［3］陈政．放权与控权：破产管理人破产财产处分权的合理配置［J］．河北法学，2014（5）：187-193.

［4］张尧．破产管理人选择权行使规则之解释论［J］．武汉理工大学学报（社会科学版），2014（1）：66-75.

［5］梁品娟．试论我国的破产管理人制度［J］．赤子（上中旬），2014（11）：291.

［6］彭刚毅．我国破产管理人制度简析［J］．改革与开放，2014（4）：57-58，60.

［7］任晓力．破产管理人选任制度研究［J］．企业科技与发展，2014（17）：50-51.

［8］王欢欢．破产管理人选任制度研究［J］．法制博览（中旬刊），2014（6）：226.

［9］刘静．论我国破产管理人选任制度［J］．海南广播电视大学学报，2014（1）：83-86.

［10］孙世光．浅析管理人专业化市场化之进路［J］．法制与社会，2014（19）：176-177，187.

［11］董健．浅谈破产清算中管理人职权的问题［J］．法制博览（中旬刊），2014（9）：289.

［12］季敏．论我国破产管理人制度之完善——以管理人运行机制为视角［J］．黄冈师范学院学报，2014（1）：44-46.

［13］王欣新．破产管理人指定中"与本案有利害关系"的认定［N］．人民法院报，2014-04-09（7）.

［14］周成晨．破产管理人责任制度的缺陷与完善［N］．江苏经济报，2014-04-09（B03）.

［15］张爱梅．完善破产管理人制度的思考［N］．江苏经济报，2014-07-09（B03）.

［16］戚慧．破产重整中管理人监督制度的缺陷［N］．江苏经济报，2014-08-20（B03）.

［17］戚慧．破产案件中管理人的注意义务［N］．江苏经济报，
　　　2014-08-06（B03）．

2015 年

［1］种林．破产管理人选任制度：中欧比较研究［J］．政法论丛，
　　　2015（4）：38-45.

［2］刘根，冯建国．我国破产管理制度解析［J］．现代营销（下旬
　　　刊），2015（12）：154-155.

［3］李来生．我国新破产法中的破产管理人制度［J］．河南科技学院
　　　学报，2015（11）：34-36.

［4］李凯更，吴国基．破产管理人视角下的信托破产隔离机制探析
　　　［J］．浙江金融，2015（10）：4-8.

［5］徐彪，许雄峰．对《企业破产法》第三十二条个别清偿撤销权
　　　的思考——以虹桥公司管理人请求撤销银行个别清偿为视角
　　　［J］．浙江金融，2015（10）：9-14.

［6］张腾龙．企业破产管理人选任问题研究［J］．商，2015（28）：
　　　226.

［7］肖谢．我国台湾地区消费者债务清理管理人制度研究——兼谈
　　　对我国大陆个人破产管理人制度的借鉴［J］．重庆文理学院学
　　　报（社会科学版），2015（4）：98-104.

［8］李卓甫．试论我国破产管理人制度的"违市场化"问题［J］．
　　　成都行政学院学报，2015（3）：58-61.

［9］介晓宇．关于企业破产管理人制度的若干思考［J］．现代国企研
　　　究，2015（6）：92-93.

［10］邢砚琪．破产管理人的选任和报酬支付［J］．商，2015（6）：
　　　226.

［11］陆晓燕．破产管理人制度中司法控制与当事人自治之间的制
　　　衡——破产管理人选任制度价值探究［J］．人民司法，2015
　　　（1）：75-79.

［12］李定娓．我国企业破产程序中待履行合同选择权研究［J］．内

蒙古农业大学学报（社会科学版），2015（5）：40-44.

［13］章宁旦，凌蔚．破产管理人制度设计缺陷亟待纠偏［N］．法制日报，2015-04-18（5）.

［14］周岩．如何确定和调整破产管理人报酬方案［N］．人民法院报，2015-07-29（7）.

［15］郝绍彬．重庆五中院竞争方式选任破产管理人［N］．人民法院报，2015-08-11（4）.

2016 年

［1］刘发顺，樊富强．注册会计师作为破产管理人的职责及案例分析［J］．中国注册会计师，2016（6）：118-122.

［2］冀宗儒，钮杨．破产管理人民事诉讼地位错位之分析［J］．河北法学，2016（4）：20-28.

［3］谢辉．我国破产管理人的法律地位［J］．人民法治，2016（11）：77-81.

［4］赵姗，应文杰，李海瑛．基于我国破产管理人制度建设与完善的思考［J］．产业与科技论坛，2016（20）：29-30.

［5］何栩．破产管理人和破产债务人在民事诉讼中的地位研究［J］．山西煤炭管理干部学院学报，2016（3）：189-191，200.

［6］田源．破产管理人监管过程中的阻却因素与现实进路［J］．宜宾学院学报，2016（7）：62-68.

［7］管伟军．基于破产管理人法律责任理论问题的研究［J］．法制博览，2016（28）：207.

［8］冯雪倩．破产管理人薪酬制度设计——以美法制度为对比的思考［J］．长春工程学院学报（社会科学版），2016（2）：1-4，11.

［9］罗韬．浅谈会计师事务所如何做好破产管理人［J］．时代金融，2016（36）：256，258.

［10］张亮．破产管理人法律地位探析［J］．河南牧业经济学院学报，2016（4）：41-44.

[11] 刘文舒.破产管理人制度的局限及完善 [J]. 西部金融,2016 (12):6-9.

[12] 何欣哲.注册会计师:演绎"破产管理人"新角色 [J]. 中国总会计师,2016 (11):146.

[13] 蒋琦.会计师事务所如何做好破产企业管理人 [J]. 经贸实践,2016 (5):10,12.

[14] 石啸寒.论我国破产管理人选任制度的完善 [J]. 商,2016 (35):239.

[15] 杨悦.破产管理人制度的完善 [J]. 人民司法(应用),2016 (16):83-85.

[16] 陈夏红.再穷不能穷破产管理人 [N]. 法制日报,2016-07-20 (12).

[17] 陈夏红.成立全国破产管理人协会刻不容缓 [N]. 法制日报,2016-08-17 (12).

[18] 姚慧娟.破产管理人的选任及其工作内容 [N]. 江苏经济报,2016-09-28 (B03).

[19] 何欣哲.破产管理人业务拓展注会行业新领域 [N]. 中国会计报,2016-10-21 (6).

[20] 吴勇.揭秘"破产管理人" [N].浙江日报,2016-12-15 (18).

2017 年

[1] 刘达.企业破产管理人民事责任研究 [J]. 法制博览,2017 (14):154,153.

[2] 李南.我国破产管理人制度的完善 [J]. 边疆经济与文化,2017 (2):30-32.

[3] 徐莲霞.从破产管理人制度看我国《破产法》的完善 [J]. 河北企业,2017 (1):112-113.

（十二）债权人与债权人会议

1987 年

[1] 鲁生．破产法中的债权人会议 ［J］．人民司法，1987（7）：28-29．

1990 年

[1] 江西省南昌市中级人民法院经济庭．如何开好破产案件中的债权人会议 ［J］．人民司法，1990（8）：20-21．

1994 年

[1] 王东敏．析有财产担保的债权人是否有申请债务人破产的权利 ［J］．法律适用，1994（8）：19-20，2．

1995 年

[1] 汤维建．论债权人会议的职权范围——兼议我国《企业破产法（试行）》第 15 条规定的修改与完善 ［J］．法学，1995（9）：40-42，30．

[2] 丁艳．企业破产应切实保障债权人的利益 ［J］．经济与管理研究，1995（4）：32-34．

[3] 张怡，龙宗智．确立破产企业和债权人权益的合理界限——论破产法应加强对债权人利益的保护 ［J］．经济体制改革，1995（2），61-67．

[4] 王晓莉．浅谈破产案件审理中如何保护债权人的合法权益 ［J］．

现代经济信息，1995（12）：21.

[5] 张怡，龙宗智．确立破产企业和债权人权益的合理界限——破产法应加强对债权人利益的保护［J］．中国改革，1995（6）：43-44.

1996 年

[1] 汤维建．试论债权人会议的立法体例、设立原因与法律性质［J］．法商研究（中南政法学院学报），1996（3）：50-54.

[2] 姜正广．浅议破产企业债权人权益保护问题［J］．石油大学学报（社会科学版），1996（4）：16-18.

[3] 丁孜山．应高度重视维护债权人利益［J］．金融经济，1996（10）：19-20.

1997 年

[1] 刘克祥．论我国破产债权人自治制度的完善［J］．法商研究（中南政法学院学报），1997（4）：74-77.

[2] 朱绚凌．破产程序中公平保护债权人利益的若干法律问题［J］．中国法律，1997（2）：15-17，70-73.

1998 年

[1] 李跃利．论破产制度中债权人利益保护的完善［J］．河南省政法管理干部学院学报，1998（1）：44-46.

[2] 内蒙古财经学院基础部，论破产法的实施、完善与债权人的合法权益［J］．内蒙古财经学院学报，1998（1）：65-68.

1999 年

[1] 陈爱国．破产企业债权人权益保护之我见［J］．法学评论，1999

（5）：118-124.

［2］程宗璋．债权人应如何分配破产企业的财产［J］．企业活力，1999（9）：33-34.

［3］李军．试析破产企业债权人利益的法律保障［J］．湖南税务高等专科学校学报，1999（6）：39-40.

［4］杨万丰．试论企业破产中债权人债权保护［J］．经济师，1999（7）：27-28.

2000 年

［1］韩长印．债权人会议制度的若干问题［J］．法律科学．西北政法学院学报，2000（4）：42-51.

［2］骆元卡．我国破产债权人自治制度的缺陷及完善［J］．广西右江民族师专学报，2000（4）：25-27.

［3］徐智华．论破产企业债权人利益的保护［J］．湖北财税，2000（24）：14-16.

2001 年

［1］何炼红．关于破产程序中债权人会议职权的反思与完善［J］．河南商业高等专科学校学报，2001（2）：49-51.

［2］徐建华．谈破产企业债权人——银行的合法权益保护问题［J］．财政监察，2001（2）：11-12.

［3］王萍，史林．企业破产程序中债权人利益的保护——猴王集团破产案引发的法律思考［J］．研究生法学，2001（3）：112-115.

［4］王辉堂．清收·重组·破产［N］．金融时报，2001-05-26（5）.

2002 年

［1］易卫中．论我国破产程序中债权人会议职权之重构［J］．甘肃行政学院学报，2002（4）：56-57.

［2］张立．破产法实施中债权人利益的保护［J］．青海师范大学学报（哲学社会科学版），2002（4）：48-51.

［3］曹延泗，王树萍．负连带债务的破产企业的债权人申报债权方法分析［J］．辽宁工学院学报（社会科学版），2002（1）：70-72.

［4］祁立民．债权人未申报债权，担保人可先行使追偿权［J］．现代营销，2002（12）：49.

［5］李建新．债权人会议在破产实务中的现实意义［N］．江苏经济报，2002-09-12（00C）.

2003 年

［1］尹承国．浅论我国《企业破产法》保护债权人合法权益的缺陷［J］．经济师，2003（4）：63-64.

［2］周红玉．企业破产中债权人利益的保障［J］．安徽警官职业学院学报，2003（1）：40-43.

［3］祁立民．债权人恶意行使破产申请权，债务人怎么办［J］．现代营销，2003（9）：57.

［4］李建新．债权人会议在破产实务中的现实意义［N］．人民法院报，2003-06-18.

［5］陈晓军，王卫国．关联公司破产案中如何对债权人利益进行保护［N］．人民法院报，2003-09-25.

［6］卢跃明，孔维寅．债权人在破产还债程序中的权利［N］．江苏经济报，2003-09-10.

［7］韩兆平．在审理企业破产案件中如何确保债权人利益的实现［N］．江苏经济报，2003-12-17.

2004 年

［1］熊进光．论公司终止、清算中的债权人利益保护［J］．企业经济，2004（9）：155-156.

［2］黄雅静，李新庄．有限责任公司解散清算中债权人利益的保护［J］．西南民族大学学报（人文社科版），2004（12）：208-211．

［3］王玉洁．英国破产法中的债权人会议制度及我国相关制度的完善［J］．天水行政学院学报，2004（1）：53-56．

［4］王玉洁．英国破产法中的债权人会议制度及我国破产从业人员的设立［J］．河南商业高等专科学校学报，2004（2）：46-48．

［5］宗玲．论破产中债权人利益不当减损的法律缺失与对策［J］．彭城职业大学学报，2004（3）：45-49．

［6］颜明聪，李波．完善我国公司债权人保护法律制度的思考［J］．西昌学院学报（自然科学版），2004（3）：74-77．

［7］段志平．浅谈国内破产案件中对债权人利益的保护［J］．科技情报开发与经济，2004（3）：74-76．

［8］杨巍．债权人的破产申请权若干问题研究［J］．黄石高等专科学校学报，2004（5）：54-56．

［9］江建英．关于《破产法》中保护债权人利益的几点思考［J］．当代经济，2004（7）：66-67．

［10］熊进光．公司终止、清算中的债权人利益保护问题［J］．广西社会科学，2004（10）：73-75．

2005 年

［1］李伯圣．论公司治理中债权人治理权的前置［J］．扬州大学学报（人文社会科学版），2005（1）：61-65．

［2］周金龙．债务人破产时如何向保证人追索债权［J］．现代金融，2005（1）：45．

［3］徐蓉．公司非破产清算中保护债权人利益的法律思考［J］．社会科学研究，2005（2）：84-87．

［4］邹海林．我国新破产法（草案）与债权人自治［J］．法学家，2005（2）：18-22．

［5］王欣新．论新破产立法中债权人会议制度的设置思路［J］．法学，2005（2）：28-33．

［6］夏旭阳，宋颖．债权人会议若干法律问题探析［J］．齐齐哈尔大学学报（哲学社会科学版），2005（3）：48-50.

［7］张在范．破产债权人损害救济二论［J］．商丘师范学院学报，2005（4）：138-140.

［8］张宏．谈企业破产过程中对债权人利益的保护［J］．焦作大学学报，2005（4）：31-33.

［9］张巍松．浅谈债权人会议［J］．晟典律师评论，2005（2）：26-35.

［10］董红，王有强．论完善我国的破产债权人会议制度［J］．理论界，2005（7）：80-81.

2006 年

［1］张晓霞．试论破产程序中的债权人保护［J］．全国商情（经济理论研究），2006（3）：73-75.

［2］时红霞．破产债权人损害救济若干问题探析［J］．平原大学学报，2006（6）：55-57.

［3］王艳玲．破产制度中对债权人利益保护的缺失及对策思考［J］．产业与科技论坛，2006（7）：65-67.

2007 年

［1］于会堂．制度重整保护债权人利益——解读新《企业破产法》［J］．新疆人大（汉文），2007（8）：37-38.

2008 年

［1］王建平．修订后的破产法对债权人利益的保障与影响［J］．人民司法，2008（3）：95-99.

2009 年

[1] 陈雪萍．债权人破产保护之信托设计 [J]．政治与法律，2009 (7)：80-89．

[2] 沈建峰．论劳动债权人的债权人会议参与权 [J]．中国劳动关系学院学报，2009 (2)：72-75．

[3] 李茜．破产债权人利益保护的探讨 [J]．法制与经济（下旬刊），2009 (1)：26-27．

[4] 姜建林．谈律师如何更好地服务于破产企业及破产债权人——从一起破产案件的代理想到的 [J]．法治研究，2009 (3)：88-91．

[5] 柴振国，郭慧敏．农业公司破产中农民股东与债权人利益的冲突与协调 [J]．山东警察学院学报，2009 (2)：45-48．

[6] 汪彩华，屈洁．论我国关联企业破产债权人的法律保护 [J]．法治研究，2009 (7)：47-52．

[7] 张挺．破产风险下无担保债权人的利益保障 [N]．宁波日报，2009-03-10 (C03)．

[8] 魏利平，王建．浅析债权人委员会的选任程序 [N]．法制日报，2009-05-27 (12)．

[9] 叶勇．王卫国：破产法要强化对债权人利益保护 [N]．上海证券报，2009-06-22 (2)．

2010 年

[1] 董红．关于破产债权人会议制度的思考 [J]．特区经济，2010 (6)：228-229．

[2] 谢菁菁，赵秀文．试析应收账款受让人与破产管理人的权利冲突 [J]．河北法学，2010 (8)：137-144．

[3] 胡继晔．投资者及债权人法律保护的理论探讨与中国实践 [J]．中央财经大学学报，2010 (9)：76-81．

〔4〕林一. 侵权债权人在破产程序中受偿地位之重塑理由〔J〕. 法学, 2010（11）：59-71.

〔5〕林恩伟, 马效军. 论有限责任公司的债权人保护——以公司债权人介入公司治理的自我救济为导向〔J〕. 安徽广播电视大学学报, 2010（3）：22-26.

〔6〕李泽廷. 主债务人破产后银行向保证人的权利主张〔J〕. 银行家, 2010（6）：122-123.

〔7〕李艳红, 孙兆晖. 我国破产法律中应对破产逃债行为的制度变迁〔J〕. 中国律师, 2010（8）：49-51.

〔8〕阮美菊, 王蕴. 浅析公司法中的债权人保护体系〔J〕. 中国工商管理研究, 2010（8）：47-49.

〔9〕周镶. 请为您的债权"买"保险〔J〕. 中国公证, 2010（9）：26-29.

〔10〕刘立明. 论破产债权人会议的法律性质〔J〕. 网络财富, 2010（9）：122, 124.

〔11〕吴文佳. 破产程序中待履行合同债权人的利益保护〔J〕. 法制与社会, 2010（17）：113.

2011 年

〔1〕彭真军, 栗保卫. 论破产欺诈中债权人救济制度之完善〔J〕. 求索, 2011（6）：149-151.

〔2〕赵金龙. 游离于公司法、破产法之间的债权人保护〔J〕. 商业研究, 2011（12）：193-199.

〔3〕李大何, 李永军. 论破产法上债权人委员会的地位〔J〕. 海南大学学报（人文社会科学版）, 2011（6）：60-67.

〔4〕周美芹. 论债权人基本程序权利——以新破产法为切入点〔J〕. 法制与社会, 2011（5）：23-24.

〔5〕杨宁. 试论破产关联企业债权人利益保护机制——以破产法第31-33条为视角〔J〕. 黑龙江省政法管理干部学院学报, 2011（2）：87-89.

［6］袁嘉．上市公司破产重整中债权人利益保护的实证分析［J］．西华师范大学学报（哲学社会科学版），2011（3）：58-64．

［7］李博．论我国公司破产重整中债权人利益保护［J］．陕西广播电视大学学报，2011（3）：74-77．

2012 年

［1］巫文勇．金融机构破产债权人会议程序之研究［J］．西南政法大学学报，2012（1）：58-66．

［2］杨宇哲．法人破产中债权人利益的维护［J］．法制博览（中旬刊），2012（4）：73，70．

［3］丁洋洋．论跨国破产中债权人的救济［J］．法制博览（中旬刊），2012（7）：28．

［4］郑新喜．试论企业破产中对非融资性债权人的保护［J］．经营管理者，2012（24）：45，43．

［5］张勇．论我国破产债权人利益的保护［J］．企业家天地，2012（5）：46-47．

［6］赵卓青，沃晨雯，张云霞．如何保护破产企业债权人的权益［J］．现代营销（学苑版），2012（6）：178．

2013 年

［1］夏瑜．企业破产程序中债权人权益保护问题研究［J］．中国市场，2013（17）：114-115．

［2］张爱梅．浅析企业破产法中债权人对债务人的约束［N］．江苏经济报，2013-07-26（B02）．

2015 年

［1］王欣新，张思明．论房地产开发企业破产中的购房者利益保护［J］．江汉论坛，2015（10）：118-122．

［2］吕卉．论债权人会议的专属职权［J］．法制与经济，2015
（10）：71-73.

［3］段晨燕．探讨企业破产过程中的利益平衡［J］．山西农经，2015
（4）：75.

［4］曹爱民，孙卫国．债权人参与破产程序保障制度的构建［J］．山
东审判，2015（3）：12-16.

［5］莫挺．破产债权人会议制度研究——以完善表决机制为视角
［J］．南方论刊，2015（12）：50-51，63.

［6］吴俊豪．浅析破产中债权人权益的保护问题［J］．劳动保障世
界，2015（24）：39，41.

［7］周锐丽．债权人会议运作中存在的若干问题及其成因［J］．公民
与法（法学版），2015（1）：55-58.

2017 年

［1］赵春艳，刘婷．公司歇业未破产债权人能否参与分配［N］．民
主与法制时报，2017-03-09（7）.

［2］周剑敏，朱淼蛟，张帆．加强破产资金监管保障债权人之利益
［N］．人民法院报，2017-05-18（8）.

［3］吴晓锋，陈海峰，陈小康．债权人自愿放弃执行判决参与调解
［N］．法制日报，2017-06-17（3）.

（十三）破 产 程 序

1987 年

［1］肖林．论破产法中适用民事诉讼程序的规定［J］．法学杂志，
1987（6）：19-20.

［2］鲁生 . 破产的概念和破产程序 ［J］. 人民司法，1987（6）：21-22.

1988 年

［1］王欣新 . 论破产宣告及其效力 ［J］. 法律学习与研究，1988（4）：34-38.

［2］袁岳 . 析破产程序与民事诉讼的关系 ［J］. 现代法学，1988（2）：55-57.

1989 年

［1］马俊驹，余延满 . 我国企业破产程序若干问题探讨 ［J］. 政法论坛，1989（5）：59-64，15，47.

1992 年

［1］周跃立 . 红牌：危险的信号——谈企业法人破产还债程序 ［J］. 四川金融，1992（5）：46-49.

1993 年

［1］余文唐，黄唯奇 . 破产还债程序与破产程序比较及参照 ［J］. 法律适用，1993（7）：8-9.

［2］王欣新 . 谈破产案件受理后被申请破产企业所涉诉讼的处理 ［J］. 法学家，1993（3）：73-77.

［3］邹海林 . 论破产宣告的溯及效力 ［J］. 法学研究，1993（6）：77-83.

［4］曹守晔 . 企业法人破产还债程序中的几个问题 ［J］. 人民司法，1993（5）：28-29.

1994 年

［1］汤维建．谈谈破产申请的法律主体［J］．现代法学，1994（6）：50-52.

［2］丁海湖，房文翠．破产程序的理论与实务［J］．北方论丛，1994（6）：33-38.

［3］银温泉．论破产程序之改进［J］．经济社会体制比较，1994（4）：26-35.

［4］邹海林．试析破产程序中的几个基本问题［J］．法学评论，1994（3）：36-39.

［5］金汉标．破产案件的审理［J］．法学，1994（3）：34-35.

［6］韩长印．论破产案件受理的法律效力［J］．法商研究（中南政法学院学报），1994（6）：47-53.

［7］陈湖宏．试谈破产文书的特征［J］．秘书，1994（7）：34.

［8］柯昌信．破产程序中的行政诉讼［J］．人民司法，1994（5）：30-31.

1995 年

［1］沈贵明．企业法人破产案件的管辖问题［J］．法律适用，1995（12）：39-40.

［2］柯昌信．关于增设破产案件若干审理程序的研究［J］．中国法学，1995（2）：46-49.

［3］佩秦．试论我国破产案件的申请与受理［J］．法律适用，1995（4）：19-22.

［4］汤维建．破产程序中担保财产的归属［J］．法学杂志，1995（2）：19-20.

［5］吴秀军．如何挥动这把"双刃剑"？——当前审理破产案件的难点与前景一瞥［J］．人民司法，1995（7）：3-5.

［6］武文军．企业依法破产程序探［J］．人大研究，1995（6）：19-23.

[7] 郭瑛, 蔡富春. 刍议申请破产企业的主体资格 [J]. 黑龙江矿业学院学报, 1995 (2): 79-81.

[8] 湖北省武汉市江汉区人民法院. 审理破产案件的几点做法 [J]. 人民司法, 1995 (2): 7-8.

[9] 姚仁安. 当前执行破产法的情况、问题和对策 [J]. 人民司法, 1995 (2): 38-39.

[10] 刘翔飞. 企业破产文书的司法特征 [J]. 秘书, 1995 (2): 36-38.

1996 年

[1] 柯善芳. 受理公告与破产公告的司法处置 [J]. 人民司法, 1996 (2): 35-36.

[2] 鲍贵臣. 企业破产案件的审理 [J]. 中国律师, 1996 (4): 35.

[3] 欧福成. 为破产提供有力的司法保障 [J]. 经贸导刊, 1996 (5): 8-9.

[4] 孙光焰. 督促、公示催告、破产程序的完善与市场经济的运行 [J]. 武汉交通科技大学学报 (哲学社会科学版), 1996 (1): 46-49, 58.

1997 年

[1] 吴引引. 论我国破产程序的启动机制 [J]. 福建学刊, 1997 (6): 35-38.

[2] 韩长印. 破产宣告对未履行合同的效力初探 [J]. 法商研究 (中南政法学院学报), 1997 (3): 53-59.

[3] 张晓宇, 韩德洋. 破产案件的管辖 [J]. 人民司法, 1997 (11): 36.

[4] 王妍. 债务人申请破产的利弊与补救 [J]. 研究生法学, 1997 (3): 27-30.

1998 年

[1] 杨振山. 破产程序中的财产管理制度 [J]. 政法论坛, 1998 (6): 2-8.

[2] 谢振国, 杜建章, 王如铁. 论破产程序的兼容性 [J]. 法商研究 (中南政法学院学报), 1998 (6): 83-87.

[3] 林祖彭, 李浩. 建议在司法执行中建立强制性破产制度 [J]. 政治与法律, 1998 (5): 7-9.

[4] 王福祥. 破产程序中执行中止问题研究 [J]. 法制与社会发展, 1998 (1): 29-34.

[5] 朱庆育. 破产制度之功能与破产程序启动方式 [J]. 研究生法学, 1998 (2): 42-45.

1999 年

[1] 刘道清. 企业破产案件适用二审终审制的立法思考 [J]. 法律适用, 1999 (3): 44-45.

[2] 王如铁. 试论我国破产程序的兼容性及其立法完善 [J]. 法律适用, 1999 (1): 7-11.

[3] 杨波, 史卫进. 试论破产案件的受理条件 [J]. 山东审判, 1999 (5): 33-34.

[4] 鲍强. 谈破产宣告对企业法人的影响 [J]. 改革与开放, 1999 (4): 26-27.

[5] 程宗璋. 非全民所有制企业破产应遵守哪些主要法律程序? [J]. 企业活力, 1999 (5): 38-39.

[6] 朱雅宣. 破产案件的执行要件 [J]. 人民司法, 1999 (10): 50-52.

[7] 林瑞成. 试论我国破产法律程序的统一——兼谈破产法的修改和完善 [J]. 湖南省政法管理干部学院学报, 1999 (6): 36-39.

[8] 郑玉敏. 企业破产应规范运作 [J]. 辽宁工程技术大学学报

（社会科学版），1999（2）：71-72.

［9］刘建民．完善破产操作程序防止国有资产流失［J］．华东经济管理，1999（1）：24-25.

2000 年

［1］杨峰，蔡善强．我国破产法院管辖若干问题探讨［J］．河北法学，2000（2）：113-114.

［2］杜鑫华，蒋美仕．企业破产案件审理中亟待明确的几个问题［J］．湖南大学学报（社会科学版），2000（S3）：142-146.

［3］孙汉忠．当前审理国有企业破产案件的问题［J］．法律适用，2000（8）：45.

［4］王妍．债务人申请破产的利弊与补救［J］．河南省政法管理干部学院学报，2000（4）：59-62.

［5］袁翔珠．我国破产申请制度改革刍议［J］．湘潭大学社会科学学报，2000（S1）：40-43.

［6］王文起，冀祥德．完善破产案件审判监督制度的构想［J］．山东公安专科学校学报，2000（6）：18-20.

［7］上市公司破产应履行的法律程序［J］．瞭望新闻周刊，2000（24）：37.

2001 年

［1］韩长印，李玲．简论破产法上的自动冻结制度［J］．河南大学学报（社会科学版），2001（6）：37-40.

［2］周坚群．试论破产程序中连带债务人求偿［J］．琼州大学学报，2001（3）：11-13.

［3］胡充寒，李积庆．我国破产整顿程序的缺陷及完善［J］．佛山科学技术学院学报（社会科学版），2001（3）：60-62.

［4］马登科．破产制度与执行程序的分工与配合——论执行程序的优先与平等原则［J］．社科与经济信息，2001（3）：26-28.

［5］黄良军．论企业破产程序的完善［J］．南京经济学院学报，2001（4）：57-59.

［6］郭志棉．破产程序前的债务重组的理论与实践［J］．诉讼法论丛，2001（0）：576-626.

［7］李君临．破产案件的管辖［N］．人民法院报，2001-06-07（3）.

2002 年

［1］韩长印．破产程序的财产分配规则与价值增值规则——兼与个别执行制度的功能对比［J］．法商研究（中南政法学院学报），2002（3）：62-67.

［2］康临芳．关于破产申请的撤回［J］．法律适用（国家法官学院学报），2002（6）：69-71.

［3］康建新．破产程序终结后发现有未参加清算的财产，其财产请求权应由谁行使？法院能否对其强制执行？［J］．人民司法，2002（10）：77.

［4］孟祥刚．破产案件的受理与宣告［J］．山东审判，2002（6）：3-6.

［5］孔华，张晓群．破产企业财产分配顺序的若干法律问题［J］．中国律师，2002（6）：80-81.

［6］李铜．债权企业在破产诉讼中保护权益的探讨［J］．河南冶金，2002（2）：6-7.

［7］魏建文．猴王破产案的诉讼法思考［J］．湖南公安高等专科学校学报，2002（2）：40-42.

［8］杨丽．论破产程序中连带债务的处理［J］．湖南省政法管理干部学院学报，2002（6）：56-59.

［9］李印．我国企业法人破产还债程序初探［J］．陕西经贸学院学报，2002（3）：62-65.

［10］丁文联．产品质量人身伤害在破产程序中的赔偿［J］．人民司法，2002（9）：42-44.

［11］山东省高级人民法院民二庭．慎重立案规范审理——山东法院

审理破产案件的几点做法［J］. 人民司法，2002（2）：24-26.

［12］陈国俊. 破产裁定书的制作应予重视［N］. 江苏经济报，2002-01-24（C）.

［13］李显先，吴东强. 我国简易破产程序的创设［N］. 人民法院报，2002-07-24.

［14］杨明刚. 检察机关参与破产程序初论［N］. 检察日报，2002-09-10.

［15］高丽娜. 建立企业破产程序的自我启动机制［N］. 人民法院报，2002-09-18.

［16］谭明宏，谭国元. 撤回破产申请制度探讨［N］. 人民法院报，2002-12-11.

［17］孙宏. "破产风"盛行高院紧缩受理关［N］. 中国经营报，2002-12-19（1）.

2003 年

［1］林宁波. 完善破产宣告制度之思考［J］. 法律适用，2003（Z1）：112-116.

［2］张冬云，申海恩. 破产制度之债务执行基础分析［J］. 社会科学研究，2003（1）：77-81.

［3］王淑玲，刘海东. 论我国破产程序的目标模式及其完善［J］. 法律适用，2003（Z1）：108-111.

［4］杨征宇. 正确把握指导思想规范完善破产审判——全国法院审理企业破产案件工作座谈会综述［J］. 法律适用，2003（5）：78-80.

［5］克楠. 规范企业破产案件审理，保障市场经济健康发展［J］. 法律适用，2003（5）：81.

［6］颜桂芝. 当前审理企业破产案件存在的问题和对策［J］. 法律适用，2003（12）：45-46.

［7］曹士兵. 《关于审理企业破产案件若干问题的规定》理解与适用［J］. 法律适用，2003（Z1）：14-19.

［8］李祖发．破产程序与有关民事诉讼程序的冲突及解决建议［J］．天水行政学院学报，2003（6）：41-44.

［9］郑金玉，张保贵．我国破产案件受理程序浅析［J］．韶关学院学报（社会科学版），2003（10）：95-99.

［10］郭婕．强制执行制度与破产立法［J］．信阳农业高等专科学校学报，2003（2）：46-47.

［11］邓世燕．论保证人在被保证人进入破产程序后的权益保护［J］．中国律师，2003（10）：36-37.

［12］章满群，吴通赛．对破产案件的裁定检察机关是否可以抗诉的几点思考［J］．检察实践，2003（3）：55-56.

［13］山东省高级人民法院民二庭．规范破产案件审理促进现代企业制度建立［J］．山东审判，2003（3）：36-39.

［14］顾敏康．中国统一破产法的范例——解读中国最高人民法院《关于审理企业破产案件若干问题的规定》［J］．中国法律，2003（4）：42-44，112-115.

［15］周广军．济南市历下区人民法院依法规范破产促进企业改制［J］．山东人大工作，2003（6）：32-33.

［16］章满群，吴通赛．破产裁定并非一概不能抗诉［N］．检察日报，2003-05-21.

［17］宋明亮．襄樊中院规范破产案件审理［N］．人民法院报，2003-06-13.

［18］喻波，白艳琼，张琼，毛彦海．个旧市法院三举推进国企破产审理工作［N］．云南经济日报，2003-08-05（5）.

［19］肖丕国，王同胜，杨名夏．常德中院规范破产案件审理［N］．人民法院报，2003-08-03.

［20］王冠志，胡科刚．企业破产不能"一破了之"［N］．中国乡镇企业报，2003-09-10（3）.

［21］黄斌，姚保国．依法规范企业破产案件审理［N］．法制日报，2003-11-18.

［22］徐永明．破产保全与诉讼保全的区分［N］．江苏经济报，2003-05-28（C03）.

2004 年

[1] 黄少彬.关于建立我国简易破产制度的思考［J］.山西大学学报（哲学社会科学版），2004（5）：68-71.

[2] 周洪生，冯鹏玉.析简易破产程序的设立［J］.法学，2004（11）：117-122.

[3] 王玉洁，张涛.破产法的程序多元化趋势与我国破产法的改革［J］.华北水利水电学院学报（社会科学版），2004（2）：65-67.

[4] 宗玲.破产程序启动、进行与债权人人数关系［J］.江苏警官学院学报，2004（3）：92-97.

[5] 常廷彬.破产能力与参与分配制度的改革［J］.广东外语外贸大学学报，2004（4）：70-73.

[6] 谢迎春.对破产申请的审查［N］.人民法院报，2004-01-21.

[7] 孔维寅.破产申请撤回时间质疑［N］.江苏经济报，2004-01-14.

[8] 贺志安.破产案件不应提出管辖权异议［N］.人民法院报，2004-06-03.

[9] 李显先.对检察机关启动破产程序的思考［N］.人民法院报，2004-12-29.

2005 年

[1] 娄丙录.和解前置主义与公共利益维护——谈我国破产法引入和解前置主义的必要性［J］.河南师范大学学报（哲学社会科学版），2005（6）：128-131.

[2] 郝自贤.试论破产中个别破产程序的完善［J］.内蒙古财经学院学报（综合版），2005（1）：61-63.

[3] 刘正林.试论我国破产程序启动机制的不足与完善［J］.武汉职业技术学院学报，2005（1）：12-15.

[4] 杨红朝.论执行程序中的参与分配制度［J］.黑龙江省政法管理

干部学院学报，2005（2）：99-102.

［5］朱明阳．我国现行破产宣告制度的缺陷与对策思考［J］．四川行政学院学报，2005（3）：37-39.

［6］马树芳．破产程序与民事执行程序的冲突与处理——以不动产的执行为例［J］．山东审判，2005（3）：104-107.

［7］陈国俊．破产审判方式改革探讨［N］．江苏经济报，2005-08-03（B03）.

［8］李显先．债权人作为破产申请主体的适格性［N］．人民法院报，2005-03-30（B03）.

2006 年

［1］张晨颖．破产"申请主义"制度之修正［J］．法律适用，2006（8）：85-88.

［2］韩长印．破产界限之于破产程序的法律意义［J］．华东政法学院学报，2006（6）：113-117.

［3］郑金玉．破产程序的法理分析［J］．黑龙江省政法管理干部学院学报，2006（1）：90-92.

［4］仲崇玉．执行程序与破产程序冲突问题及其解决［J］．人民司法，2006（8）：87-89.

［5］李显先．论我国破产申请主体制度之完善［J］．人民司法，2006（2）：71-72.

［6］梁君．论破产申请主体［J］．河北软件职业技术学院学报，2006（1）：67-71.

［7］杨长俊．破产申请立法完善的探讨［J］．山西农业大学学报（社会科学版），2006（3）：243-244.

［8］张晨颖．破产"申请主义"制度之修正［J］．法律适用，2006（8）：85-88.

［9］于晓松．论公司破产程序［J］．北方经贸，2006（8）：54-55.

［10］周发银．我国内地破产程序的法律变革［J］．党史博采．理论，2006（12）：69，71.

［11］刘子平．简易破产程序研究［J］．民事程序法研究，2006
（0）：127-140.

2007 年

［1］李永军．破产法的程序结构与利益平衡机制［J］．政法论坛，
2007（1）：17-30.

［2］韩长印，郑金玉．民事诉讼程序之于破产案件适用［J］．法学研
究，2007（2）：99-111.

［3］齐树洁，陈洪杰．破产程序与执行程序的冲突及其协调［J］．厦
门大学学报（哲学社会科学版），2007（3）：107-113.

［4］王彩云．破产法程序结构之探究［J］．华北水利水电学院学报
（社科版），2007（6）：105-106，109.

［5］许淑红．从破产公告制度看我国新《破产法》的程序衔接［J］.
法治论丛（上海政法学院学报），2007（5）：53-60.

［6］石建辉．债权人申请破产理论新探［J］．法制与社会，2007
（3）：735-736.

［7］许尚豪，欧元捷．执行分配与破产还债的功能分离：参与分配
制度的现实重构［J］．人民司法，2014（17）：102-107.

［8］程春华，洪秀娟．破产救济：解决"执行难"的另一种思路
［J］．人民司法，2007（7）：101-105.

2008 年

［1］王中泉．论新破产法中债权表的异议诉讼——新破产法第58条
之解析［J］．中南大学学报（社会科学版），2008（4）：520-
523.

［2］张艳丽．破产保全制度的合理设置［J］．政法论坛，2008（1）：
42-49.

［3］唐应茂．为什么执行程序处理破产问题？［J］．北京大学学报
（哲学社会科学版），2008（6）：12-20.

［4］刘辉．破产法实施中检察权配置研究［J］．中国检察官，2008
（3）：34-37．

［5］张晓林，李蕾．浅议企业破产程序的检察监督［J］．山西警官高
等专科学校学报，2008（3）：39-41．

［6］尹正友．破产程序与民事执行程序的关系与衔接［N］．人民法
院报，2008-05-15（6）．

2009 年

［1］李春．与破产企业有关的实体争议管辖问题探析［J］．法律适
用，2009（3）：15-17．

［2］徐凤利．完善我国企业破产程序制度［J］．经营与管理，2009
（9）：34-37．

［3］黄少彬．我国设立简易破产程序的必要性探析［J］．江苏技术师
范学院学报（职教通讯），2009（12）：81-84．

［4］张雨．刍议企业破产案件受理的实质要件和形式要件［J］．商业
时代，2009（20）：72-73．

［5］李志涛．论我国破产受理程序的不足与完善［J］．现代商贸工
业，2009（24）：256-257．

［6］朱秋．论破产程序中保证责任的处理［J］．长春工程学院学报
（社会科学版），2009（3）：38-40．

［7］孙杨．对我国破产受理程序的分析与思考［J］．内蒙古财经学院
学报（综合版），2009（5）：101-104．

［8］许春．破产企业应该如何还债［N］．检察日报，2009-01-14
（6）．

［9］王福祥．准予撤回破产申请之我见［N］．人民法院报，2009-07-
23（6）．

2010 年

［1］王欣新，余艳萍．论破产程序中待履行合同的处理方式及法律

效果［J］．法学杂志，2010（6）：50-55．

［2］万星．论证券投资者保护基金公司的角色地位——从破产程序的角度出发［J］．东方企业文化，2010（2）：199-200．

［3］丛林．刍议风险证券公司的行政处置程序——以行政处置程序的正当性论证为角度［J］．东方企业文化，2010（2）：197-198．

［4］杨良宜．破产或债务重整下的止诉禁令［J］．中国海商法年刊，2010（2）：92-99．

［5］郑志锋．检察监督在企业破产程序中的作用［J］．南都学坛，2010（3）：138-139．

［6］刘爱玲，于浩，吕景美．破产法公告问题研究［J］．法制与社会，2010（4）：98，102．

［7］凌晨．论担保物权在破产程序中的行使条件［J］．淮南职业技术学院学报，2010（4）：118-120．

［8］刘廷华．破产程序中待履行合同的处理［J］．南京航空航天大学学报（社会科学版），2010（4）：61-64．

［9］黄少彬．我国设立简易破产程序的必要性可行性及路径研究［J］．江南大学学报（人文社会科学版），2010（6）：38-42．

［10］邵然．公司破产程序与非破产清算的衔接［J］．金融法苑，2010（1）：59-70．

［11］袁帅．基于博弈分析的企业破产程序选择问题研究［J］．现代商业，2010（29）：60．

［12］王欣新．破产执行、清算程序的无缝衔接与债权人利益保护［N］．国际商报，2010-03-31（13）．

［13］赵蔚红．破产企业民事纠纷的管辖探讨［N］．江苏法制报，2010-07-13（C01）．

［14］万静．我国破产受理公告普遍存在法律错误问题［N］．法制日报，2010-11-18（11）．

2011 年

［1］李永军．我国《企业破产法》上破产程序开始的效力及其反思

［J］．法学杂志，2011（2）：42-47，143-144.

［2］车红．浅谈我国破产申请和受理的相关法律问题［J］．黑河学刊，2011（2）：90-91.

［3］谢九华．让与担保法定化及其在破产程序中的适用［J］．湖北经济学院学报（人文社会科学版），2011（3）：84-86.

［4］隋钰南．试论破产程序中连带债务的处理［J］．太原城市职业技术学院学报，2011（6）：66-68.

［5］陈莉．破产还债程序中人身损害赔偿金清偿顺序之我见［J］．法制与社会，2011（21）：112-113.

［6］最高人民法院出台司法解释规范企业破产案件受理［J］．工商行政管理，2011（18）：78.

［7］柳俨芳．简易破产程序因时而需——试论小额破产简易程序在我国的设立［J］．商品与质量，2011（S9）：124.

［8］何佳艳．新司法解释下的破产申请注意事项［J］．投资北京，2011（12）：88-89.

［9］邹芸芳，缪星．浅议破产案件管辖权异议［J］．法制与社会，2011（35）：142.

［10］刘亚玲，李腾．探索执行不能转破产程序的新举措［N］．人民法院报，2011-05-18（8）.

［11］许杰，嵇大海．企业申请破产的基本程序和注意事项［N］．财会信报，2011-09-05（B04）.

2012 年

［1］王欣，齐明．论待履行合同在破产程序中的处分［J］．东北大学学报（社会科学版），2012（5）：449-454.

［2］王欣新，卢茜．破产程序中金融衍生品交易结算问题的解决［J］．法律适用，2012（10）：40-46.

［3］巫文勇．金融机构破产程序性规则修正研究［J］．山东社会科学，2012（10）：98-102.

［4］吴玉亮．简析破产程序中保证责任的处理［J］．铁路采购与物

流，2012（2）：59-61.

［5］徐冀鹏．浅谈我国企业破产程序中的税收法律问题［J］．中共太原市委党校学报，2012（1）：79-80.

［6］华吉红．论破产程序的转换机制［J］．辽宁公安司法管理干部学院学报，2012（2）：56-58.

［7］罗定芳．抵押权在破产程序中的实现［J］．铁路采购与物流，2012（6）：65-66.

［8］王峰．论破产程序的完善［J］．现代经济信息，2012（24）：355.

［9］蒋飞．刘明康建议成立全国唯一的"破产法院"［N］．第一财经日报，2012-03-13（A03）.

［10］王欣新，何俊辉．财政资金援助企业破产法实施机制研究［N］．法制日报，2012-03-21（12）.

［11］刘为念，汤峥鸣．为破产企业有序退出提供有力司法保障［N］．上海法治报，2012-03-28（B07）.

［12］何杰．浅析破产法与民诉法的关系［N］．江苏法制报，2012-05-31（C01）.

［13］季俊华．破产债权补充申报制度亟需明确［N］．江苏法制报，2012-06-07（C01）.

［14］张守国，程立．破产程序与执行程序的博弈与双赢［N］．人民法院报，2012-06-20（8）.

2013 年

［1］郭瑞，江河．破产程序：破解执行难问题的路径选择——以无财产可供执行案件为视角［J］．法律适用，2013（1）：68-71.

［2］范伟红，王鹏．破产立案标准理论创新与制度重构［J］．学术探索，2013（4）：66-72.

［3］孙静波．执行与破产程序相衔接立案实务研究［J］．人民司法，2013（7）：4-9.

［4］隋永华．由一起破产案件引发的关于债务人申请破产举证责任

的思考［J］. 吉林省教育学院学报（上旬），2013（5）：145-146.

［5］陈国俊. 浅析破产程序中的行政权［N］. 江苏经济报，2013-06-05（B03）.

2014 年

［1］徐建新，鞠海亭，王怡然. 简化破产程序问题研究——以温州法院试行简化破产案件审理程序经验为样本［J］. 法律适用，2014（8）：98-103.

［2］熊千里. 专利实施被许可人风险研究——以破产程序缺失为视角［J］. 法制博览（中旬刊），2014（6）：1-4.

［3］邹杨，李辉. 平行破产程序法律协调之比较研究及借鉴［J］. 行政与法，2014（11）：92-97.

［4］孙静波，张进. 保全制度在破产案件中的运用［J］. 人民司法，2014（17）：57-61.

［5］汪明进. 绍兴市推进金融审判庭制改革的现状调查［J］. 当代社科视野，2014（12）：18-20.

［6］于定明. 论企业破产背景下未来原告的程序性权利保护［J］. 云南大学学报（法学版），2014（4）：49-53.

［7］王欣新. 破产债权争议诉讼的性质与收费标准［N］. 人民法院报，2014-07-16（7）.

［8］罗畅. "无产可破"案件破产费用的保障机制探讨［N］. 中国矿业报，2014-07-01（B03）.

［9］池伟宏. 执行转破产程序的运行机制与机构改革设想［N］. 人民法院报，2014-08-13（8）.

2015 年

［1］徐阳光，殷华. 论简易破产程序的现实需求与制度设计［J］. 法律适用，2015（7）：100-104.

［2］王欣新．破产程序与诉讼时效问题研究［J］．政治与法律，2015（2）：2-8．

［3］李帅．论执行案件中法院职权主义破产启动程序的构建［J］．法律适用，2015（11）：48-53．

［4］王欣新．立案登记制与破产案件受理机制改革［J］．法律适用，2015（10）：36-44．

［5］郭洁，郭云峰．论执行与破产的对接程序［J］．人民司法，2015（11）：60-65．

［6］曹守晔，杨悦．执行程序与破产程序的衔接与协调［J］．人民司法，2015（21）：23-28．

［7］于跃东．对符合破产条件企业法人之执行路径分析［J］．山东审判，2015（5）：76-77．

［8］曾祥生，胡志超．破产程序向执行程序的转化——以债务人财产不足以清偿破产费用为视角［J］．人民司法，2015（19）：107-110．

［9］郭孔武．破产案件审理期限的优化路径［J］．闽江学院学报，2015（4）：60-63．

［10］谭秋桂．执行程序与破产程序衔接机制的理论思考［N］．人民法院报，2015-06-10（8）．

［11］徐建新，汝明钰．执行程序与破产程序衔接机制的实务探索［N］．人民法院报，2015-06-10（8）．

［12］莫田华，陈德兰．创新思维破解企业破产案启动难题［N］．广西法治日报，2015-09-17（A01）．

［13］马艳，刘莹，丁立波．不接受破产命运致破产程序难启［N］．法制日报，2015-10-10（5）．

［14］周建良．执行程序与破产程序衔接制度的完善［N］．人民法院报，2015-12-09（8）．

［15］周凌云，叶美峰．江山破产程序中的府院良性互动［N］．人民法院报，2015-11-09（8）．

2016 年

[1] 郭洁. 论强化法院对涉众案件执行转接破产程序的职权干预——基于2011年至2014年沈阳市两级法院执行不能案件的分析 [J]. 法学, 2016 (2): 137-146.

[2] 蒋大兴, 王首杰. 破产程序中的"股转债"——合同法、公司法及破产法的"一揽子竞争" [J]. 当代法学, 2015 (6): 98-110.

[3] 韩亮. 对执行程序转换破产程序之制度设计的再思考 [J]. 山西煤炭管理干部学院学报, 2016 (3): 192-194.

[4] 詹应国. 执行与破产程序的衔接规范 [J]. 人民司法 (应用), 2016 (4): 107-111.

[5] 魏厚钱, 章凡华. 关于温州破产案件简化审理程序的实证研究 [J]. 商, 2016 (26): 254.

[6] 曹勇前, 鲍观民. 破产程序中"法院已受理未终结案件"处理程序管见 [J]. 时代经贸, 2016 (22): 86-88.

[7] 包一明. 破产程序中债权人派生诉讼的正当性——基于股东派生诉讼的启示 [J]. 黑龙江省政法管理干部学院学报, 2016 (1): 96-99.

[8] 曹勇前, 鲍观民. 破产程序中"法院已受理未终结案件"处理程序管见 [J]. 时代经贸, 2016 (22): 86-88.

[9] 郭士辉. 汪利民委员: 用破产程序处置"僵尸企业" [N]. 人民法院报, 2016-03-06 (8).

[10] 张立伟. 清理僵尸企业, 需强化破产程序 [N]. 21世纪经济报道, 2016-03-29 (4).

[11] 李玉敏, 许佳楠, 黄晓燕. 河北省企业破产管理人协会副秘书长李闯: 债券违约进入破产程序, 持有人会议与"微信群"无异 [N]. 21世纪经济报道, 2016-07-25 (2).

2017 年

[1] 潍坊市中级人民法院课题组，姜树政，叶伶俐．关于完善执行转破产程序的调研报告［J］．山东审判，2017（1）：107-112.

[2] 王富博．破产立案制度改革之我见［N］．人民法院报，2017-01-26（5）.

（十四）破产法实务问题

1986 年

[1] 周保华．破产倒闭优胜劣汰——沈阳市试行企业《破产规定》的调查［J］．中国经济体制改革，1986（3）：39-42.

1987 年

[1] 杨健．我国法院受理第一起企业破产案［J］．瞭望周刊，1987（12）：5.

[2] 林汉川，陈永和．从三厂的实践中引起的思考［J］．企业管理，1987（4）：45-47.

[3] 韩耀先，韩松．论沈阳市企业破产试验［J］．法学杂志，1987（2）：31，33.

[4] 尚齐新．沈阳市防爆器械厂破产倒闭后引起的国内外反响［J］．法学杂志，1987（2）：35-36.

[5] 江西省南昌市中级人民法院．一起破产案件的审判实践［J］．人民司法，1987（6）：13-14.

1992 年

[1] 章鹏，储建国．企业破产案件中的律师业务初探［J］．法学，1992（11）：43-45.

[2] 牟丰京，张眼亮．抚顺玻璃厂破产冲击波［J］．瞭望周刊，1992（32）：19-21.

1993 年

[1] 张培仁．济宁市染织厂破产的做法与思考［J］．经济管理，1993（12）：48-49.

[2] 席祖清，尚之华．宜昌市企业破产存在的问题及对策建议——对宜昌市 7 户破产企业的调查［J］．银行与企业，1993（10）：51-52.

[3] 薛国忠．企业破产是企业转换经营机制的重要环节［J］．工业技术经济，1993（4）：50-51.

[4] 贺航洲，汪进元．论实行破产制度与增强企业活力［J］．河北法学，1993（1）：23-25，5.

[5] 曹守晔．破产案件的法律适用问题［J］．人民司法，1993（12）：14-16.

1994 年

[1] 谢德禄．重庆针织总厂破产效应分析［J］．中国工业经济研究，1994（11）：37.

[2] 四川省高级人民法院研究室民经科．企业破产案件若干问题探析［J］．法律适用，1994（2）：33-36.

[3] 国家经贸委企业司企业破产联合调查组．关于部分省市实施《破产法》的专题报告［J］．经济研究参考，1994（5）：22-27.

[4] 梅文. 破产案件的司法解释工作启动——华东地区经济审判研讨协作会专门研究破产案件审理中的法律问题 [J]. 法律适用, 1994 (10)：38-41.

[5] 中国社会科学院经济研究所企业破产联合调查组. 关于部分省市实施《破产法》的调研报告 [J]. 经济学动态, 1994 (10)：22-25.

[6] 张彦宁. 起草新《破产法》的调查报告（上）[J]. 中外管理, 1994 (11)：4-5.

[7] 张彦宁. 起草新《破产法》的调查报告（下）[J]. 中外管理, 1994 (12)：8-9.

[8] 辽宁省《破产法》起草工作办公室调查组. 无法回避的企业破产制度——关于辽宁省企业破产情况的调查 [J]. 辽宁经济, 1994 (10)：8-9.

[9] 唐鹤鸣. 企业破产面面观 [J]. 企业活力, 1994 (10)：26-29.

[10] 武柯. 国企破产操作难——天津重庆试点情况综 [J]. 生产力之声, 1994 (10)：21-22.

[11] 王春亭, 李永乐, 王慨. 烟台市敢闯敢试大胆探索破产机制 [J]. 经济工作通讯, 1994 (19)：13-14.

[12] 中国人民银行黔阳支行调查组. 出路在哪里？——对企业破产问题的调查与思索 [J]. 金融经济, 1994 (9)：33-35.

[13] 倪崇彦, 余进成. 以改革促稳定以改革求发展——盐城市针织服装厂破产的调查 [J]. 中国纺织, 1994 (8)：16-17.

[14] 车忠超. 破产——乡镇亏空企业的出路（栖霞县镇办企业的调查）[J]. 中外管理, 1994 (7)：30-31.

[15] 李力强, 梁韬. "破"与"立"——企业破产的调查与政策建议 [J]. 企业活力, 1994 (3)：12-14.

[16] 高峰. 目前《破产法》实施中的问题 [J]. 证券市场导报, 1994 (11)：43-47.

[17] 王五一. 我国的破产制度与破产实践 [N]. 工人日报, 1994-10-26.

1995 年

[1] 贵州省高级人民法院调查组．认真总结经验审理好企业破产案件——对二十三件企业破产案件的调查分析［J］．理论与当代，1995（Z2）：90-92，36.

[2] 高裕文．枣庄市：企业破产的实践［J］．中国改革，1995（11）：30-31.

[3] 贺仁雨，曹炯芳．建立企业破产机制的难点与对策——湖南省企业破产情况调查［J］．中国改革，1995（1）：29-31.

[4] 倪纯，王津成．从企业破产看防范银行信贷资产风险——天津渤海啤酒厂破产引发的思考［J］．投资研究，1995（9）：18-23.

[5] 黄雪峰．"破产风"中跳出"逃债队"［J］．社会，1995（10）：10-12.

[6] 黄雪峰．"破产风"刮出"逃债队"——写在我国新《企业破产法》出台前夕［J］．中外房地产导报，1995（18）：28-32.

[7] 田小卫．对企业依法破产中清偿贷款能力的调查与分析［J］．中国农业银行武汉管理干部学院学报，1995（4）：56-57.

[8] 殷熙琴．审理好破产案件也是服务——查哈阳农场造纸厂破产案件审理纪略［J］．农场经济管理，1995（3）：26-28.

[9] 宋进伟．企业破产决心难下尾难收——郑州第七棉纺厂破产分析［J］．国有资产管理，1995（3）：40-42.

[10] 余洪林，杨武．企业假破产的成因危害及治理［J］．南京金专学报，1995（1）：33-35.

[11] 辽宁省人大财经委员会．关于辽宁省企业破产情况的调查［J］．经济工作通讯，1995（2）：24-26.

[12] 覃长炎．枯木逢春——原湖南慈利县化工二厂破产兼并的实践［J］．经贸导刊，1995（1）：15-17.

[13] 王宝库．依法破产是完善市场机制的重要标志——关于上海企业破产情况的调查［J］．国有资产管理，1995（1）：28-31.

1996 年

[1] 狄娜. 既要消灭企业亏损更要消灭亏损企业——近期我国企业破产改革走势 [J]. 瞭望新闻周刊，1996（40）：4-6.

[2] 华伟. 企业破产原因的分析及其对银行信贷工作的启示——对六户破产企业的调查报告 [J]. 上海金融，1996（9）：40-41.

[3] 孙志刚，顾志平，王占成. 全国首家国有外贸企业破产的启示与建议——关于武汉市土产进出口公司破产试点的调研报告 [J]. 经济社会体制比较，1996（4）：59-64.

[4] 冯立新，孙勇. 构筑中国破产法的设计师——"曹破产"思源先生访谈录 [J]. 特区与港澳经济，1996（6）：35-38.

[5] 中国工商银行企业破产问题课题组. 关于企业破产问题的调查报告 [J]. 经济研究，1997（4）：15-23.

[6] 范仁业. 浅谈防范企业破产逃债的方法 [J]. 海南金融，1996（12）：35-36.

[7] 江震华，练镜溶，陈鸣. 企业破产给银行带来了新课题——对大丰县两户破产企业的调查与思考 [J]. 福建金融管理干部学院学报，1996（3）：58-60.

[8] 青海省人民银行课题组. 青海破产企业情况调查 [J]. 青海金融，1996（9）：16-19.

[9] 抚州地区人行金研室. 关于破产企业情况的调查 [J]. 企业经济，1996（9）：44-45.

[10] 中国人民银行山东省分行破产企业调查组. 山东省企业破产情况调查分析 [J]. 山东金融，1996（8）：30-32.

[11] 人民银行四川省分行金融研究所. 对我省四户破产企业的调查分析 [J]. 四川金融，1996（8）：20-24.

[12] 中国人民银行福建省分行金融研究所课题组. 企业破产：稳步推进　规范发展——对一家破产企业剖析得到的启示 [J]. 福建金融，1996（8）：21-24.

[13] 唐和敬. 蚌埠有个企业破产庭 [J]. 安徽决策咨询，1996

(6)：36.

[14] 夏理华 . 整体拍卖产权重组全员接纳有偿安置——泗水县七家
企业实现无震荡破产 [J]. 山东审判，1996（2）：35-36.

[15] 孙静松 . 四平市实施直属福利企业破产经验可鉴 [J]. 民政论
坛，1996（1）：36-37.

[16] 邱柏树 . 剖析企业假破产真废债行为 [J]. 江西社会科学，
1996（1）：85-86.

[17] 刘健，王参合，闫允彦 . 企业破产，并非一"破"了之——对
夏邑县化肥厂破产情况的调查及思考 [J]. 河南省情与统计，
1996（1）：36-37.

[18] 湖北省人民银行课题组 . 当前企业破产中的问题及对策研究
[J]. 经济研究参考，1996（C8）：23-31.

[19] 李世华，李静 . 由海北州毛纺织厂破产引起的思考 [J]. 青海
金融，1996（4）：21-22.

[20] 严春 . 武汉市破产企业的土地处置 [N]. 中国土地报，1996-
04-13.

1997 年

[1] 刘国磊，张金学，张宗信，孙中杰 . 审理破产案件中遇到的疑
难问题探析 [J]. 法律适用，1997（10）：35-36.

[2] 吉瑞田，张丽 . 法院受理破产案件中的几个法律问题 [J]. 政府
法制，1997（10）：46.

[3] 王镇鑫 . 审理破产案件的思考 [J]. 湖南经济，1997（2）：52-
53.

[4] 谭桂环，赵立国 . 对富裕县破产企业调查后的思考 [J]. 黑龙江
金融，1997（6）：21-22.

[5] 人民银行盐城分行 . 盐城 10 户破产企业调查 [J]. 企业改革与
管理，1997（10）：18.

[6] 韩毓华，刘向群 . 从大姚县四户破产企业看当前企业破产中应
注意的几个问题 [J]. 创造，1997（9）：20-21.

［7］谢国良，冯家明．全省 1995 年、1996 年破产国有企业税收情况调查［J］．安徽税务，1997（8）：5.

［8］人行盐城分行调查统计课题组．对当前企业破产问题的思考［J］．北京经济瞭望．北京财贸学院学报，1997（4）：36-40.

［9］中国人民银行湖南省洞口县支行课题组．企业假破产与银行反假方略［J］．金融科学，1997（2）：20-22，19.

1998 年

［1］本刊评论员．统一认识明确目标依法规范审理企业破产案件［J］．人民司法，1998（5）：6.

［2］上海市高级人民法院．规范破产为企业优胜劣汰提供司法保障［J］．人民司法，1998（5）：7-9.

［3］刘冠华．审理破产案件亟待解决的几个问题［J］．人民司法，1998（3）：32-34.

［4］于会堂．企业破产案件法律问题探析［J］．新疆人大，1998（6）：24-27.

1999 年

［1］王军．破产案件中税收保护问题［J］．法律适用，1999（1）：34-35.

［2］杨兴忠．破产企业设立人出资违约的处理［J］．法律适用，1999（6）：25-26，24.

［3］李传志．《企业破产法（试行）》在实施中存在的问题及对策［J］．武汉工业大学学报，1999（3）：90-92.

［4］本刊研究组．连带责任担保人是否应承担主债务人从破产宣告之日至破产终结之日的利息？［J］．人民司法，1999（12）：59.

［5］李东明．检察机关如何对破产案件实施监督［J］．检察实践，1999（6）：57-58.

［6］邓蓉．搞好"破产法"实施工作的思考［J］．中共成都市委党校学报（综合性思想理论），1999（6）：104-105.

［7］艾鸿举．法院审理县级国有企业破产还债案件应注意的几个问题［J］．四川省政法管理干部学院学报，1999（4）：44-46.

［8］刘德生．企业破产后发现有对外债权该怎么办？［J］．法制与经济，1999（4）：47.

［9］何守卫．武汉市企业破产工作的基本成效和法律难题［J］．长江论坛，1999（4）：27-28.

2000 年

［1］胡一进，张翀．三峡重庆库区搬迁企业破产关闭法律问题思考［J］．重庆大学学报（社会科学版），2000（4）：72-75.

［2］高美丽，杨志勤．企业破产实施问题研究［J］．山西财政税务专科学校学报，2000（4）：28-29.

［3］冷传莉．破产法实施中的若干问题研究［J］．贵州大学学报（社会科学版），2000（6）：54-59.

［4］杜鑫华．企业破产案件亟待明确的几个问题［J］．海南师范学院学报（人文社会科学版），2000（4）：103-106.

［5］本刊研究组．单位负责人以个人名义贷款用于单位生产经营，单位破产后，贷款应由谁偿还？［J］．人民司法，2000（1）：64.

［6］赵凤英．通州区司法局竭诚为企业规范破产服务［J］．中国司法，2000（4）：63.

［7］沈士祥．对企业破产若干问题的探讨［J］．上海商业，2000（7）：46-48.

［8］薛绍军．建湖法院慎审破产案件［N］．江苏经济报，2000-08-17（00B）.

［9］王宏忠．当前企业破产面临的矛盾及对策［N］．湖北日报，2000-11-03（C04）.

2001 年

［1］朱广涛，唐登国. 搞好资产变现，快审破产案件［N］. 江苏经济报，2001-02-22（00C）.

［2］王琼杰. 煤炭企业为何破产难［N］. 中国矿业报，2001-02-01（2）.

［3］施小镭. 通州法院将竞拍引入破产程序［N］. 人民法院报，2001-03-30（2）.

［4］刘国芳. 猴王集团破产事件疑问有三［N］. 中国证券报，2001-03-01（6）.

［5］高建伟，高建军，贾良. 把好"八个"关口，规范破产审判［N］. 人民法院报，2001-10-06（2）.

［6］樊忠民，楚军. 破产案件审理"六难"当道［N］. 法制日报，2001-11-17（5）.

［7］金棕. 桐乡法院审理破产案件办法多［N］. 人民法院报，2001-11-20（2）.

2002 年

［1］刘贵祥. 当前审理破产案件中涉及的若干法律问题探析（上）［J］. 法律适用（国家法官学院学报），2002（4）：43-47.

［2］山东省高级人民法院民二庭. 慎重立案规范审理——山东法院审理破产案件的几点做法［J］. 人民司法，2002（2）：24-26.

［3］刘冠华. 对破产案件审判监督若干问题的思考［J］. 河南省政法管理干部学院学报，2002（1）：123-124.

［4］高法出台企业破产案件审理司法解释，破庙里的富方丈难再逍遥［J］. 廉政瞭望，2002（9）：44-45.

［5］金永恒. 安然破产案：法律该负什么责［J］. 世界知识，2002（5）：42-43.

［6］张晋龙．一例企业破产案引发的思考［J］．中国农村信用合作，2002（1）：42.

［7］韩惠．从ST郑百文案想到的［J］．湖北财税，2002（19）：32-33.

［8］成栋．"圈钱大鳄"成了"烫手山芋"——透视中国最大房地产破产案［J］．法制与经济，2002（1）：23-25.

［9］王增杰．企业破产，难点是什么——从纺织行业破产实践谈破产法修改的必要［J］．中国纺织经济，2002（Z3）：42-43.

［10］聂震，楚军．审理破产案件要严把八道关［N］．法制日报，2002-02-19（6）.

［11］徐来．进一步规范破产案件审理工作［N］．法制日报，2002-08-02.

［12］宋安明．破产案件审理更加规范［N］．检察日报，2002-08-02.

［13］王焕平．最高法院公布《关于审理企业破产案件若干问题的规定》［N］．人民法院报，2002-08-02.

［14］石国胜，涂晓．规范人民法院对企业破产案件的审理［N］．人民日报，2002-08-02.

［15］瞿卫东．我国破产法的适用范围［N］．人民法院报，2002-09-18.

［16］徐来．准确适用审理企业破产案件的司法解释［N］．法制日报，2002-12-18.

［17］潘菊．审理企业破产案件若干问题规定释析［N］．国际商报，2002-08-06（5）.

2003 年

［1］孙杨俊．从安然公司破产案看注册会计师法律责任及其完善［J］．当代法学，2003（1）：123-124.

［2］郭英杰．"海棠"破产案件的法律评析［J］．山西省政法管理干部学院学报，2003（4）：39-41.

2004 年

[1] 汪莉. 打破僵局公平分配——对一起有限责任公司非破产清算案的思考 [J]. 安徽大学学报，2004（2）：152-156.

[2] 王乔. 破产法律制度实务操作中有关问题的探究 [J]. 辽宁经济，2004（1）：58.

[3] 陈向平. 我国当前破产政策存在的问题分析——企业破产制度分析之一 [J]. 创新科技，2004（1）：50-51.

[4] 陈文，王健. 构筑远离破产的 SPV 的法律方法 [J]. 中南大学学报（社会科学版），2004（1）：113-116.

[5] 河南省人民政府国有资产监督管理委员会. 改进我国企业破产政策的几点建议——企业破产制度分析之三 [J]. 创新科技，2004（1）：54-55.

[6] 曾纪雄. 企业破产案件中的违法行为透视 [J]. 巢湖学院学报，2004（1）：42-45，49.

[7] 张译允. 试论当前企业破产中存在的几个问题 [J]. 北京电子科技学院学报，2004（1）：21-23.

[8] 宋胜春. 破产企业财产拍卖应当注意的几个问题 [J]. 中国拍卖，2004（4）：8-9.

[9] 高坡. 八十年"鹅"牌申请破产 [J]. 上海人大月刊，2004（7）：28.

[10] 冯书剑. 房地产公司破产后的担保陷阱 [J]. 资源与人居环境，2004（9）：40.

[11] 邰婷婷. 难以逆转的假破产案 [J]. 法人杂志，2004（10）：80-83.

[12] 庄亦正，赵建聪. 无锡审理破产案件形成"规范链" [N]. 人民法院报，2003-02-09.

[13] 胡靖国，申宏. 海棠破产案：假改制搞垮了真名牌 [N]. 新华每日电讯，2003-03-25（3）.

[14] 程勇，黄亚东，黄宪华. 湖北审结一例不服破产宣告申诉案

[N]. 人民法院报，2003-03-23.

[15] 宋明亮. 襄樊规范破产案件审理 [N]. 人民法院报，2003-09-15.

[16] 王世心. 山东实现企业破产无震荡 [N]. 人民法院报，2003-05-25.

[17] 黄星航，费文彬. 南宁法院审理破产案件三方满意 [N]. 人民法院报，2003-07-28.

[18] 黄星航，费文彬. 南宁法院审理破产案力争无震动 [N]. 广西政法报，2003-07-17 (2).

[19] 王长发. 破产案件审理应注重"五个强化" [N]. 江苏经济报，2003-07-23.

[20] 赵兴军，唐忠伟. 泸州中院盘活破产国企资产 [N]. 人民法院报，2003-07-11.

[21] 程相峰，李丰安. 定陶积极推行破产案件阳光审理 [N]. 人民法院报，2003-08-05.

[22] 阴家骏. 如何提高破产分配率 [N]. 江苏经济报，2003-10-22.

[23] 祁生霖. 审理企业破产案件重"安置" [N]. 人民法院报，2003-11-07.

[24] 张仙国. 桐城审结破产案实现无震荡 [N]. 人民法院报，2003-12-21.

[25] 王福伟，张辉. 青州法院审理破产案有新招 [N]. 人民法院报，2003-12-05.

[26] 罗兴国，关键. 襄樊中院建议政府建立破产专项基金 [N]. 人民法院报，2003-07-08.

[27] 郭士辉，贺永胜. 进一步规范企业破产案件审理，为经济发展提供有力司法保障 [N]. 人民法院报，2003-04-18.

[28] 赵加积. 假破产真逃债? [N]. 经理日报，2003-04-22 (A02).

[29] 王秋君，张华钰. "海棠"破产孰是孰非 [N]. 中华工商时报，2003-04-21.

[30] 亢秉刚，宋延涛. 国有资产拱手让人，纳税大户濒临破产 [N]. 经理日报，2003-04-03 (B02).

［31］ 朱军华．岂能拿企业破产说事儿？［N］．中国化工报，2003-06-24．

［32］ 吴广华．企业破产不需征得职工同意［N］．江苏经济报，2003-06-18（C03）．

［33］ 邓新建，张慧鹏，周华娆，赵华．世纪大案——广东国投破产案审理纪实［N］．法制日报，2003-03-01．

［34］ 慈延年，张向东．徐州中院依法纠正破产案的错误裁定［N］．人民法院报，2003-05-28．

2005 年

［1］ 郭翔．中国第一破产案始末及警示［J］．银行家，2005（1）：116-121．

［2］ 李国光．当代中国民商审判史上的经典之作——为广东法院成功审结广东国投破产案2周年而作［J］．人民司法，2005（3）：102-104．

［3］ 刘国华．黑龙江省破产制度运作中的障碍因素及对策研究［J］．学术交流，2005（8）：118-120．

［4］ 刘贵祥，尹小立．当前审理企业破产案件应注意的几个问题［J］．法律适用，2005（11）：4-10．

［5］ 广东省高级人民法院民二庭课题组．完善破产审判机制，规范破产审判工作，推进诚信破产法制建设，近年来广东法院破产审判工作存在的问题和对策［J］．法律适用，2005（11）：15-19．

［6］ 童兆洪，章青山．破产与执行：功能定位与制度调谐［J］．诉讼法论丛，2005（0）：307-338．

［7］ 郑小红．航母欠债也得还——深圳明斯克航母申请破产［J］．致富之友，2005（1）：4．

［8］ 陈东．论公司人格否认原则在破产案件受理中的适用问题［J］．晟典律师评论，2005（2）：17-25．

［9］ 余俊福，杨洲．破产清算工作报告的制作［J］．晟典律师评论，

2005（2）：114-117.

［10］余俊福，杨洲．破产案件申请与受理实务中的几个问题［J］.
晟典律师评论，2005（2）：1-16.

2006 年

［1］胡健．破产法实施亟需制度保障［J］.人民政坛，2006（10）：
42.

［2］韩传华．有财产担保债权的债权人是否可以申请债务人破产
［N］.人民法院报，2007-01-16（6）.

［3］韩传华．担保财产如何清偿破产费用和共益债务［N］.人民法
院报，2007-02-13（6）.

［4］韩传华．只有担保财产的破产程序终结［N］.人民法院报，
2007-04-04（6）.

［5］韩传华．债权人申请债务人破产清算的举证责任［N］.人民法
院报，2007-04-11（6）.

［6］韩传华．债务人申请破产清算的举证责任［N］.人民法院报，
2007-04-18（6）.

［7］韩传华．可能明显丧失清偿能力债权人可否申请重整［N］.人
民法院报，2007-04-25（6）.

［8］韩传华．债务人隐匿、转移财产可否申请破产［N］.人民法院
报，2007-05-09（6）.

［9］韩传华．不足以清偿共益债务的可否终结破产程序［N］.人民
法院报，2007-05-23（6）.

2008 年

［1］许淑红．新《破产法》中破产申请的冲突分析［J］.广西社会
科学，2008（1）：103-106.

［2］孟强．单船公司破产债权受偿顺序问题研究［J］.法学，2008
（2）：81-91.

［3］陈天妮．我国政策性破产实施进程及遗留问题研究［J］．经济体制改革，2008（5）：62-65.

［4］王宏，刘丰羽，万同．安阳破产案件无震荡［N］．人民法院报，2008-02-22（1）.

［5］刘岚．依法审理破产案件促进经济良性发展［N］．人民法院报，2008-08-18（4）.

［6］吴晓锋，王峰．人民法院审理破产案件亟需研究 6 大新问题［N］．法制日报，2008-06-01（8）.

2009 年

［1］王欣新．破产法司法实务问题研究［J］．法律适用，2009（3）：7-14.

［2］肖龙，孙小平，姚明．试论破产类案件的专业化审理［J］．法律适用，2009（3）：27-30.

［3］余大伟．新《破产法》为何未能救赎东星航空［J］．法人杂志，2009（10）：54-56.

［4］陈海滨．用司法之手调控经济——宁波法院采取调解、和解、司法重整等措施助企业解困［J］．今日浙江，2009（21）：52.

［5］刘军，申楠．解密中国企业破产第一案［J］．政府法制，2009（5）：14-15.

［6］邓永泉．三鹿破产引起的法律制度反思［J］．世界知识，2009（2）：52-54.

［7］东南．联合拍卖 三鹿破产案头炮打响［J］．中国拍卖，2009（3）：46-47.

［8］文华．三鹿破产——逐鹿之战仍在上演［J］．中国拍卖，2009（Z1）：74-77.

［9］孙瑞灼．"三鹿"破产教训深刻［J］．宁波通讯，2009（1）：39.

［10］邓永泉．三鹿破产引起的法律制度反思［J］．世界知识，2009（2）：52-54.

［11］崔晓红. 三鹿破产,"后事"难了［J］. 新财经,2009（2）: 92-95,4.

［12］刘敏.《关于正确审理企业破产案件为维护市场经济秩序提供司法保障若干问题的意见》的理解与适用［J］. 人民司法, 2009（15）: 31-36.

［13］冀宗儒. 三鹿集团破产案中的几项悬疑［N］. 经济观察报, 2009-02-09（16）.

［14］沈峥嵘. 救活企业,而不是"贱卖资产,工人回家"［N］. 光明日报,2009-02-26（9）.

［15］余星涤. 新《破产法》疑被房企利用逃债［N］. 中国国土资源报,2009-02-24（5）.

［16］李芃. 另外的选择:重整东星航空的推理［N］. 21世纪经济报道,2009-06-23（8）.

［17］李志刚. 依法审理破产案件积极应对金融危机［N］. 人民法院报,2009-06-22（1）.

［18］王欣新. 论经济危机下的破产法应对［N］. 人民法院报, 2009-06-18（6）.

［19］康怡. 破产法遭遇曲终人未散政策性破产依然盛行［N］. 经济观察报,2009-06-15（4）.

［20］刘晓燕. 审一破产案救一商业街［N］. 人民法院报,2009-07-22（8）.

［21］王欣新. 正确审理企业破产案件的指南［N］. 法制日报, 2009-07-08（12）.

［22］丁国锋. 国内最大一起企业破产重整案台前幕后［N］. 法制日报,2009-09-16（4）.

［23］苏家成. 企业破产,房屋租赁合同能被单方解除吗［N］. 检察日报,2009-10-31（3）.

2010 年

［1］朱涛. 论构建自然人破产制度的现实障碍——关于破产法在农

村的适用性思考 [J]. 农村经济, 2010 (1): 90-94.

[2] 雷震, 帅晓东. 破产派生诉讼若干法律问题探讨 [J]. 人民司法, 2010 (17): 52-57.

[3] 钟毅, 辛欣. "司法之手" 救活 "破产企业" ——佳通科技 (苏州) 有限公司破产重整案解析 [J]. 法律适用, 2010 (5): 84-86.

[4] 冯玥, 肖微. 试论消费者的事前和事后权利救济机制——以三鹿奶粉破产案受害者为视角 [J]. 湖北行政学院学报, 2010 (5): 59-63.

[5] 李震东. 破产企业清算组织在企业破产法施行后追收对外债权工作的衔接 [J]. 人民司法, 2010 (10): 105-107.

[6] 王艳华. 破产案件群体性事件的解决途径——债权分类的思考 [J]. 法律适用, 2010 (10): 34-35, 53.

[7] 卞爱生, 陈红. 司法实践中债权人申请破产的难题及对策 [J]. 政治与法律, 2010 (9): 33-40.

[8] 王锦. 论破产公司环境债权之优先受偿途径 [J]. 法律适用, 2010 (10): 85-87.

[9] 周建民. 两类特定案件受理存在的若干问题 [J]. 法律适用, 2010 (12): 110-111.

[10] 江苏省苏州市中级人民法院民二庭. 能动发挥破产重整程序作用 实现对危困企业的司法拯救 [J]. 人民司法, 2010 (19): 8-11.

[11] 叶炳坤. 企业破产重整案件中的实务难题及其解决 [J]. 人民司法, 2010 (20): 26-29.

[12] 袁辉根. 关联公司实质性偏颇清偿行为的法律控制 [J]. 人民司法, 2010 (11): 72-76.

[13] 王永亮, 黄杰国, 高丽宏. 关联企业破产实体合并的司法实践 [J]. 人民司法, 2010 (16): 33-36.

[14] 吴正绵. 破产重整操作模式之律师实务探究 [J]. 法治研究, 2010 (2): 97-101.

[15] 何文其, 裴志刚. 用电企业破产重整期间供电企业应重视电费

债权保护 [J]. 农电管理, 2010 (2): 42-43.

[16] 曹思源. 企业破产案创14年最低的反思 [J]. 沪港经济, 2010 (2): 20.

[17] 张雪. A公司因何成功收回破产债权 [J]. 国际融资, 2010 (3): 56-57.

[18] 郑青义. 审理破产案件的几点思考 [J]. 山东审判, 2010 (4): 112-116.

[19] 叶青. 证券公司破产中的投资者资产处置 [J]. 经营管理者, 2010 (5): 25.

[20] 吴多美. 律师对我国新《企业破产法》中重整制度的再认识 [J]. 铜仁学院学报, 2010 (5): 13-17, 31.

[21] 谭丽红. 国有及市属集体企业破产案件法院主导政府协调机制研究——以兖州市破产案件为例 [J]. 山东审判, 2010 (5): 93-97.

[22] 陶红武. 知识产权证券化中知识产权资产转让的法律问题探析 [J]. 上海金融学院学报, 2010 (5): 34-39.

[23] 邢丹. 破产案件窘境之处理 [J]. 北华大学学报 (社会科学版), 2010 (6): 82-86.

[24] 杨江涛. 中介机构破产风险与证券投资者权益保护——以间接持有模式为背景 [J]. 东方法学, 2010 (6): 76-88.

[25] 沈田丰, 吕卿. 三个破产案的三重精妙 [J]. 中国律师, 2010 (7): 73-77.

[26] 秋天. 关注实践 反思理论 推动发展 第三届中国破产法论坛综述 [J]. 中国律师, 2010 (8): 40-42.

[27] 何文其, 裴志刚. 企业破产重整期间的电费债权保护 [J]. 大众用电, 2010 (8): 8-9.

[28] 覃红卫. 房地产公司破产清算若干实务问题研究——以债权人申请破产清算为视角 [J]. 中国审判, 2010 (8): 64-67.

[29] 李学平. 安徽省国防科技工业工贸公司实施政策性破产调研报告 [J]. 经营管理者, 2010 (10): 56-57.

[30] 张慧鹏, 何娟, 梁锦荣, 林建中. 广东中谷糖业涅槃重生记

［J］. 中国审判, 2010（11）：69-71.

［31］李逸男, 孙利. 商业银行破产财产分配顺序的实然性与应然性
分析［J］. 法制与社会, 2010（14）：100-101.

［32］王姗姗. 论破产欺诈的识别［J］. 商场现代化, 2010（27）：
154.

［33］汤小夫, 刘振. 审理破产重整案件的几个基本问题［J］. 人民
司法, 2010（19）：4-7.

［34］张春保, 苏晓洲. 太子奶：央视标王走入破产穷途［J］. 乡镇
论坛, 2010（27）：12-13.

［35］王树军. 破产法视野下企业非法关联交易的法律规制［J］. 法
制与社会, 2010（36）：106-107, 115.

［36］余建华. 当企业遭遇"2012"［N］. 人民法院报, 2010-01-05
（6）.

［37］周芬棉. 金融危机背景下缘何不升反降？［N］. 法制日报,
2010-01-28（11）.

［38］郄建荣, 阮占江. 花旗太子奶"破产"之诉法律解读［N］. 法
制日报, 2010-04-29（10）.

［39］张维. 转让？清算？破产？［N］. 法制日报, 2010-05-06（11）.

［40］周斌. 法院主动求变推动破产案受理［N］. 法制日报, 2010-
08-19（5）.

2011 年

［1］王欣新. 论破产案件受理难问题的解决［J］. 法律适用, 2011
（3）：29-32.

［2］刘敏, 池伟宏. 法院批准重整计划实务问题研究［J］. 法律适
用, 2011（10）：81-89.

［3］宋晓明, 张勇健, 刘敏.《关于适用企业破产法若干问题的规定
（一）》的理解与适用［J］. 人民司法, 2011（21）：25-28.

［4］张文燕. 三鹿破产案件分析［J］. 经营管理者, 2011（10）：
178, 176.

［5］李曙光，王佐发.中国《破产法》实施三年的实证分析——立法预期与司法实践的差距及其解决路径［J］.中国政法大学学报，2011（2）：58-79，159.

［6］刘玮.MPS 破产保护案影响几何［J］.中国船检，2011（12）：64-65.

［7］余婵娟.《企业破产法》适用中的若干疑难问题研究——基于"五谷道场"重整的分析［J］.绵阳师范学院学报，2011（12）：14-17.

［8］尹正友.转变理念完善制度推进中国破产实务的健康发展［J］.中国律师，2011（12）：11-13.

［9］周荆，唐旭超.破产案件的审限管理路径［J］.中国律师，2011（12）：14-15.

［10］杨悦，徐扬.破产申请撤回问题研究［J］.中国律师，2011（12）：16-18.

［11］尤莉.破产财产拍卖中佣金如何收取［N］.江苏法制报，2011-02-01（C01）.

［12］王欣新.房地产公司破产案中的房产权属与合同继续履行问题［N］.人民法院报，2011-04-13（7）.

［13］王伟，张浩峰.及时申报债权是清偿破产企业税款的关键［N］.中国税务报，2011-05-18（8）.

［14］刘元敏，陶京涛，朱沛.当前破产案审理中的问题及对策［N］.人民法院报，2011-06-29（7）.

［15］于志龙.国有企业政策性破产操作过程中着重解决的几个问题［N］.黑龙江经济报，2011-12-28（B02）.

［16］张伶.对破产案件审判监督制度的思考［N］.江苏经济报，2011-06-08（B03）.

2012 年

［1］陈义华.破产法中法院审判职能的理性回归与改革路径探析［J］.行政与法，2012（6）：75-78.

［2］李曙光．一个具标志性意义的案例闽发证券破产案审判实务评
论［J］．中国审判，2012（3）：63．

［3］奚晓明．当前审理企业破产案件需要注意的几个问题［J］．法律
适用，2012（1）：3-6．

［4］蔡晖．对政策性破产国有企业有担保债务的起诉应否受理［N］．
人民法院报，2012-07-18（7）．

［5］王东辉．破产案件审理中相关问题的思考［N］．江苏经济报，
2012-07-25（B03）．

［6］万静．破产法实施五年破产案依旧启动难［N］．法制日报，
2012-11-20（6）．

［7］高潮，杜豫苏，姚建军，罗振中，刘艳枫，呼延静，陈晶．探
索破产案件规律提高法官司法能力［N］．人民法院报，2012-11-
29（8）．

［8］孙兆晖，王要勤．北京二中院推行"两个定期报告制度"［N］．
人民法院报，2012-11-30（4）．

2013 年

［1］奚晓明．审理破产案件需要注意的几个问题［J］．法律适用，
2013（2）：3-4．

［2］王斐民．金融衍生交易破产保护的法律规则［J］．法律适用，
2013（7）：36-39．

［3］张继明．寻求公众利益与维护稳定的最佳契合点——社会本位
下的破产费用财政垫付机制［J］．山东审判，2013（6）：72-76．

［4］梅贤明，黄金火，邱何娟．闽发证券破产清算案始末［J］．检察
风云，2013（3）：44-46．

［5］钟河．闽发证券破产清算案：风雨过后的一抹亮色［J］．上海企
业，2013（2）：92-94．

［6］林小军，叶辉，孙杰，李蓝珊．34家公司破产案件进展情况答
记者问［N］．湛江日报，2013-10-07（A02）．

［7］李曙光．无锡尚德破产重整不能胡来［N］．经济参考报，2013-

05-07（8）.

［8］赵洋．尚德破产重整对银行并非坏事［N］.金融时报，2013-03-26（5）.

2014 年

［1］杨坤，邹勇，潘爱华，王晶．关于新《企业破产法》施行以来破产案件审理情况的调研报告［J］.山东审判，2014（6）：40-44.

［2］马剑.2003—2012 年人民法院审理破产案件的统计分析［J］.法制资讯，2014（3）：23-27.

［3］杨洁．赛维：破产还是重生［J］.现代国企研究，2014（15）：66-71.

［4］赖松．柏仙多格倒闭的启示［J］.纺织服装周刊，2014（23）：50.

［5］傅红叶．尘埃落定底特律破产终获批［J］.汽车纵横，2014（1）：128-129.

［6］孙海泳．底特律破产案的审视与反思［J］.国际融资，2014（2）：30-32.

［7］顾楠．春天来临前倒下［J］.中国有色金属，2014（23）：44-45.

［8］汤婧婧．破产也是对企业的保护和再造——温州法院创新破产案件审理模式［J］.今日浙江，2014（22）：48-49.

［9］李立新，皇甫振宇．城投公司逃废债行为的商事立法规制［J］.社会科学研究，2014（5）：136-141.

2015 年

［1］孙英，肖彬，康靖．关于破产审判改革试点法院工作情况的报告［J］.山东审判，2015（6）：98-101.

［2］山东省高级人民法院民二庭．全省法院破产案件态势分析及对

策建议 [J]. 山东审判, 2015 (3)：17-21.

[3] 戴晶莹, 黄枭燕. 论风险社会下司法权与行政权在破产机制中的协调——以 S 市 K 区政府先行垫付破产企业工资问题为视角 [J]. 浙江金融, 2015 (11)：15-21.

[4] 李忠林, 付英波. 企业破产中的利益博弈与共赢 [J]. 山东审判, 2015 (6)：62-65.

[5] 陆晓燕. 公司资本制改革后破产审判的应对机制 [J]. 人民司法, 2015 (9)：57-62.

[6] 张勇. 参与分配与破产在企业法人债务清偿中的选择适用——以基层法院的司法实践为基础 [J]. 人民司法, 2015 (11)：49-52.

[7] 顾建兵, 王林萍. 解发展难题助起死回生 [N]. 人民法院报, 2015-01-17 (4).

[8] 汪金敏. 揭秘中城破产迷雾 [N]. 建筑时报, 2015-02-05 (1).

[9] 何建, 袁博. 妥善处理企业破产案件审理中的几项关系 [N]. 人民法院报, 2015-03-25 (8).

[10] 冯跃. 政策性破产煤矿遗留问题亟需解决 [N]. 中国能源报, 2015-03-23 (12).

[11] 何欢. 探讨破产法实施中的疑难问题 [N]. 人民法院报, 2015-05-13 (7).

[12] 石金平, 殷华. 中小科技型企业破产程序的审判探索 [N]. 法制日报, 2015-06-24 (12).

[13] 刘洋. 重庆探索企业破产案件审理方式改革 [N]. 人民法院报, 2015-07-07 (1).

[14] 肖夏. 明德样本：转型船企破产真相 [N]. 21 世纪经济报道, 2015-08-31 (2).

[15] 钱瑜, 王潇立. 华光地产破产暴露中小房企资金短板 [N]. 北京商报, 2015-08-18 (3).

[16] 郭一鸣. 广州破产清算公益基金正式启用 [N]. 人民法院报, 2015-08-14 (4).

[17] 黄鑫. 处置"僵尸企业"要多重组少破产 [N]. 经济日报,

2015-11-26（5）.

［18］潘光林，方飞潮，叶希希．企业破产财产可优先适用司法网拍平台处置［N］．人民法院报，2015-11-19（6）.

［19］朱佩娴．企业危困为何仍不愿破产［N］．人民日报，2015-11-12（2）.

［20］陈锋．河南企业"求破产"之路［N］．华夏时报，2015-11-19（4）.

［21］杨林涛，钟睿，郑积亮，余静轲，周凌云．江山通过破产程序盘活"企业"［N］．衢州日报，2015-12-22（1）.

［22］王兆同．清理僵尸企业要依破产法制度进行［N］．经济参考报，2015-12-01（8）.

［23］张德民．如何让一艘"巨轮"起死回生［N］．人民法院报，2015-12-27（4）.

2016 年

［1］鞠海亭．温州"两链"金融风险司法化解与破产审判实践［J］．法律适用，2016（5）：74-79.

［2］赵玉忠，毕青龙．关于对"僵尸企业"处置中几个法律实务问题的思考——以淄博法院破产案件典型案例为视角［J］．山东审判，2016（3）：69-73.

［3］王晔君．造船企业破产潮来袭［J］．中国外资，2016（1）：52-53.

［4］姜洪武．保定天威缘何陷入破产境地［J］．经理人，2016（1）：68-70.

［5］王伟，李垒．OW Bunker破产引发的法律困境评析［J］．世界海运，2016（4）：37-44.

［6］范惠玲．从猴王集团破产案例分析公司治理［J］．现代商贸工业，2016（33）：94-95.

［7］王磊磊，李硕秋．数亿资产的民企何以被百万债权"破产"［J］．法人，2016（12）：56-58.

［8］王磊磊，汪定强．徐州强盛公司破产疑云［J］．法人，2016

（7）：63-65.

［9］景昊.如何应对德国买方破产风险［J］.国际融资，2016（3）：62-64.

［10］威海市中级人民法院课题组，李向阳.威海法院企业破产审判工作报告［J］.山东审判，2016（5）：104-107，93.

［11］最高人民法院力推中院设破产庭［J］.新理财，2016（9）：14.

［12］粟灵.广西有色破产阴霾［J］.中国企业家，2016（20）：62-67，9.

［13］陈志良.是真破产，还是为了逃避债务？——天津市武清区城关镇"博雅轩"楼盘烂尾调查［J］.人民法治，2016（9）：98-99.

［14］金晓平.破产申请受理前银行按约定抵扣还贷的效力判定［J］.人民司法（案例），2016（8）：68-73.

［15］李剑.转包人破产程序中工程价款的归属［J］.人民司法（案例），2016（26）：88-91.

［16］周庆华.设立清算与破产审判庭的总体思路［J］.人民司法（案例），2016（23）：2.

［17］王欣新.僵尸企业治理与破产法的实施［J］.人民司法（应用），2016（13）：4-9.

［18］吴高庆."四化机制"审理民企破产"一石三鸟"［N］.人民法院报，2016-01-21（5）.

［19］余建华，袁小荣，邱春燕.探索破产审判机制服务经济转型升级［N］.人民法院报，2016-02-05（4）.

［20］孟焕良.最大化实现破产制度价值［N］.人民法院报，2016-02-22（6）.

［21］孟焕良.破产审判针对"僵尸企业"的医疗与送终服务［N］.人民法院报，2016-02-22（6）.

［22］周剑敏，朱淼蛟，钱峰，朱建军，林长华.努力破解破产案件审理中的难题［N］.人民法院报，2016-07-21（8）.

［23］谢勇.大力推进破产审判助力破解执行之难［N］.人民法院报，2016-10-26（1）.

［24］姚海同．建立破产审判机构，保障经济健康发展［N］．人民法院报，2016-08-13（5）．

［25］刘效仁．设立破产法庭有助清理"僵尸"［N］．经济参考报，2016-08-16（8）．

2017 年

［1］杨春平．论经济转型条件下破产法律制度的有效适用［J］．法制与经济，2017（2）：5-8，13．

［2］李笑飞，李莹莹．浅议我国僵尸企业处置的法律适用［J］．河北企业，2017（5）：188-189．

［3］万洪亮．新常态下处置僵尸企业的法律思路［J］．法制与社会，2017（9）：98-99．

［4］何静．在供给侧改革下坚持破产法制度推进我国国有"僵尸企业"的清理［J］．佳木斯职业学院学报，2017（1）：164-165．

［5］杨国江．创新"烂尾楼"处置方式的探索与实践［J］．法制博览，2017（13）：180-182．

［6］郑伟华，苏汀珺．供给侧改革背景下破产审判理念的四个转变［N］．人民法院报，2017-02-15（7）．

［7］胡丕敢，王春飞．执行移送破产工作的实践探索［N］．人民法院报，2017-02-15（8）．

［8］王欣新．紧抓破产难点，把握审判走向［N］．人民法院报，2017-07-13（5）．

（十五）破产法中的职工保护

1986 年

［1］陶阳．实施"企业破产法"还需要做什么［J］．社会科学，

1986（6）：134.

1989 年

[1] 王兴生．开展破产倒闭企业职工救济金保险的实践 [J]．中国金融，1989（4）：41-42.

1990 年

[1] 戴文标．推行破产制度后的工资福利与社会保障问题的探讨 [J]．绍兴师专学报，1990（3）：118-122.

1994 年

[1] 郝利才．实施破产法的关键是建立失业职工安置基金——著名经济学家曹思源先生访谈录 [J]．财金贸易，1994（11）：16-17，20.
[2] 汤维建．谈破产救济 [J]．法律科学．西北政法学院学报，1994（6）：57-60.
[3] 王广洪．论体制转轨时期保证职工基本生活问题 [J]．经济评论，1994（1）：33-34.
[4] 彭显海．浅议破产企业的人员安置 [J]．法学评论，1994（2）：67-68.
[5] 朱雅宣．对破产企业职工安置问题的探讨 [J]．人民司法，1994（7）：29-31.

1996 年

[1] 王福重．论国有企业破产及职工的再就业 [J]．江西社会科学，1996（5）：15-17，22.
[2] 谢华平．妥善安置职工是国有企业顺利破产的关键 [J]．探索与

争鸣，1996（3）：33-36.

[3] 陈云卿．破产和失业：法律的缺陷［J］．管理科学文摘，1996（9）：55.

[4] 刘黎光．对破产企业离退休人员社会保障问题的探讨［J］．北方经贸，1996（4）：36-37.

[5] 祝发龙．关于破产企业职工的安置问题及其思考［J］．中国煤炭经济学院学报，1996（2）：18-21.

[6] 陈洪斌．对破产企业人员出路问题的思考［J］．荆州师专学报，1996（1）：31-33.

[7] 曾建平．如何安置破产企业职工［J］．工厂管理，1996（2）：12.

1997 年

[1] 郑尚元．破产立法与劳动者权益的保护［J］．经济与管理研究，1997（4）：37-41.

[2] 祁兆荣，刘敏．破产企业职工集资款受偿问题探析［J］．中央政法管理干部学院学报，1997（6）：46-48.

[3] 蔚新旺．社会保障与规范破产［J］．政府法制，1997（10）：32.

[4] 劳顾问．破产企业留守人员能否享受失业救济？［J］．创业者，1997（4）：33.

1998 年

[1] 王志方．失业群体：不可忽视的社会安定问题——关于海南破产企业职工状况问卷调查的分析［J］．市场与人口分析，1998（2）：4-7.

[2] 张竹英．兼并破产企业职工安置的几个法律问题［J］．兰州学刊，1998（5）：48-49，52.

[3] 杨冬梅．破产法与破产企业职工安置［J］．政法论坛，1998（2）：28-34.

1999 年

[1] 张建民．破产企业工会资产之归属 [J]．兵团工运，1999
    （11）：17-18.

2000 年

[1] 高平堂．有关企业破产问题的若干探讨 [J]．理论探索，2000
    （2）：59-60.

[2] 曹思源．破产法同样适用于上市公司 [J]．商业文化，2000
    （5）：16-17.

[3] 王中元，刘春旭．规范破产之思考 [J]．河北法学，2000（1）：
    96-99.

[4] 白君健．充分发挥工会作用维护破产企业工会资产 [J]．中国工
    会财会，2000（1）：29-30.

[5] 徐文祥．对破产企业欠缴工会经费清偿程序的探讨 [J]．中国工
    会财会，2000（3）：12-13.

[6] 史恩祥．要依法收回破产企业欠交的工会经费 [J]．中国工会财
    会，2000（5）：24-25.

[7] 周群利．破产企业的职工集资款如何清偿 [J]．中国农垦，2000
    （2）：38.

2001 年

[1] 张强，何敬海，尹香举．以稳定为中心以维护为重点搞好破产
    企业职工安置——关于门头沟煤矿关闭破产中维护职工权益的
    调查 [J]．工会博览，2001（20）：16-19.

[2] 何琦．论破产清算——职工安置及核算 [J]．石河子科技，2001
    （6）：36-38.

[3] 河北省任丘市总工会．破产企业欠拨的工会经费按第一顺序清

偿 [J]．工会博览，2001（5）：39．

［4］豆桂芬．部分破产企业职工思想状况及存在的问题 [J]．工会博览，2001（12）：24-25．

［5］艾双新．青海国有破产企业退休人员病有所医 [J]．工会博览，2001（18）：51．

［6］鲁志锋．企业破产工伤职工怎么办？ [J]．劳动安全与健康，2001（3）：15．

［7］如何实现破产企业工会资产顺利移交 [J]．中国工会财会，2001（3）：22．

［8］郭利亚，李环地．临西县总工会关于破产企业工会经费（资产）应列入第一清偿顺序的建议 [J]．中国工会财会，2001（3）：42．

［9］秦玉英．工会应积极介入破产企业清算 [J]．中国工会财会，2001（7）：23．

［10］郭继兰．贵阳制药厂工会在企业破产工作中重视维护职工合法权益 [J]．中国工运，2001（8）：16．

［11］董馨．公司破产工资应照付 [J]．现代营销，2001（3）：46．

［12］陈锦英．参与企业破产清算履行维权职能 [N]．工人日报，2001-09-26（5）．

［13］李江．企业破产后职工由谁管 [N]．中国煤炭报，2001-11-10（3）．

2002 年

［1］王欣新．试论破产立法与国企失业职工救济制度 [J]．政法论坛，2002（3）：34-40．

［2］赵忠智．破产重组中的职工心态 [J]．思想政治工作研究，2002（12）：35．

［3］刘黎明，阳贤文．破产法利益制衡机制论——兼论职工利益保护 [J]．西南政法大学学报，2002（3）：91-96．

［4］首钢总工会．发挥工会作用维护破产企业职工的权益 [J]．工会

博览，2002（6）：15-18.

［5］何山．妥善安置职工维护社会稳定——陕西安康市丝织印染厂破产工作实践［J］．中国工运，2002（4）：19.

［6］杨燕绥，阎中兴．安然破产案的启示［J］．中国社会保障，2002（4）：42-43.

［7］郑达．企业破产，我们的工资找哪儿要？［N］．中国劳动保障报，2002-01-15（4）.

［8］王建新．国企破产前先分流安置职工［N］．人民日报，2002-08-14.

［9］白瑞霞，张仁勇．退休职工的养老金如何保证［N］．人民法院报，2002-08-15.

［10］李国．孤苦残疾，他应该找谁赔偿？［N］．工人日报，2002-10-26.

［11］黎夏，林晓静．企业破产：关注劳动者保护和债权人利益［N］．民主与法制时报，2002-11-19（7）.

［12］黎夏，林晓静．关注职工安置和劳动者保护［N］．民主与法制时报，2002-12-10（6）.

［13］祁瑞年．破产企业职工工龄计算到何时？［N］．中国劳动保障报，2002-12-31（4）.

2003 年

［1］杨冬梅．破产法与破产企业职工权益保障［J］．工会理论与实践．中国工运学院学报，2003（1）：28-32.

［2］崔晓宁．企业破产，工伤待遇不能没［J］．山东劳动保障，2003（9）：40.

［3］本刊编辑部．企业破产后原固定工和合同制职工享受待遇有何不同［J］．劳动保障通讯，2003（5）：52.

［4］慕宏伟，王景成．浅议我国破产程序中工资优先权制度［J］．河南司法警官职业学院学报，2003（3）：110-111，115.

［5］余新华．企业关闭破产，工会维权不断［N］．中国矿业报，

2003-01-25.

[6] 赵立明．企业破产已四年，职工何时得安置［N］．工人日报，
2003-01-18.

[7] 鲁志峰．破产企业退休人员的医疗费由谁报销［N］．中国劳动
保障报，2003-02-19（A02）.

[8] 李恒．谁来支付企业破产后离退休人员的养老保险统筹金［N］.
法制日报，2003-03-12.

[9] 刘建勋．企业破产过程中的职工安置［N］．中国社会报，2003-
04-16.

[10] 邵珍．四项补充医保计划启动［N］．文汇报，2003-04-09（9）.

[11] 蒙景辉．企业破产必须妥善安置职工［N］．工人日报，2003-
05-29.

[12] 胡爱民．无情破产有情操作［N］．中国化工报，2003-06-04.

[13] 赵治江．襄阳改制破产企业离休干部安置管理"四到位"［N］.
中国老年报，2003-07-30（1）.

[14] 焦晓宁．企业破产，工伤待遇不能没［N］．工人日报，2003-
07-29.

[15] 刘纪生．企业破产，职工住房的事没黄［N］．中国冶金报，
2003-07-18.

[16] 邓新建，章宁旦，殷水泉．企业破产不停产，职工换岗不下岗
［N］．法制日报，2003-08-20.

[17] 刘国磊，张立新，王琪琳．从审理破产案件看社会保险制度的
完善［N］．人民政协报，2003-11-24.

2004 年

[1] 赵自云．企业破产应保障职工工伤保险待遇［J］．中国劳动，
2004（8）：65-66.

[2] 吴斌．国有破产企业财产的租赁与职工权利的法律保障——从
一则破产案件涉及的有关问题进行分析［J］．河北法学，2004
（9）：34-37.

［3］杨柳．破产法修改：力挺职工权益［J］．瞭望新闻周刊，2004（44）：37-38.

2005 年

［1］王欣新．论职工债权在破产清偿中的优先顺序问题［J］．法学杂志，2005（4）：35-38.

［2］周宝妹．企业破产与劳动者权益的保护［J］．安徽大学学报，2005（4）：77-81.

［3］陈云．破产企业伤残职工合法权益的法律救济［J］．中国劳动，2005（10）：29-31.

［4］余波．浅谈破产法中的劳动者权益保障问题［J］．金融与经济，2005（S1）：26-27.

［5］李立坤．国有企业破产案件中职工安置实务探析［J］．晟典律师评论，2005（2）：57-72.

［6］高梅梅．探析破产企业职工利益保护——聚焦《企业破产法（草案）》中"劳动债权优先偿还"［J］．宿州教育学院学报，2005（5）：40-42，55.

［7］王厚祥．防止破产企业矛盾纠纷激化的几点思考［J］．人民调解，2005（5）：27-28.

［8］赵志峰，张仁云．职工债权宜优先偿付［N］．人民法院报，2005-06-29（7）.

［9］柏亮．《企业破产法》起草工作组成员：建议由政府成立劳动债权清偿保障资金［N］．第一财经日报，2005-03-01（A03）.

［10］孔维寅．工资债权优先于税款［N］．江苏经济报，2005-01-26.

2006 年

［1］刘远生．完善我国现行的破产企业职工救济制度研究［J］．理论与改革，2006（1）：84-87.

［2］哺乳期用人单位破产应如何补偿［J］．中国社会保障，2006

（9）：77.

［3］田春润，向春华．用人单位破产后工伤旧伤复发的住院伙食补助和交通费怎么办［J］．中国社会保障，2006（12）：77.

［4］刘远生．完善我国现行的破产企业职工救济制度研究［J］．理论与改革，2006（1）：84-87.

［5］谭阿勇．论破产企业职工劳动债权保护法律制度之设置［J］．河南省政法管理干部学院学报，2006（4）：222-225.

［6］李群，黄沛．规范运作保障政策性破产企业职工合法权益［J］．辽宁经济，2006（4）：22.

［7］王瑜岭．关于解决破产企业职工社会救济的法律问题［J］．物流科技，2006（6）：172-174.

［8］于忠龙．破产法中职工优先受偿的经济法学分析——以经济法内物权为中心［J］．唯实，2006（Z1）：93-97.

［9］郭军．新《破产法》关于职工权益保护的制度设计评析［J］．中国工运，2006（12）：26-28.

［10］黄石．国有企业破产职工安置问题——对长沙汽车电器厂部分职工的个案访谈［J］．时代经贸，2006（6）：33-34.

［11］陈卿谋．破产企业中职工合法权益的确认和实现——对《企业破产法》相关规定的评析［J］．福建法学，2006（4）：59-61.

［12］石艳．企业破产"三险一金"未予补交职工仲裁被驳回［J］．劳动保障世界，2006（9）：37.

［13］欧阳觅剑．终结政策性破产与保障国企职工权益［N］．21世纪经济报道，2006-03-22（3）.

2007 年

［1］陈晴．我国破产程序中的劳动债权保护评析［J］．求索，2007（8）：100-103.

［2］张利华．企业重整制度中的职工权益保护研究［J］．商场现代化，2007（20）：266.

［3］张世君，张冬梅．略论破产重整中劳动者的权益保护［J］．北京

市工会干部学院学报，2007（4）：50-54.

2008 年

[1] 刘建仓. 劳动债权优先清偿的正当性及其合理限制 [J]. 社会科学评论，2008（3）：104-109.

2009 年

[1] 韩磊，杨京星，王明飞. 关于国有破产企业职工安置问题的探讨 [J]. 西部财会，2009（3）：54-57.

[2] 张鸿浩. 论破产法中职工债权的保护 [J]. 中国建设信息，2009（6）：62-63.

[3] 赵学利. 新破产法下的职工权益保护问题 [J]. 中国社会保障，2009（2）：28-29.

[4] 张莉慧. 案例："临时工"同享破产安置待遇 [J]. 工友，2009（2）：20-21.

[5] 王曦. 和谐社会与破产企业职工的保障和救济制度之构建 [J]. 经营管理者，2009（12）：202.

[6] 陈喻伟. 破产企业职工下岗期间再就业工伤问题分析 [J]. 经济研究导刊，2009（26）：144-145.

[7] 郭军. 对《企业破产法》劳动债权保护制度的评析 [J]. 中国律师，2009（8）：30-32.

[8] 李志平. 严把"五关"维护破产改制企业职工合法权益 [J]. 企业家天地，2009（5）：138-139.

[9] 赵健杰，黄河涛. 国际金融危机条件下工会维护破产企业职工权益的路径选择——大连开发区总工会处理日资企业"旭染织"破产案的启示 [J]. 工会理论研究（上海工会管理职业学院学报），2009（6）：20-23.

[10] 陈国华. 浅析破产企业职工债权保护制度的完善 [J]. 法制与

社会, 2009 (11)：135-136.

[11] 马月红, 刘娴. 破产企业退休人员纳入医保 [N]. 周口日报, 2008-06-16 (B01).

[12] 童珊. 企业破产组织不散 [N]. 中国老年报, 2008-07-17 (1).

[13] 陈艳艳. 加大力度切实做好破产企业职工安置工作 [N]. 毕节日报, 2008-11-03 (1).

[14] 李凯, 曹明晖. 市属 16 户破产企业职工安置工作年底基本完成 [N]. 太原日报, 2008-11-28 (1).

2009 年

[1] 王东辉. 工资债权优先性应当在分配顺序和分配方式上得以体现 [N]. 江苏经济报, 2009-01-14 (B02).

[2] 康波. 破产清算中职工工资是否应当优先受偿 [N]. 江苏法制报, 2009-11-17 (C01).

2010 年

[1] 黄良军. 企业非破产清算中劳动关系处理之法律问题研究 [J]. 中国劳动关系学院学报, 2010 (4)：24-28.

[2] 王艳华. 劳动债权与担保权之争——市场化破产发展趋势中劳动债权的保护 [J]. 公民与法 (法学版), 2010 (2)：31-34.

[3] 梅俊义. 破产清偿顺序与职工债权的保护 [J]. 湖北成人教育学院学报, 2010 (2)：63-65.

[4] 王江华. 金融企业清算中职工安置方案若干问题 [J]. 中国律师, 2010 (3)：70-72.

[5] 李玉峥. 破产法下职工权益保护问题研究 [J]. 经营管理者, 2010 (2)：293.

[6] 莅远洋, 陈庆云. 劳动债权范围研究 [J]. 中国商界 (下半月), 2010 (4)：288, 290.

[7] 姚明. 法院受理破产案件与政府协调作用的发挥从破产企业职工权益保护的视角 [J]. 中国律师, 2010 (10)：59-61.

[8] 王宗莉. 浅析《破产法》中的劳动债权 [J]. 中国集体经济, 2010 (12)：112-113.

[9] 甘露. 破产程序中劳动报酬请求权的优先权问题 [J]. 法制与社会, 2010 (21)：81.

[10] 余春红, 洪磊, 陆芳燕. 宁波镇海：法院依法判决, 职工终获赔偿 [N]. 工人日报, 2010-01-04 (6).

2011 年

[1] 刘锦城. 破产清偿中劳动债权优先受偿保护途径新探 [J]. 学术交流, 2011 (9)：87-90.

[2] 孙峰. 破产财产中劳动债权的优先性 [J]. 天津市经理学院学报, 2011 (4)：15-16.

[3] 李松, 黄洁. 破产程序时间过长劳动者"等不起"专家主张破产企业应尽早"了结"劳动合同 [J]. 法制与经济 (上旬), 2011 (12)：40.

2012 年

[1] 樊卓然. 企业破产了, 劳动合同怎么办 [N]. 人民法院报, 2012-01-30 (8).

[2] 胡新桥, 刘志月, 卢凌云. 审案必提司法建议护住职工利益 [N]. 法制日报, 2012-10-13 (5).

[3] 彭国顺, 路尚刚. 破产企业高管人员的经济补偿金如何计算 [N]. 人民法院报, 2012-11-15 (7).

2013 年

[1] 王欣新, 杨涛. 破产企业职工债权保障制度研究——改革社会

成本的包容与分担 [J]. 法治研究，2013（1）：23-29.

2014 年

［1］张小建. 改革完善失业保险为化解过剩产能稳定职工队伍发挥重要作用 [J]. 中国就业，2014（1）：13-15.

［2］尤莉. 论企业破产法对劳动债权的保护 [J]. 现代经济信息，2014（18）：372.

［3］方忠宏，陆威. 对《中华人民共和国企业破产法》中劳动债权的思考 [J]. 企业科技与发展，2014（17）：54-55.

［4］于尧. 以经济法学分析工资优先权的法定化 [J]. 中国管理信息化，2014（14）：96-98.

［5］张茂林. 企业破产工资优先权主体范围研究 [J]. 中国劳动，2014（5）：22-24.

［6］陈佳品. 别除权与劳动债权优先性之探讨 [J]. 法制博览（中旬刊），2014（2）：182.

［7］王欣新. 谈破产企业劳动合同的终止问题 [N]. 人民法院报，2014-12-17（7）.

2015 年

［1］黄良军. 论企业破产清算中劳动债权处理之法律完善 [J]. 湖北经济学院学报（人文社会科学版），2015（12）：96-98.

［2］张娇东. 破产清算组可收回职工居住的非住宅公房 [J]. 人民司法，2015（20）：41-43.

［3］朱忠虎. 企业破产或撤销，如何计算经济补偿 [N]. 中国劳动保障报，2015-03-24（5）.

［4］陈传胜. 涉破产企业劳动争议诉讼不必仲裁前置 [N]. 人民法院报，2015-12-16（7）.

2016 年

［1］陈夏红．香港破产机制中的雇员权利及其保障［J］．中国劳动关系学院学报，2016（4）：22-29.

［2］陈夏红．从核心到边缘：中国破产法进化中的职工问题（1986—2016）［J］．甘肃政法学院学报，2016（4）：92-117.

［3］陈夏红．破产企业雇员权利保护：欧盟经验及启示［J］．学术交流，2016（11）：105-111.

［4］陆宇星．企业破产清算时职工权益核算需要重点关注的法律问题［J］．人民之声，2016（1）：52-54.

［5］刘业林．企业破产重组，工伤职工的劳动合同如何依法终止？［J］．工会信息，2016（15）：16-17.

2017 年

［1］韦忠语．论破产重整中职工劳动权益的保护［J］．中国劳动，2017（5）：19-24.

［2］柴学伟，杨悦，赵英伟．平衡破产企业利益妥处劳动争议案件［N］．人民法院报，2017-01-26（8）.

［3］徐淳．破产企业职工债权确认是否需要仲裁前置［N］．中国劳动保障报，2017-06-06（6）.

（十六）跨境破产

1989 年

［1］余劲松．论破产的地域效力［J］．中南政法学院学报，1989（4）：57-64.

1995 年

[1] 李国安. 试论破产宣告的域外效力 [J]. 厦门大学学报 (哲学社会科学版), 1995 (4): 71-76.

1996 年

[1] 石静霞. 涉外破产中债权人的特殊保护与救济 [J]. 法商研究 (中南政法学院学报), 1996 (4): 5-9.

[2] 余劲松, 石静霞. 涉外破产的若干法律问题 [J]. 中国社会科学, 1996 (4): 96-113.

1997 年

[1] 王传辉. 论破产的域外效力——兼谈我国关于破产域外效力的立法原则选择及制度设计 [J]. 上海大学学报 (社会科学版), 1997 (4): 34-38.

[2] 杜中超. 破产的域外效力与我国涉外破产法的完善 [J]. 河南师范大学学报 (哲学社会科学版), 1997 (4): 19-22, 38.

1998 年

[1] 宋俐. 略论破产宣告的域外效力 [J]. 法学杂志, 1998 (3): 24-25.

[2] 曾二秀. 论我国涉外破产法律制度之完善 [J]. 法制与经济, 1998 (1): 32-33.

1999 年

[1] 张琼. 破产法研究的新视点——《跨国破产的法律问题研究》

评介［J］．法学评论，1999（5）：133-136.

［2］汪炜，陈国靖．破产宣告的域外效力及我国的立法对策［J］．理论月刊，1999（6）：34-35，42.

［3］田园．论国际破产的法律适用［J］．河南省政法管理干部学院学报，1999（2）：43-47.

［4］汪炜．涉外破产宣告的域外效力及我国的立法对策［J］．武汉交通科技大学学报（社会科学版），1999（1）：54-56.

［5］海棠．简论破产宣告的域外效力［J］．前沿，1999（4）：44-47.

2000 年

［1］方正．论跨国破产的几个问题及解决——兼评《跨国破产的法律问题研究》一书［J］．中国法学，2000（3）：153-158.

［2］王琪．试论破产的域外效力［J］．贵州财经学院学报，2000（2）：60-62.

［3］王建源．香港特区首例认可台湾地区法院破产令判例评析［J］．台湾研究集刊，2000（3）：59-66.

［4］李凯．跨国公司破产及重组的国际合作［J］．律师世界，2000（3）：38-39.

［5］张颖．论破产宣告的地域效力［J］．南京经济学院学报，2000（6）：69-72.

2001 年

［1］沈益平．论破产宣告的域外效力［J］．浙江省政法管理干部学院学报，2001（6）：41-43.

［2］冷荣芝．跨国公司国际破产的法律问题探析［J］．河北经贸大学学报（综合版），2001（1）：41-45.

［3］李建新，钱平．破产企业的涉外债权处理［N］．法制日报，2001-10-28（2）.

2002 年

[1] 石静霞. 我国破产程序域外效力的实例分析——评香港高等法院对"广信"破产程序的承认 [J]. 政法论坛, 2002 (3): 42-46.

[2] 石静霞. 中国的跨界破产法: 现状、问题及发展 [J]. 中国法学, 2002 (1): 114-126.

[3] 刘力. 论涉外破产的法律适用 [J]. 法律适用 (国家法官学院学报), 2002 (7): 41-43.

[4] 刘力. 国际破产宣告的域外效力 [J]. 人民司法, 2002 (5): 57-59.

2003 年

[1] 张玲. 跨国破产国际合作趋势研究 [J]. 政法论坛, 2003 (4): 177-182.

[2] 张玲. 对我国新破产法起草中跨国破产问题的探讨 [J]. 法律适用, 2003 (7): 69-70.

[3] 谢尹琳. 跨国破产域外效力研究——以折衷主义的立法选择为视角 [J]. 政法论丛, 2003 (6): 77-81.

[4] 汪平. 折衷主义在跨国破产域外效力中的主导地位 [J]. 广西社会科学, 2003 (9): 80-82.

[5] 万琦, 谢保军. 论破产的域外效力 [J]. 甘肃政法成人教育学院学报, 2003 (3): 44-46.

[6] 郭德香. 浅议破产宣告的域外效力 [J]. 河南省政法管理干部学院学报, 2003 (3): 68-71.

[7] 喻磊. 跨国破产与我国破产法的完善 [J]. 企业经济, 2003 (12): 139-141.

[8] 刘建红. 申请承认和执行意大利法院破产裁决案 [J]. 中国法律, 2003 (3): 32-34, 95-98.

［9］ 曾涛，孙健．论跨国公司破产中债权人利益的公平保护［J］．广西政法管理干部学院学报，2003（2）：70-72，82．

［10］ 苏双丽，胡成智，金益亭．试析入世后外国破产宣告在我国的承认和执行［J］．广西经贸，2003（12）：60-61，51．

［11］ 李芘．南京"希尔顿"申请破产，香港中旅寻找重组机会［N］．国际金融报，2003-01-06．

［12］ 杨健，赵肖峰．国投破产打开一扇窗［N］．新华每日电讯，2003-03-01（5）．

2004 年

［1］ 季立刚，张梦．跨国银行破产法律制度基本原则之探讨［J］．政治与法律，2004（5）：86-91．

［2］ 余和平．跨国破产的法律适用［J］．西南民族大学学报（人文社科版），2004（10）：128-131．

［3］ 李仁真，程吉生．国际银行破产法律冲突的若干问题研究［J］．时代法学，2004（2）：9-18．

［4］ 马志强．论国际破产的法律适用［J］．焦作师范高等专科学校学报，2004（4）：13-15．

［5］ 张玲．加快跨界破产立法［N］．经济日报，2004-05-24．

2005 年

［1］ 谢乃煌．论我国破产域外效力立法的规制［J］．企业家天地，2005（2）：85-87．

［2］ 祝阳．跨国破产法的统一化趋势研究［J］．贵阳金筑大学学报，2005（3）：31-33．

2006 年

［1］ 许钰．试论跨国破产的域外效力［J］．晟典律师评论，2006

（0）：72-83.

［2］季立刚. 跨国银行破产域外效力的冲突与协调［J］. 上海金融，
2006（5）：66-69.

［3］罗岚，杨国强. 跨境破产在中国将有法可依［N］. 人民日报海
外版，2006-09-22（5）.

2007 年

［1］张玲. 跨境破产法统一化方式的多元化［J］. 政法论坛，2007
（4）：142-151.

［2］何其生. 新实用主义与晚近破产冲突法的发展［J］. 法学研究，
2007（6）：140-151.

2008 年

［1］王欣新，王健彬. 我国承认外国破产程序域外效力制度的解析
及完善［J］. 法学杂志，2008（6）：10-13.

2009 年

［1］张玲. 跨境破产国际合作的模式［J］. 甘肃政法学院学报，2009
（1）：119-123.

［2］张玲. 欧盟跨界破产管辖权制度的创新与发展——"主要利益
中心"标准在欧盟适用的判例研究［J］. 政法论坛，2009（2）：
113-119.

［3］王芳. 香港与内地跨境破产的法律框架研究［J］. 政法论坛，
2009（5）：75-83.

［4］李良才. 跨国金融机构破产案件的管辖权选择［J］. 法学，2009
（8）：127-132.

［5］解正山. 论 COMI 在跨国破产国际管辖中的适用——欧盟及美国
的视角［J］. 环球法律评论，2009（6）：135-143.

［6］祝宁波，胡勇．试论跨境破产风险之防范——美国飞达仕公司破产保护案的思考［J］．社会科学家，2009（2）：80-83.

［7］孙文雪，周琳．国际破产管辖问题比较研究［J］．滨州学院学报，2009（1）：45-49.

［8］胡健．内地与香港跨境破产中的法律问题［J］．中国法律，2009（4）：43-46，98-103.

［9］马腾，胡健．论内地与香港跨境破产中的法律冲突及协调机制［J］．安徽大学法律评论，2009（1）：31-46.

［10］张少武，姜旭辉．离岸公司破产管辖原则初探［J］．经济论坛，2009（1）：134-136.

［11］王善梅．跨国公司破产中债权人利益的法律保护与救济［J］．运城学院学报，2009（3）：75-78.

［12］陈婧．破产宣告域外效力研究［J］．法制与社会，2009（16）：29-30.

［13］胡健．跨境破产：内地与香港不得不面对的难题［J］．公民导刊，2009（11）：42-43.

［14］周敬之．国际破产法庭呼之欲出［N］．河南日报，2009-06-10（12）.

［15］李薇．中国企业如何摆脱跨境破产牵连［N］．北京商报，2009-09-18（5）.

2010 年

［1］姜明，李芳瑾．在华跨国公司破产其环境侵权债权人如何保护？［J］．环境保护，2010（9）：40-41.

［2］辜晓丹．我国新破产法中的跨界破产制度分析［J］．今日科苑，2010（6）：108-109.

［3］尹正友．建议完善我国跨境破产承认制度［J］．中国律师，2010（10）：56-58.

［4］胡健．破解跨境破产难题：以香港为例［N］．中国社会科学报，2010-03-16（10）.

2011 年

[1] 张洁. 浅析跨国破产的管辖权 [J]. 合作经济与科技，2011（6）：30-31.

[2] 黄少彬，张旭，温文治. 国外跨国破产管辖制度及对我国立法的启示 [J]. 湖南财政经济学院学报，2011（4）：5-8.

[3] 黄少彬，张旭，温文治. 关于构建我国跨境破产管理人制度的思考 [J]. 江南大学学报（人文社会科学版），2011（5）：31-35.

2012 年

[1] 郑维炜. 中国应对跨国破产法律问题的策略选择 [J]. 当代法学，2012（1）：126-132.

[2] 黄少彬，张旭，温文治. 构建内地与香港区际跨境破产协作机制的可行性分析 [J]. 喀什师范学院学报，2012（1）：31-34.

[3] 吴京. 跨国银行破产的法律问题及应对 [J]. 宁夏大学学报（人文社会科学版），2012（3）：122-129.

[4] 贾树学，王从荣. 欧美跨国破产中"主要利益中心"适用的差异性分析 [J]. 人民论坛，2012（23）：250-251.

[5] 邓瑾. 论跨国企业集团破产的处理方法——独立实体原则与单一企业原则的争辩 [J]. 政法学刊，2012（4）：61-65.

2013 年

[1] 邓瑾. 跨国企业集团破产的立法模式研究 [J]. 政治与法律，2013（5）：99-112.

[2] 张玲. 跨国破产案件中平行破产的协调与合作 [J]. 天津大学学报（社会科学版），2013（2）：154-159.

[3] 邓瑾. 论跨国破产法律适用的发展趋势 [J]. 暨南学报（哲学

社会科学版），2013（12）：74-83.

2014 年

［1］邓瑾．论跨国企业集团破产中"主要利益中心地"的确定——"命令和控制"方法的探讨［J］．河北法学，2014（3）：148-155.

2015 年

［1］宋姜美．所有权保留在跨国破产中的效力——以 2000 年《欧盟理事会破产程序规则》为视角［J］．学术探索，2015（7）：63-69.

［2］梁领凌，曾玉莹．内地与香港区际跨境破产之争议与合作［J］．牡丹江大学学报，2015（12）：22-24.

［3］陈乾．协议控制模式中的跨境破产问题解析［J］．牡丹江大学学报，2015（9）：42-44.

［4］胡梦婷．跨国银行破产的法律冲突及对策［J］．北京财贸职业学院学报，2015（4）：15-18，22.

2016 年

［1］王纬国．当前形势下跨界海事破产的若干突出问题研究［J］．中国海商法研究，2016（4）：108-117.

［2］张艳丽．破产重整制度有效运行的问题与出路［J］．法学杂志，2016（6）：92-102.

［3］张思明．美国破产重整 DIP 融资制度研究［J］．商业研究，2016（6）：186-192，185.

［4］南单婵．破产重整企业信用修复研究［J］．上海金融，2016（4）：84-87.

［5］丁燕．上市公司重整中行政权运行的偏离与矫正——以 45 家破

产重组之上市公司为研究样本 [J]. 法学论坛, 2016 (2): 122-129.

[6] 张海征. 论 VIE 架构对中国跨境破产制度提出的特殊问题 [J]. 首都师范大学学报 (社会科学版), 2016 (3): 58-66.

[7] 徐扬. 试析跨国银行破产存款保险制度 [J]. 湖南科技学院学报, 2016 (3): 86-88.

[8] 刘敏敏. 中国跨界破产管辖权分配制度的重构 [J]. 大庆社会科学, 2016 (2): 39-45.

[9] 吉平. 韩进破产案带来的启示 [J]. 中国远洋航务, 2016 (10): 14.

[10] 张文广. 如何应对韩进海运破产保护的冲击 [J]. 中国海事, 2016 (10): 34-35.

[11] 王锐丽. "围观" 韩进破产 [J]. 珠江水运, 2016 (18): 1.

[12] 程鑫. 浅议跨国企业破产中 "主要利益中心地" 的确定——"利益" 界定中确定性与灵活性的统一 [J]. 商, 2016 (9): 208-209, 198.

[13] 阳佳晨. 跨国破产中的地方主义与普遍主义——公平与国家主权是否可兼得 [J]. 现代商贸工业, 2016 (1): 196-197.

[14] 邓旭. 韩进破产波及 CIF 合同承运 [J]. 中国外汇, 2016 (22): 24-26.

[15] 夏霖. 韩进破产事件后续风险控制 [J]. 中国外汇, 2016 (20): 31-33.

[16] 曹戎, 刘俊. 韩进海运破产反思录 [J]. 珠江水运, 2016 (S2): 82-86.

[17] 袁斌, 温莉. 直面韩进破产 "冲击波" [J]. 中国外汇, 2016 (19): 57-59.

[18] 牛红岩. 中国企业如何应对韩进海运破产事件 [J]. 进出口经理人, 2016 (10): 64-66.

[19] 叶立新, 韩路. 基于安然公司破产案例浅谈跨国公司风险转移 [J]. 市场周刊 (理论研究), 2016 (3): 23-24.

[20] 陈夏红. 英国 "脱欧" 关跨境破产什么事儿? [N]. 法制日报,

2016-06-29（12）.

[21] 陈夏红．欧盟跨境破产信息登记系统及其启示［N］．法制日报，2016-08-10（11）.

2017 年

[1] 张文广．韩进破产案挑战跨境破产制度［N］．经济参考报，2017-03-07（8）.

（十七）破 产 责 任

1991 年

[1] 周福民，陈筱洁．承租人对集体企业破产应否承担责任［J］．法学，1991（11）：32-33.

1994 年

[1] 鲁滨中．破产企业逃避债务之处理［J］．法学，1994（11）：27-28.

[2] 宋彦．完善我国的破产罚则立法［J］．法学，1994（11）：32-34.

[3] 邹海林．破产免责的含义与我国破产法［J］．河北法学，1994（2）：11-12，37.

1995 年

[1] 龙超兵．试论建立破产责任制度［J］．法学，1995（11）：2-4.

[2] 周传谟，韩林成，刘伟，刘培森．对破产企业逃避债务行为的

处理［J］. 人民司法，1995（7）：8-9.

［3］周传谟，韩林成，刘伟，刘培森. 破产企业逃避债务行为的处理和预防［J］. 山东审判，1995（5）：23-24.

1996 年

［1］汤维建. 论破产法上的复权制度［J］. 法学家，1996（5）：14-21.

1997 年

［1］李玫，梁清华. 企业破产逃贷及其对策［J］. 现代法学，1997（5）：94-95.

［2］谢少雄，王奇冰. 不规范破产行为的负效应及治理对策［J］. 城市金融论坛，1997（4）：33-36.

［3］申金生. 由"破产甩债"而引发的深层思考［J］. 金融经济，1997（4）：39-42.

［4］邵苏东. 析企业"恶意破产"及化解金融风险的对策［J］. 长春大学学报，1997（4）：10-13.

［5］傅兴超，刘晓舟. 对不规范破产行为的剖析［J］. 黑龙江金融，1997（7）：42-43.

［6］谢少雄，琦冰. 不规范破产行为的负效应［J］. 金融信息参考，1997（4）：8-9.

［7］余达霞. 关于破产企业逃避银行债务的法律思考［J］. 中国农业银行武汉管理干部学院学报，1997（2）：60-61.

［8］武星，黄莉萍. 试论我国破产法中设立监察人制度的必要性［J］. 建材高教理论与实践，1997（1）：70-71.

1998 年

［1］王欣新. 试论破产案件中的保证责任问题［J］. 法学家，1998

（2）：31-36.

［2］陈爱国，白财富．借破产之名　行逃债之实——企业破产欺诈伎俩种种［J］．企业管理，1998（9）：15.

［3］杨佩．利用破产逃废银行债务的法律分析及建议［J］．城市金融论坛，1998（2）：18-20.

［4］肖文军．对当前企业假破产、突击假破产现象的分析［J］．河北金融，1998（3）：22-23.

1999 年

［1］张秀英．破产逃债损害债权人权益辨析［J］．河南大学学报（社会科学版），1999（6）：71-74.

［2］郝律师，马行健．企业的破产行为应合法（上）——为几位当事人解惑［J］．中国中小企业，1999（3）：27.

［3］郝律师，马行健．企业的破产行为应合法（下）——为几位当事人解惑［J］．中国中小企业，1999（4）：36.

［4］侯作前．企业破产中的违法行为与整治［J］．山东矿业学院学报（社会科学版），1999（1）：53-56.

2000 年

［1］袁锦秀，胡玲芝．企业破产失范行为的法律思考［J］．湖南教育学院学报，2000（4）：8-11.

［2］张影．破产诈欺行为探析［J］．浙江省政法管理干部学院学报，2000（3）：77-79.

［3］田如柱．破产还债还是破产逃债——徐州市一集体企业破产引发法律问题［J］．中国经济快讯，2000（3）：24.

［4］刘敏杰．我国涉外破产反欺诈立法应"三步走"［J］．东北财经大学学报，2000（2）：92-94.

2001 年

[1] 孙业群. 本月论点：法律与实践——"破产逃债"的现象及对策 [J]. 中国律师, 2001 (4)：28-30.

[2] 谢雅萍. 遇到假破产怎么办? [J]. 大众科技, 2001 (2)：39.

2002 年

[1] 肖建华, 王淇. 破产清算制度的完善与债务欺诈之防范 [J]. 法学杂志, 2002 (4)：30-32.

[2] 王亚南. 关于完善我国反破产欺诈法律制度的思考 [J]. 湖北民族学院学报 (哲学社会科学版), 2002 (5)：53-55, 78.

[3] 覃美洲, 邓艳. 破产欺诈的法律思考 [J]. 当代法学, 2002 (12)：130-131, 135.

[4] 张琳. 论恶意破产行为及其防治对策 [J]. 法学论坛, 2002 (5)：67-71.

[5] 令伟家, 徐旭忠. "康尔寿事件" 追踪报道疑窦重重的 "假破产" [J]. 瞭望新闻周刊, 2002 (40)：35-38.

[6] 庄会宁. "假破产" 何以日渐猖獗 [J]. 瞭望新闻周刊, 2002 (40)：36-37.

[7] 葛现琴. 破产欺诈成因分析 [J]. 经济师, 2002 (9)：70-72.

[8] 陈海军. 企业破产案件中 "隐性" 违法行为透视 [J]. 上海企业, 2002 (8)：56, 57, 48, 1.

[9] 陈海军. 企业破产案件中 "隐性" 违法行为透视 [J]. 湖南经济, 2002 (11)：40-41.

[10] 蔡玉波. 试论破产的民事责任——民事责任主体及其违法行为的认定与追究和归责原则 [J]. 西南交通大学学报 (社会科学版), 2002 (2)：94-97.

[11] 马静. 治理破产逃债的法律对策——猴王集团破产案的启示 [J]. 行政与法, 2002 (7)：73-74.

［12］周岷．治理破产逃债的法律对策［J］．黑龙江省政法管理干部学院学报，2002（2）：47-49.

［13］涂克明．略论恶意破产［J］．武汉金融高等专科学校学报，2002（5）：56-58.

［14］谢俊林．破产企业董事责任问题探析［J］．政法学刊，2002（5）：75-77.

［15］罗文正．对企业破产逃废债务行为的法律约束——兼谈对《关于审理企业破产案件若干问题的规定》有关条文的理解［J］．中国农村信用合作，2002（10）：43.

［16］范传卿，高红梅，叶岷．依法规范企业破产行为［J］．金融理论与实践，2002（6）：59.

［17］李玉文，毕玲．解决企业逃废债务问题的法律思考［J］．财贸研究，2002（5）：105-106.

［18］邬焕庆．破庙里的富方丈难再逍遥［N］．新华每日电讯，2002-08-02（3）.

［19］许光．企业破产后承包人应否承担企业债务［N］．人民法院报，2002-11-06.

［20］黎夏，林晓静．"假破产，真逃债"，责任难逃［N］．民主与法制时报，2002-11-26（7）.

2003 年

［1］韩长印．经营者个人对企业破产的责任［J］．法学评论，2003（1）：28-35.

［2］卢林．企业法人逃废债务的特点与破产立法的完善［J］．当代法学，2003（1）：67-71.

［3］张辉．防止破产欺诈规范现代企业行为［J］．黑龙江省政法管理干部学院学报，2003（4）：30-32.

［4］彭雪辉．中国内地反公司破产避债法例之探讨［J］．中国法律，2003（5）：22-26，84-89.

［5］张辉，吕维刚．破产欺诈的防范及对策［J］．北方经贸，2003
（2）：52.

［6］张茅，李露．企业借破产逃避银行债务及相应对策［J］．律师世
界，2003（9）：10-11.

［7］孙增气，彭凤珍．破产还是盗产［J］．中国改革（农村版），
2003（6）：63.

［8］因破产解除合同属违约吗？［N］．中国劳动保障报，2003-01-28
（4）.

［9］张炜．银广夏：因民事赔偿而破产？［N］．中国经济时报，
2003-01-13.

［10］A.C.吉尔伯特公司的破产［N］．中华工商时报，2003-02-20.

2004 年

［1］程春华，周立英．破产法律责任的解析与完善［J］．甘肃社会科
学，2004（4）：76-80.

［2］周立英，邓斌．浅议破产责任制度的重构［J］．企业经济，2004
（8）：180-181.

［3］黄玉辉．企业法人不尽清算责任的法律对策［J］．法律适用，
2004（9）：75-76.

［4］喻玲，扬莉．论破产管理人对利害关系人的民事责任［J］．南昌
高专学报，2004（1）：25-27.

［5］王欣新．新破产立法中的法律责任制度［N］．人民法院报，
2004-09-10.

2005 年

［1］张峤，虞振威．论公司非破产清算义务人的确立及责任承担
［J］．特区经济，2005（1）：185-186.

［2］曾明生．对完善破产责任体系的若干思考［J］．企业经济，2005
（3）：170-172．

［3］张在范．论破产管理人民事责任的归责原则［J］．河南师范大学
学报（哲学社会科学版），2005（4）：78-80．

［4］张在范．破产管理人民事责任若干问题探析［J］．许昌学院学
报，2005（3）：140-142．

［5］高有和．现行破产法律责任制度的缺陷及改进建议［J］．海南金
融，2005（12）：48-50．

［6］毛寒松，袁炜，郭佳．对股东占资破产游戏须严刑峻法［N］.
中国证券报，2005-10-15（A14）．

2006 年

［1］张晨颖．破产免责制度中的平衡理念［J］．浙江大学学报（人
文社会科学版），2006（2）：178-180．

［2］张晨颖．破产免责制度的正当性及其实现［J］．社会科学战线，
2006（5）：288-290．

2007 年

［1］杨剑．论企业经营者的破产责任［J］．经济论坛，2007（13）：
107-108．

［2］文娟．企业破产案件中的违法行为透视［J］．法制与社会，2007
（11）：321-322．

2008 年

［1］甘培忠，赵文贵．论破产法上债务人高管人员民事责任的追究
［J］．政法论坛，2008（2）：114-121．

2009 年

［1］孙向齐，杨继锋. 关联企业破产违法行为的规制 ［J］. 法学杂志，2009（9）：119-121.

［2］王湘平. 准破产债务人设立信托规避债务分析 ［J］. 企业家天地，2009（1）：47-49.

［3］张鹏. 破产欺诈——企业管理者与银行之间的博弈研究 ［J］. 消费导刊，2009（17）：38，41.

2010 年

［1］桑爱英. 浅议破产免责制度 ［J］. 云南大学学报（法学版），2010（1）：50-55.

2011 年

［1］王彬. 论新《破产法》对破产不当行为及负责人个人责任的规制 ［J］. 山东审判，2011（2）：99-103.

2012 年

［1］张学文. 公司破产边缘董事不当激励的法律规制 ［J］. 现代法学，2012（6）：93.

［2］蒋云贵. 食品企业破产法律风险防控机制创新研究 ［J］. 湖南社会科学，2012（5）：114-116.

［3］陈丽琴. 企业利用破产逃避债务的法律规制 ［J］. 产业与科技论坛，2012（17）：47-48.

［4］卫建萍，刘为念，汤峥鸣. 破产不破责任防范债权风险 ［N］. 人民法院报，2012-03-17（1）.

2013 年

[1] 蔡晓荣.从负债应偿到破产免责：破产债务清偿责任衍进的中国法律史叙事 [J].法学家，2013（6）：93-107，176.

2014 年

[1] 郭丁铭.公司破产与董事对债权人的义务和责任 [J].上海财经大学学报，2014（2）：83-89，97.

[2] 张东平.集资案件刑民关系的交叉与协调 [J].北京社会科学，2014（1）：105-111.

[3] 张世君.破产企业高管的公法责任 [J].中国矿业大学学报（社会科学版），2014（3）：31-36.

[4] 费章福.破产责任与清偿顺序问题分析 [J].现代商贸工业，2014（19）：169.

2015 年

[1] 张世君.我国破产法上行政责任的衰微与再造 [J].法商研究，2015（5）：111-119.

[2] 翁孙哲.破产程序中债务人的环境责任——国外司法实践与公共政策分析 [J].商业研究，2015（2）：185-192.

[3] 李宏祥，娄菊霞.破产企业污染法律责任谁承担？[J].环境经济，2015（Z7）：30.

2016 年

[1] 邓蕊.食品安全事故中民事责任优先原则的实现障碍与对策分析 [J].广西社会科学，2016（6）：109-113.

（十八）破 产 犯 罪

1987 年

［1］王欣新．论破产犯罪［J］.青海社会科学，1987（5）：107-109.

1988 年

［1］柯善芳．论破产犯罪的罪名和构成［J］.法学，1988（8）：21-23.

1989 年

［1］胡鹰．破产犯罪简论［J］.法律科学．西北政法学院学报，1990（6）：40-45.

［2］梁增昌，贾宇．论破产诈欺罪［J］.法学研究，1990（5）：23-27.

1994 年

［1］郝守才．破产犯罪的比较研究——兼谈我国破产犯罪的立法完善问题［J］.法商研究（中南政法学院学报），1994（4）：66-73.

1995 年

［1］沈贵明．破产犯罪立法研究［J］.法学评论，1995（6）：38-41.

［2］李永军．破产犯罪的比较研究［J］.中国法学，1995（2）：50-57.

［3］张士顺，褚红军．关于完善我国破产犯罪制度的几点思考［J］．法律适用，1995（10）：35-38.

［4］谢红．我国破产犯罪的架构分析与立法建议［J］．法学，1995（2）：42-43.

［5］牛建华．破产犯罪探微［J］．法律适用，1996（4）：36-39.

［6］胡怀．破产犯罪探讨［J］．益阳师专学报，1995（2）：125-126.

1996 年

［1］沈贵明．论破产犯罪的立法问题［J］．中州学刊，1996（1）：44-49.

［2］李卫红．破产犯罪论［J］．辽宁大学学报（哲学社会科学版），1996（5）：99-101.

［3］张士顺，褚红军．关于完善我国破产犯罪制度的几点思考［J］．法学天地，1996（2）：24-28.

1997 年

［1］孙延生．试论破产犯罪问题［J］．前沿，1997（11）：67-70.

［2］陈爱国．关于破产犯罪的几点法律思考［J］．河北法学，1997（4）：5-8.

［3］张少军．破产诈欺罪探讨［J］．河北法学，1997（1）：31-34.

［4］向朝阳，郭超．破产犯罪的立法问题［J］．检察理论研究，1997（1）：19-21.

［5］王延春．严惩破产欺诈［J］．金融信息参考，1997（4）：9.

［6］陈灏珠．完善《企业破产法》防止利用企业破产搞犯罪活动［J］．前进论坛，1997（5）：13.

［7］王新平．关于完善我国破产犯罪立法的构想［J］．法制与经济，1997（1）：23-25.

1998 年

［1］李伟．破产犯罪研究［J］．法律科学（西北政法学院学报），1998（2）：73-77.

［2］刘文慧．破产欺诈行为探析［J］．企业经济，1998（5）：42-43.

［3］尚丰勤，董福源，王熙平．规范破产行为防范金融风险——谈《破产法》的实施对银行信贷资产的影响及对策［J］．金融理论与实践，1998（6）：33-34.

［4］蒋大兴，简海燕．妨害清算罪比较研究——兼评新刑法第162条［J］．山东法学，1998（6）：39-42.

［5］姚澜，胡悦．关于破产犯罪的法律思考［J］．行政与法，1998（3）：20-21.

［6］卢利平．完善破产犯罪立法之管见［J］．湖湘论坛，1998（3）：68-69.

［7］吴锦标．破产犯罪之比较立法研究［J］．山东审判，1998（2）：11-14.

1999 年

［1］刘延和．徇私舞弊造成破产、亏损罪若干问题探讨［J］．当代法学，1999（6）：53-55.

［2］李伟．破产犯罪研究［J］．学术探索，1999（2）：48-51.

［3］孙卫华，蒋大兴．妨害清算罪比较研究——兼评新刑法第162条［J］．学术交流，1999（2）：114-118.

［4］肖卫星，刘永贵．破产犯罪研究［J］．律师世界，1999（8）：35-38.

［5］王树岭．破产犯罪刍议［J］．山东审判，1999（1）：29-32.

2000 年

[1] 王琪．对我国破产犯罪制度的几点思考［J］．湖南商学院学报，2000（2）：96-105．

[2] 张影．简论徇私舞弊造成破产亏损罪［J］．行政与法，2000（4）：26-27．

[3] 张友笔，李擒．徇私舞弊造成破产、亏损罪及其修正［J］．中国刑事法杂志，2000（2）：26-29．

2001 年

[1] 马松建．破产犯罪研究［J］．河南社会科学，2001（4）：71-73．

[2] 曲伶俐．徇私舞弊造成破产、亏损罪修正之评析［J］．政法论丛，2001（2）：43-46．

[3] 谢治东．关于完善我国破产犯罪立法的思考［J］．浙江省政法管理干部学院学报，2001（6）：58-60．

[4] 张奋成．完善破产犯罪立法刍议［J］．兰州铁道学院学报，2001（2）：65-68．

[5] 姜国锋．我国应完善破产犯罪法律制度［J］．山东省农业管理干部学院学报，2001（1）：87-88．

[6] 王武，郭智宏．论徇私舞弊造成破产、亏损罪［J］．上海市政法管理干部学院学报，2001（4）：77-79．

[7] 姜国云．与破产相关的犯罪立法探讨［N］．江苏经济报，2001-04-20（00C）．

2002 年

[1] 徐松林．我国刑法应增设破产欺诈罪［J］．华南理工大学学报（社会科学版），2002（4）：60-65．

[2] 林炳发．注册会计师故意、过失出具虚假证明文件的刑事责

任——美国安达信会计公司与"安龙公司破产案"的启示（续一）［J］. 中国审计信息与方法，2002（3）：18-20.

［3］吴娟. 恶意破产就是犯罪！［N］. 文汇报，2002-03-01（2）.

［4］甘国星. 企业破产谨防贪污公款犯罪［N］. 法制日报，2002-06-08（6）.

［5］张玉梅. 涉嫌犯罪单位"消灭" 如何进行追诉［N］. 检察日报，2002-07-18.

2003 年

［1］刘红. 试论破产的刑事责任［J］. 山西警官高等专科学校学报，2003（2）：37-39.

［2］叶名怡. 关于我国破产犯罪若干问题的探讨［J］. 兰州学刊，2003（6）：133-135.

［3］俞飞颖. 论建立我国破产罪罪名体系［J］. 福建商业高等专科学校学报，2003（4）：24-25.

［4］贾延宁. 世通公司：本因造假破产又涉欺诈被查［N］. 检察日报，2003-07-29.

2004 年

［1］周东瑞，刘瑜. 破产清算组成员：贪污罪的适格主体？［J］. 中国审计，2004（4）：41-42.

［2］周东瑞，刘瑜. 破产清算组成员能否成为贪污罪适格主体［J］. 人民检察，2004（6）：34-36.

［3］丁玉明，葛现琴. 诈欺破产犯罪的立法修正与完善［J］. 铁道警官高等专科学校学报，2004（2）：68-71.

［4］袁彬. 我国破产犯罪的框架与完善［J］. 政法论丛，2004（4）：47-50.

2005 年

[1] 张艳丽．破产欺诈与立法对策［J］．法学杂志，2005（6）：60-62.

[2] 徐立，胡剑波．论破产犯罪的立法模式与刑罚配置［J］．理论月刊，2005（7）：109-111.

[3] 张松．论破产欺诈及其法律规制［J］．天府新论，2005（S1）：152-153.

2006 年

[1] 王小虎．破产欺诈罪何时入《刑法》［J］．中国石油石化，2006（16）：69-70.

[2] 胡剑波．试析破产犯罪之罪过形式［J］．温州师范学院学报（哲学社会科学版），2006（3）：55-59.

[3] 李艳．我国破产犯罪立法及其完善［J］．安徽警官职业学院学报，2006（4）：40-41.

[4] 孙宏涛，何睿．浅论破产宣告对未履行合同的影响［J］．淮阴工学院学报，2006（4）：19-22，36.

[5] 陈冬．解读《刑法修正案（六）》之虚假破产罪［J］．中国检察官，2006（9）：14-16.

[6] 齐瑞花，王燕霞．我国《破产法》的适用范围研究［J］．河北企业，2006（8）：67-68.

[7] 王磊．关于破产法适用范围的思考［J］．湖北经济学院学报（人文社会科学版），2006（1）：143-144.

[8] 玄玉姬．浅析破产无效行为［J］．怀化学院学报（社会科学），2006（S1）：52-55.

[9] 赵泓任．新破产法条件下对商业银行退市的法律思考［J］．行政与法（吉林省行政学院学报），2006（S1）：37-38.

2007 年

[1] 李翔. 我国刑法上之破产犯罪研究——兼评《刑法》第 162 条之二 [J]. 法学论坛, 2007 (5): 123-127.

[2] 吴邲光, 王海桥. 论刑法中的欺诈破产罪 [J]. 河南省政法管理干部学院学报, 2007 (2): 65-68.

2008 年

[1] 潘家永. 虚假破产罪探析——兼论破产犯罪的相关问题 [J]. 政法论坛, 2008 (2): 142-149.

2009 年

[1] 行江, 朱俊卿. 破产犯罪中的客观处罚条件研究 [J]. 政治与法律, 2009 (11): 33-39.

[2] 龙洋. 虚假破产罪的立法解读与适用 [J]. 人文杂志, 2009 (3): 90-96.

[3] 孟凡超, 高明. 对国有企业改制、破产中国有资产流失犯罪案件的调查 [J]. 法制与社会, 2009 (25): 147.

[4] 关宪法, 王涛. 论破产程序中董事刑事责任的追究 [J]. 法制与经济 (下旬刊), 2009 (7): 81-83.

2010 年

[1] 丁慧敏. 偏颇清偿可构成虚假破产罪 [J]. 政治与法律, 2010 (7): 45-52.

[2] 尹丽丽. 论公司欺诈性财产权转让行为及法律控制 [J]. 新西部, 2010 (1): 95-96.

[3] 黄自强. 公司刑罚体系之哲理解读: 以三鹿为例——以是否增

设刑事破产等资格刑为视角 [J]. 法治论坛, 2010 (1): 245-251.

[4] 罗思荣, 马利峰. 论人身损害赔偿优先权 [J]. 河南科技大学学报 (社会科学版), 2010 (2): 95-98.

[5] 刘宁, 贾洪香. 破产程序中刑事追缴或责令退赔财物的处理原则 [J]. 中国律师, 2010 (3): 67-69.

[6] 王龙刚. 欺诈性财产转让的破产法规制 [J]. 中国政法大学学报, 2010 (3): 54-61, 158.

[7] 石浩旭. 刑事量刑程序的理性选择 [J]. 广东广播电视大学学报, 2010 (4): 45-48.

[8] 姜振强. 浅析刑法对国有事业单位人员渎职犯罪定罪处罚的不足 [J]. 发展, 2010 (4): 22.

[9] 王能晓, 何磊磊. 浅析企业破产欺诈的成因及法律对策 [J]. 知识经济, 2010 (1): 24.

[10] 马济林, 刘静. 从张某玩忽职守案看已立案案件之追诉时效的理解与适用 [J]. 中国检察官, 2010 (8): 45-47.

2011 年

[1] 张晶. 我国虚假破产罪的立法缺陷及其完善 [J]. 企业经济, 2011 (4): 190-192.

[2] 贺丹. 论虚假破产罪中的"实施虚假破产" [J]. 政治与法律, 2011 (10): 60-68.

[3] 林瑀. 破产犯罪构成之立法构想 [J]. 商业文化 (下半月), 2011 (1): 16-17.

[4] 林瑀. 我国破产犯罪罪名体系的构建 [J]. 中国市场, 2011 (5): 132-133.

[5] 刘倩. 论构建我国破产犯罪体系 [J]. 商业文化 (上半月), 2011 (7): 15.

[6] 邓巍. 破产欺诈及其典型类型 [J]. 黑龙江对外经贸, 2011 (9): 109-111.

［7］邓巍，刘国华．破产欺诈类型化分析［J］．北方经贸，2011
　　（11）：49-50.

［8］郭盛男．我国破产欺诈行为的预防及立法完善［J］．东方企业文
　　化，2011（18）：288.

2012 年

［1］何聪，田娜．新型破产犯罪问题研究［J］．法制与经济（中
　　旬），2012（7）：32-33.

［2］王绩伟，钟艳艳．受贿债权因公司破产被核减，如何定性［N］．
　　检察日报，2012-05-27（3）.

2015 年

［1］刘毅．破产债权审核中民刑交叉问题的思考——以合同诈骗罪
　　为例［J］．现代商业，2015（24）：272-273.

2016 年

［1］王梦科，曹爱民．基于基础理论与方法论视角论我国破产欺诈
　　犯罪的规制［J］．法制与社会，2016（18）：57-58.

（十九）域外法研究

1986 年

［1］潘华仿．美国的破产法［J］．政法论坛，1986（6）：54-59.

［2］孙建蓉．南、波、匈施行企业破产的指导思想及主要规定［J］.

今日苏联东欧，1986（6）：12-16.

［3］克里斯托夫·利瓦达，王建平. 法国破产法中停止支付的概念［J］. 国外法学，1986（4）：20-22.

［4］王家福，王保树，梁慧星，崔勤之，李薇. 关于日本经济法律制度的考察报告［J］. 法学研究，1986（3）：80-91.

［5］马·波尼多尔夫，高敏. 联邦德国破产法概要［J］. 国外法学，1986（3）：6-11.

［6］罗辛尼·洛罗德，李立强，李启欣. 现行法国破产法的修订［J］. 法国研究，1986（4）：68-71.

1987 年

［1］卢绳祖，许之森. 美国新破产法及其施行的概况［J］. 国际商务研究，1987（6）：33-35.

［2］王存学. 南斯拉夫的破产立法［J］. 法学研究，1987（6）：82-88.

［3］蔡富生. 美国破产法中的几种破产程序［J］. 国外法学，1987（6）：14-20.

［4］潘琪. 美国破产法概述［J］. 法学研究，1987（5）：90-96.

［5］夏蔚，刘晖. 日本民事诉讼中的破产程序［J］. 国外法学，1987（4）：27-28.

［6］欧玉阳，黎荣华. 特区公司破产的几个法律问题［J］. 中南财经大学学报，1987（5）：20.

［7］孙建蓉，荒草. 南、波、匈企业破产法的经济功能［J］. 江西财经学院学报，1987（1）：62.

［8］汉布林，赖特，徐步衡. 英国破产法简介［J］. 现代外国哲学社会科学文摘，1987（8）：23-25.

［9］塞托默，徐步衡. 意大利的破产法［J］. 现代外国哲学社会科学文摘，1987（8）：25-27.

1988 年

［1］徐明，郭溧鸣．西方国家破产法主要内容之比较［J］．比较法研究，1988（4）：75-78．

［2］徐立志．日本倒产处理制度［J］．河北法学，1988（5）：44-47．

［3］约翰·A. 威尔斯，吴金留．加拿大破产法［J］．环球法律评论，1988（2）：30-34．

1989 年

［1］倪才龙．海峡两岸破产法的比较与借鉴［J］．上海大学学报（社会科学版），1989（6）：10-15．

［2］凯瑟琳·T. S. 赖恩，朱宇．新加坡公司法中的司法管理办法［J］．环球法律评论，1989（5）：57-60．

［3］刘德光．东欧各国预防企业破产的措施与破产法的实施［J］．外国经济与管理，1989（4）：25-26．

［4］吴永泉．论台湾公司法的重整制度［J］．福建论坛（经济社会版），1989（9）：46-49．

［5］陈泽宪．析台湾的破产犯罪［J］．政治与法律，1989（2）：55-56．

［6］戴伯勋，赫国胜．美国企业破产的处理［J］．经济管理，1989（4）：59-62．

1990 年

［1］李春敏，魏星．海峡两岸破产法主要内容之比较研究［J］．法学研究，1990（5）：53-57．

［2］王祺国，张兴全．英国的破产诉讼［J］．政法学刊，1990（2）：59-62．

1993 年

［1］佐藤铁男，陈根发．日中比较破产法概论［J］．环球法律评论，1993（3）：56-61．

［2］刘卫翔，郭幸．关于破产的某些国际方面的欧洲公约（1990年6月5日签署于伊斯坦布尔）［J］．环球法律评论，1993（3）：108-112．

［3］陈小洪．日本的企业倒产处理及政府指导［J］．财经问题研究，1993（3）：24-27．

［4］汤玉枢．海峡两岸破产法律制度之比较［J］．华侨大学学报（哲学社会科学版），1993（2）：42-48．

1994 年

［1］周定．美国破产法生效后的得与失及建议［J］．现代法学，1994（2）：95-96．

［2］张林辉．阿尔巴尼亚国有企业破产法［J］．东欧，1994（1）：16-19．

［3］韩耀先．我所了解的美国企业破产［J］．辽宁经济，1994（10）：10-11．

［4］陈婉玲．海峡两岸破产宣告制度比较［J］．福建法学，1994（1）：17-19，24．

1995 年

［1］詹小洪．不治反乱的匈牙利破产法［J］．改革，1995（6）：110-117．

［2］马昌明．海峡两岸破产法比较［J］．台湾研究集刊，1995

（Z1）：73-81.

[3] 汤维建．论国际破产 [J]．比较法研究，1995（2）：113-127.

[4] 李双元，张茂．国际破产法统一化运动的回顾与展望——兼评我国涉外破产的理论与实践 [J]．法制与社会发展，1995（3）：55-64.

[5] 张彦宁．赴日本、香港考察破产法的感受 [J]．中外管理，1995（6）：25-28.

[6] 石静霞．破产域外效力的比较分析 [J]．法学研究，1995（3）：33-41.

[7] 于水．日本倒产法制的现状与课题 [J]．外国法译评，1995（2）：53-64.

[8] 汤维建．破产概念新说 [J]．中外法学，1995（3）：48-53.

[9] 张健仁．加拿大制定企业破产法 [J]．管理科学文摘，1995（1）：50.

1996 年

[1] 于印辉，卢欣．香港的破产制度 [J]．东南亚研究，1996（5）：60-61，57.

[2] 曾筱清．客户破产与银行行为：英国的法律与实践 [J]．中外法学，1996（3）：62-66.

[3] 郑少华．法学研究"规范化"之一例——《日本破产法》读后 [J]．法学，1996（5）：47.

[4] 苏亦工．现行美国破产法与个人债务调整 [J]．外国法译评，1996（2）：78-85.

[5] 崔之元，王战强．不完全市场与策略性破产——美国破产法第11章的历史演变及理论意义 [J]．经济社会体制比较，1996（1）：32-39.

[6] 陈云卿．英国企业的破产 [J]．管理科学文摘，1996（9）：15.

[7] 陈云卿．英国的新破产法［J］．管理科学文摘，1996（9）：57.

[8] 陈云卿．加拿大的新破产法［J］．管理科学文摘，1996（2）：62-63.

[9] 曾二秀．英美破产法有关企业破产前还债行为规定的评介与比较［J］．华侨大学学报（社会科学版），1996（1）：49-54.

[10] 李国安．日本的国际破产法律与实践［J］．日本研究，1996（2）：62-66.

[11] 狄娜，李力强，李曙光．澳、德破产制度的主要特点［J］．中国中小企业，1996（3）：16-17.

[12] 李力强．德国银行拯救濒临破产企业的启示［J］．企业活力，1996（1）：14-15.

[13] 谢荣，Anthony Steele．破产制度：比较与选择——完善中国破产制度的探讨［J］．财经研究，1996（2）：3-11，64.

1997 年

[1] 姜世波．论当今西方国家破产法律制度的发展趋势［J］．外国经济与管理，1997（12）：31-33.

[2] 徐立志．日本倒产处理中的和解制度［J］．外国法译评，1997（4）：78-83.

[3] 靳宝兰，张舒英．浅析日本的公司更生法［J］．中国法学，1997（1）：104-112.

[4] 曾华．中外破产界限比较研究［J］．特区理论与实践，1997（12）：34-37.

[5] 李天铎．欧共体的企业破产法［J］．管理科学文摘，1997（3）：43.

1998 年

[1] 王平生，黄扬波．从日本破产和解立法的得失谈我国破产和解

制度的完善 [J]. 湘潭大学学报（哲学社会科学版），1998
（6）：99-101.

［2］张红. 从日本山一证券的破产谈完善中国证券市场管理的必要
性 [J]. 中外法学，1998（4）：67-71.

［3］李春霖，赵桥梁. 香港与大陆地区破产制度若干问题的比较
[J]. 新疆社会经济，1998（1）：89-94.

［4］彭晋. 美国破产程序中的深石原则 [J]. 国际商务（对外经济
贸易大学学报），1998（1）：47-49，46.

［5］于秀峰. 德国破产刑法述评 [J]. 当代法学，1998（2）：37-38.

［6］高明侠，常磊. 内地与香港破产法对债权人利益保护的比较研
究 [J]. 政治与法律，1998（2）：79-81.

［7］梅新育. 美国反破产欺诈法规及其对我国的启示 [J]. 经济导
刊，1998（5）：52-56.

［8］尹景春. 日本倒产法各制度及其比较 [J]. 东方论坛（青岛大
学学报），1998（2）：72-75.

［9］曾二秀. 美国破产法上的可撤销行为评析 [J]. 行政与法，1998
（3）：38-40.

1999 年

［1］郭玉军. 英国的个人自愿重整制度 [J]. 法学杂志，1999（3）：
47-48.

［2］莫丽梅. 英国银行破产法律制度及启示 [J]. 广西金融研究，
1999（2）：53-56.

2000 年

［1］姜作利. 论澳大利亚破产法对我国破产法的启示 [J]. 山东大学
学报（哲学社会科学版），2000（5）：81-85.

［2］淡玉忠．海外专递英国政府鼓励破产者再创业［N］．国际商报，2000-06-20（4）．

［3］刘凤全．日美寿险公司破产处理对策比较［N］．中国保险报，2000-06-15（2）．

［4］林辛乐．美国的破产法［N］．法制周报，2000-07-29（6）．

2001 年

［1］李旺．日本关于国际破产法律制度的修改［J］．法学，2001（11）：58-61．

［2］郭树理．欧盟统一国际破产法运动的最新进展［J］．欧洲，2001（4）：22-28，109-110．

［3］崔海滨．港台与内地破产法渊源与特征的比较［J］．济宁师专学报，2001（2）：86-87．

［4］肖玉明．避免直接破产的立法思考——中美企业重整制度比较分析［J］．陕西经贸学院学报，2001（3）：48-50．

［5］范安菊．德国新破产法典述评［J］．河南省政法管理干部学院学报，2001（1）：102-105．

［6］谢非．上市公司破产：现行法律还有哪些缺位——对欧美日破产法律程序的一点观察［J］．上海国资，2001（3）：39-42．

［7］帕蒂·沃尔德迈尔，朱雅文．这是一个时代错误——美国破产法不计无形资产［J］．国外社会科学文摘，2001（7）：50-51．

［8］孙立伟．英政府拟改革破产法［N］．国际商报，2001-08-12（6）．

［9］郭兵．美国破产制度及其借鉴意义［N］．人民法院报，2001-12-03（B01）．

2002 年

[1] 张卫．澳大利亚自然人破产法律制度研究 [J]．海南大学学报（人文社会科学版），2002（2）：7-15.

[2] 杨琴．我国破产法与国外破产法之比较 [J]．内蒙古社会科学（汉文版），2002（S1）：22-24.

[3] 宋锡祥．日本涉外破产法律制度的最新修正及其借鉴 [J]．外国经济与管理，2002（4）：43-48.

[4] 林光松．对构建和完善我国破产制度的若干建议——世界主要国家破产制度立法思想比较及其借鉴 [J]．国际金融研究，2002（12）：67-72.

[5] 曹德仁．中日破产法创制历程的比较 [J]．环渤海经济瞭望，2002（5）：57-59.

[6] 崔海滨．港台与内地破产犯罪之比较研究 [J]．济宁师范专科学校学报，2002（2）：58-60.

[7] 黄大昭．古代西方的破产制度 [J]．陕西煤炭，2002（2）：27.

[8] 黄大昭．自由资本主义时期西方的破产制度 [J]．陕西煤炭，2002（3）：48.

[9] 崔海滨，李琦．港台与内地破产原因之比较研究 [J]．渝西学院学报（社会科学版），2002（3）：23-26.

[10] 崔海滨．港台与内地破产能力之比较研究 [J]．石油大学学报（社会科学版），2002（5）：91-94.

2003 年

[1] 宋才发．WTO 规则与中国破产法律制度的完善 [J]．社会主义研究，2003（5）：100-103.

[2] 谢芝玲．德国破产法撤销权制度述评 [J]．比较法研究，2003（3）：103-108.

[3] 王治江．美国破产法中的待履行合同 [J]．黑龙江省政法管理干

部学院学报，2003（2）：127-131.

［4］朱伟一．《破产法》在美国［J］.企业技术开发，2003（5）：17.

［5］Dr. Anja Amend，吴越，蓝冰．中德破产法比较研究［J］.经济法论坛，2003（0）：579-600.

［6］刘伟华．从美联航破产案看美国破产法［N］.中国经营报，2003-01-06（T00）.

［7］李萍．西方国家企业破产的模式及启示［N］.经理日报，2003-02-17（A03）.

［8］张杰．美国公司破产额将摸高［N］.国际商报，2003-03-07（4）.

［9］石杰．联合国国际贸易法委员会讨论制定《破产法立法指南》［N］.国际商报，2003-04-21（5）.

［10］李萍．西方国家企业破产模式及启示［N］.中国工商报，2003-04-18.

［11］陈晓刚．阿尔斯通危机挑战法国破产程序［N］.中国证券报，2003-09-24（5）.

2004 年

［1］徐文超．国际破产的法律适用［J］.江淮论坛，2004（4）：49-53.

［2］王玉梅．法国困境企业重整制度的改革及其启示［J］.法商研究，2004（5）：125-134.

［3］陈建萍，孟军．个人破产者的重生——新加坡个人破产法律制度的启示［J］.西北大学学报（哲学社会科学版），2004（5）：67-70.

［4］李曙光，贺丹．破产法立法若干重大问题的国际比较［J］.政法论坛，2004（5）：60-72.

［5］董齐超，陈元旭．我国破产能力制度比较研究［J］.郑州经济管理干部学院学报，2004（1）：47-48.

［6］ 崔海滨．港台与内地破产立法体例之比较研究［J］．济宁师范专科学校学报，2004（2）：57-60.

［7］ 李青青，叶名怡．破产法新旧司法解释之比较［J］．周口师范学院学报，2004（3）：58-61.

［8］ 刘巍．保加利亚银行破产法评析［J］．俄罗斯中亚东欧市场，2004（3）：36-39.

［9］ 崔闽，宁晓倩．破产制度立法模式的借鉴与思考［J］．福建法学，2004（4）：32-35.

［10］ 葛现琴．外国破产保全制度及其借鉴［J］．湖南行政学院学报，2004（5）：58-59.

［11］ 韩长印．美国破产立法的历史变革及现实走向——写在《美国破产法》译后［J］．上海交通大学学报（哲学社会科学版），2004（6）：27-33.

［12］ 张玲．欧盟跨国破产区域合作模式［N］．法制日报，2004-07-15.

2005 年

［1］ 石静霞．联合国国际贸易法委员会《破产法立法指南》评介及其对我国破产立法的借鉴［J］．法学家，2005（2）：22-28.

［2］ 金星钧．韩国再建型企业倒闭制度中的重整——以韩国《公司重整法》为中心［J］．比较法研究，2005（4）：78-87.

［3］ 李辉志．美国破产重整制度的几个特点［J］．晟典律师评论，2005（1）：257-266.

［4］ 陈国奇．日本破产法最新修改［J］．厦门大学法律评论，2005（2）：189-200.

［5］ 胡健．德国破产法：历史发展、现实状况和制度创新［J］．德国研究，2005（4）：44-47，79.

［6］ 周游，李志春．论国际破产的法律适用——评我国民法典草案第九编第二十四条［J］．湖南财经高等专科学校学报，2005（4）：53-56.

［7］ 韩钧，陈志武．从美国航空公司的困境看美国的破产保护制度 ［J］．成人高教学刊，2005（6）：38-39.

［8］ 王欣新．德国和英国的破产立法 ［N］．人民法院报，2005-10-21 （B04）．

［9］ 王欣新．德国和英国的破产立法之二 ［N］．人民法院报，2005-10-28（B04）．

［10］ 王欣新．德国和英国的破产立法之三 ［N］．人民法院报，2005-11-04（B04）．

［11］ 卢怀谦．美国新破产法收紧"紧箍咒" ［N］．中国证券报，2005-10-18（A05）．

［12］ 肖莹莹．美国修正破产法加大对债权人保护力度 ［N］．经济参考报，2005-07-18（11）．

［13］ 毕森．加大对债权人的保护 ［N］．国际商报，2005-07-21（3）．

［14］ 徐琳．欠钱容易破产难美国立法挑战债务人 ［N］．民营经济报，2005-03-21.

［15］ 胡健．不断变革的英国破产法 ［N］．法制日报，2005-07-01（8）．

［16］ 郑冲．奥地利破产法关注职工利益 ［N］．法制日报，2005-06-30（8）．

［17］ 裴敬梅．重管理重拯救的俄罗斯新破产法 ［N］．法制日报，2005-06-24（8）．

［18］ 郑冲．德国新破产法的特点与问题 ［N］．法制日报，2005-06-16.

［19］ 胥鹏．日本企业重整路径抉择 ［N］．社会科学报，2005-03-24（7）．

2006 年

［1］ 张玲．破产法律适用立法的新突破——欧盟破产法律适用规范的注释与评析 ［J］．比较法研究，2006（2）：125-133.

［2］ 张继红．美国银行破产若干法律问题探究及启示 ［J］．国际金融

研究，2006（3）：73-79.

[3] 刘艳军．日本破产法改革概要 [J]．河北法学，2006（8）：140-142.

[4] 车耳．美国人破产的诱因 [J]．世界知识，2006（13）：61-63.

[5] 李强．美国破产企业资产收购程序——中国企业海外并购的又一选择 [J]．上海国资，2006（4）：90-93.

[6] 韩中节．香港地区破产法述评及其借鉴意义 [J]．东莞理工学院学报，2006（2）：21-24.

[7] 邢丹．《美国破产法》中租约的应有处理 [J]．吉林公安高等专科学校学报，2006（3）：96-98.

[8] 王彬．中澳破产企业重整制度比较研究 [J]．天津市政法管理干部学院学报，2006（3）：50-54.

[9] 崔海滨．港台与内地破产案件管辖之比较研究 [J]．济宁师范专科学校学报，2006（4）：5-7.

[10] 刘静．不断变革中的美国破产法 [J]．中国人大，2006（17）：26-28.

[11] 李东方，张丽莎．中外破产立法若干重大问题的比较 [J]．财会学习，2006（10）：19-20.

2007 年

[1] 张永忠．美国银行破产法的特殊性研究——兼与美国普通公司破产法的比较 [J]．改革与战略，2007（6）：68-70.

[2] 胡大武．英美俄破产金融机构债务清偿顺序立法及其启示 [J]．武汉金融，2007（7）：46-47.

[3] 宋锡祥．论欧盟跨国破产法 [J]．法学评论，2007（4）：84-89.

[4] 张冬，张毫．借鉴美俄破产重整制度的一点思考 [J]．黑河学刊，2007（3）：90-92.

[5] 肖龄．美国重整信托公司的不良贷款评估实践及启示 [J]．武汉金融，2007（8）：32-34.

[6] 何旺翔．德国的破产计划制度——公平与效率前提下的高度意

思自治［J］．江海学刊，2007（6）：127-130．

［7］范纯．日本倒产法制改革［J］．现代日本经济，2007（6）：33-37．

［8］倪静．我国台湾地区商业会和解制度得失探析及借鉴［J］．民事程序法研究，2007（0）：172-185．

［9］莫振旺，谢桂雷．美国个人破产制度浅析［J］．法制与经济（下半月），2007（4）：50-51．

［10］胡利玲．防止重整程序滥用的新举措——美国2005年破产法修正案述要［J］．人民司法，2007（19）：103-105．

2008 年

［1］何旺翔．《德国破产法》中的债务人自行管理——兼评我国《破产法》第73条［J］．江苏社会科学，2008（1）：121-124．

［2］叶德珠．美国银行业破产模式变化趋势及其启示［J］．国际经贸探索，2008（2）：63-67．

［3］孙向齐．我国破产法引入衡平居次原则的思考［J］．政治与法律，2008（9）：8-15．

［4］董涛．破产程序中知识产权许可协议"法律待遇"问题研究——美国的经验及对中国的启示［J］．政治与法律，2008（10）：154-161．

［5］陈明珠．台湾地区《消费者债务清理条例》之评析——兼展望中国大陆之个人破产制度［J］．中国政法大学学报，2008（6）：111-118，160．

［6］刘静．现代个人破产制度发展动力比较研究［J］．山东大学法律评论，2008（0）：112-124．

［7］何旺翔．德国个人破产制度及其思考［J］．江南大学学报（人文社会科学版），2008（6）：60-63，68．

［8］张海征．试述我国破产财产清偿制度——以英国破产制度为视角［J］．中国市场，2008（1）：96-97．

［9］叶名怡．论美国破产托管人的选任及薪酬［J］．昆明理工大学学

报（社会科学版），2008（1）：60-63.

［10］孙兆晖. 美国土泵公司破产案——惟一债权人能否提起破产申请？［J］. 中国审判，2008（6）：85-87.

［11］张世君. 国外破产制度的晚近发展及对我国金融破产立法的启示——以金融风险防范为视角［J］. 中国商法年刊，2008（0）：807-812.

2009 年

［1］冯果，洪治纲. 论美国破产法之金融合约安全港规则［J］. 当代法学，2009（3）：17-24.

［2］韩中节. 台湾地区破产法基本制度评析及借鉴意义［J］. 北京工商大学学报（社会科学版），2009（3）：117-122.

［3］胡少华. 美国《破产法》改革的意义及其对中国的启示［J］. 上海金融，2009（1）：69-72.

［4］周慧. 雷曼破产案之法律分析［J］. 银行家，2009（1）：114-117.

［5］李彬. 英美法中的救助主义与破产法的价值取向［J］. 情报杂志，2009（S1）：377-378，326.

［6］张玲. 美国跨界破产立法三十年及其对中国的启示［J］. 武大国际法评论，2009（1）：37-54.

［7］中国人民银行嘉峪关市中心支行课题组，王玉生. 美日欧个人破产法律制度的主要做法及对我国的启示［J］. 西部金融，2009（10）：42-43.

［8］林瑀. 中日破产犯罪立法比较研究［J］. 北京政法职业学院学报，2009（2）：83-86.

［9］魏雨佳. 美国涉外破产承认与协助制度探析［J］. 法制与社会，2009（13）：47-48.

［10］陈英. 美国重整立法的利益倾向与启示［J］. 南阳师范学院学报，2009（8）：16-19.

［11］赵辉，朱忆凡. 德国破产法下的适时收购［J］. 进出口经理人，

2009（12）：34-35.

[12] 车耳．车耳商旅滋味系列之三十九从破产法看美国经济危机 [J]．世界知识，2009（8）：56-57.

[13] 孟子扬．出卖方破产程序中的所有权转移预告登记——以德国法为解释参照系 [J]．研究生法学，2009（2）：17-23.

[14] 王华业．2008年度美国破产案件大幅增加 [J]．法制资讯，2009（3）：84-85.

[15] 王晓星．英国公司拯救制度简议 [J]．当代经济，2009（22）：36-37.

[16] 张英伦，郭健．韩国破产重整调查人制度评介 [J]．郑州航空工业管理学院学报（社会科学版），2009（2）：144-147.

[17] 任海军．美国花生公司申请破产，刑事调查不会中止 [N]．新华每日电讯，2009-02-15（4）.

[18] 辛红．解读中美破产保护法律异同 [N]．法制日报，2009-06-03（6）.

[19] 叶圣琳．英"诱人"破产法拉动旅游 [N]．经济参考报，2009-10-23（A04）.

[20] 林其旺．台修正"破产法"颁禁奢条款 [N]．法制日报，2009-12-15（12）.

2010 年

[1] 何旺翔．《德国破产法》"资不抵债"条对我国《企业破产法》的立法启示 [J]．徐州师范大学学报（哲学社会科学版），2010（1）：120-124.

[2] 彭插三．论美国破产法中的实质合并规则 [J]．财经理论与实践，2010（2）：121-124.

[3] 彭插三．实质合并规则与公司法人人格否认制度比较研究 [J]．北京工商大学学报（社会科学版），2010（3）：109-114.

[4] 孙宏友，昝俊敏．英美董事个人在破产中所担民事责任及对我国完善《破产法》的启迪 [J]．现代财经（天津财经大学学

报），2010（3）：88-97.

[5] 季立刚，解正山．美国跨国破产立法的最新发展及对我国的借鉴意义［J］．暨南学报（哲学社会科学版），2010（5）：15-22，161.

[6] 刘诚．重整计划制定权归属模式的比较研究［J］．法学杂志，2010（5）：35-38.

[7] 贺轶民．美国联邦破产托管人制度的启示［J］．法学杂志，2010（5）：124-126.

[8] 郭林将．论暂缓起诉在美国公司犯罪中的运用［J］．中国刑事法杂志，2010（7）：121-127.

[9] 胡冰，胡鸿高．美国破产清算托管人职责制度及其启示［J］．法学，2010（7）：142-151.

[10] 邓瑾．论欧盟破产法中"主要利益中心地"的确定及其对我国的启示［J］．法律适用，2010（8）：58-62.

[11] 许凌艳．韩国《资产流动化法》评说［J］．社会科学，2010（8）：64-71，189.

[12] 张海征．英国破产重整制度及其借鉴［J］．政治与法律，2010（9）：41-51.

[13] 张勇健，钱晓晨，杨以生．美国破产法若干问题聚焦［J］．法律适用，2010（9）：92-95.

[14] 韩中节，高丽．破产免责制度立法模式的比较考察及借鉴［J］．法学杂志，2010（10）：47-50.

[15] 赵金龙．英国法上影子董事制度评述［J］．北方法学，2010（1）：136-143.

[16] 向东．台湾地区《消费者债务清理条例》研究［J］．安徽广播电视大学学报，2010（1）：26-29.

[17] 李赞玉．一宗破产案下的澳大利亚破产程序解构［J］．中国经贸，2010（Z1）：115.

[18] 陈晨．加州政府破产危机解析及对中国的启示［J］．江苏警官学院学报，2010（2）：27-33.

[19] 西门达．简论中韩破产法律制度［J］．山东商业职业技术学院

学报，2010（2）：64-67.

［20］彭莉．论深石原则的引入［J］．科教导刊（中旬刊），2010（5）：110-111.

［21］闫松林，李欣亮，谭振鹏．论国际破产管辖权的确定标准［J］．现代商贸工业，2010（22）：353-354.

［22］马兴荣．中国与越南破产法之比较研究［J］．云南大学学报（法学版），2010（6）：124-129.

［23］肖永平，邓瑾．论欧盟法中跨国企业集团破产的管辖权［J］．江苏警官学院学报，2010（6）：48-54.

［24］欧阳爱辉．澳大利亚法律在公司破产活动中进行的环境保护［J］．当代经济管理，2010（9）：93-96.

［25］闫松林，李欣亮，谭振鹏．国际破产管辖权冲突的成因及解决途径［J］．企业导报，2010（12）：176-177.

［26］许江涛．破产宣告溯及力问题的两种立法模式的比较［J］．学理论，2010（17）：125-126.

［27］杨宁．试论上市公司破产问责机制——以美国安然破产案为例［J］．学理论，2010（20）：135-139.

2011 年

［1］周泽新．危机与应对——英国银行破产制度的重大变革及其启示［J］．西部法学评论，2011（1）：127-132.

［2］苏洁澈．论银行监管机构的侵权责任——以银行破产和英美法为例［J］．法学家，2011（1）：163-175，180.

［3］张剑波．美国破产企业的环境清理责任及其启示［J］．重庆社会科学，2011（4）：81-84.

［4］解正山．金融稳定与存款人保护：英国银行破产法改革及其借鉴意义［J］．金融论坛，2011（11）：73-79.

［5］王欣新，郭丁铭．论股东贷款在破产程序中的处理——以美、德立法比较为视角［J］．法学杂志，2011（5）：28-33，55.

［6］陈云良，梁杰．2005 年美国破产法修改与世界金融危机——兼

论破产法的经济调节功能［J］. 政治与法律，2011（4）：136-143.

［7］殷慧芬. 消费者破产立法模式比较研究［J］. 华东理工大学学报（社会科学版），2011（4）：80-87.

［8］解正山. 美国法学界关于破产域外效力的争论及其评价［J］. 世界经济与政治论坛，2011（6）：52-60.

［9］马继洲. 台湾《消费者债务清理条例》评析及对大陆出台个人破产制度的展望［J］. 西部金融，2011（4）：34-36，46.

［10］陈华，翟坤. 基于法律视角的欧盟金融机构破产机制研究［J］. 财会学习，2011（2）：72-75.

［11］陈华，翟坤. 欧盟金融机构破产机制的演进、内容及启示［J］. 上海政法学院学报（法治论丛），2011（2）：123-129.

［12］梁杰. 美国破产法改革与危机应对——兼论我国自然人破产制度的确立［J］. 广西财经学院学报，2011（3）：111-115.

［13］董振华. 美国非自愿破产——债权人联合追讨的有效方式［J］. 进出口经理人，2011（6）：58-59.

［14］李丽. 中美破产重整制度的法律问题比较研究［J］. 山西广播电视大学学报，2011（2）：78-80.

［15］董振华. 美国非自愿破产是债权人联合追讨的好方式［J］. 国际融资，2011（7）：62-63.

［16］张海征，曾智. 英国破产法对于建立我国个人破产制度的借鉴［J］. 全国商情（理论研究），2011（Z4）：86-87.

［17］刘永胜. 破产撤销权立法比较研究［J］. 法制与经济（中旬），2011（12）：56-58.

［18］稻田行祐，马强译. 日本保险公司破产程序概要［N］. 中国保险报，2011-04-02（6）.

［19］韩丹瑶. 从一宗美国破产案件看"偏颇性清偿"［N］. 国际商报，2011-04-27（15）.

［20］稻田行祐，马强、刘新译. 基于日本公司更生法的保险公司破产程序概要［N］. 中国保险报，2011-08-15（6）.

2012 年

[1] 孙珺. 德国《信贷机构重整与有序清算法》介评 [J]. 德国研究, 2012 (4)：92-105，127.

[2] 刘雪吟. 日本破产法对《跨国界破产示范法》的吸纳与修改 [J]. 法制与经济（中旬），2012 (2)：48-49.

[3] 赵良敏. 德国破产法改革下的"保护伞程序" [J]. 法制博览（中旬刊），2012 (10)：128.

[4] 陈政，任方方，周小洁. 中美破产保全制度比较研究 [J]. 天中学刊，2012 (6)：45-49.

[5] 朱雪青. 大陆与香港破产法律制度相关问题比较研究——对三鹿集团破产案的再思考 [J]. 科技视界，2012 (33)：127，135.

2013 年

[1] 张永亮，黄晓. 问题银行救助与破产法律制度：加拿大的经验及启示 [J]. 甘肃政法学院学报，2013 (3)：103-111.

[2] 行江，瞿晔. 日本破产犯罪立法研究 [J]. 安徽大学学报（哲学社会科学版），2013 (3)：106-113.

[3] 黄宁. 底特律破产危机：根源及对中国的启示 [J]. 福建金融，2013 (10)：44-47.

[4] 行江. 德国破产刑事法研究 [J]. 河北科技大学学报（社会科学版），2013 (4)：51-56，63.

[5] 李曙光. 美国破产法院综述 [J]. 法制资讯，2013 (10)：59-63.

[6] 贾阳. 美国底特律市申请破产与债务重组相关启示 [J]. 债券，2013 (9)：29-32.

[7] 潘耀华. 美国个人破产法律制度主要内容及其对我国的启示 [J]. 金融发展研究，2013 (1)：84-85.

[8] 孙海芹. 美国地方政府破产制度研究——兼议我国地方政府融

资平台风险防控［J］. 金融发展评论，2013（11）：97-103.

［9］张锐. 底特律破产的追踪与反思［J］. 生态经济，2013（11）：
8-13.

［10］冯巧婕."破产管家"，企业重生新推手［N］. 浙江日报，
2013-03-20（9）.

［11］马乐. 底特律破产动了谁的奶酪［N］. 法制日报，2013-12-10
（10）.

［12］余晓葵. 底特律破产谁埋单［N］. 光明日报，2013-12-06（8）.

［13］殷华. 底特律申请破产：噩梦还是福音［N］. 经济参考报，
2013-08-06（8）.

［14］殷华. 底特律破产风险有多大［N］. 北京日报，2013-07-24
（18）.

［15］周武英. 底特律破产的法律之路［N］. 经济参考报，2013-08-
05（5）.

2014 年

［1］沈莉. 美国破产法对企业家创业行为的调节作用［J］. 商业研
究，2014（6）：188-192.

［2］姜熙. 英国职业足球俱乐部破产制度研究［J］. 西安体育学院学
报，2014（4）：404-410.

［3］汪世虎，陈英骓. 论英国破产法对我国债权人申请破产之启
示——兼论我国《破产法》第 7 条第 2 款之完善［J］. 河北法
学，2014（5）：45-51.

［4］张力毅. 美国地方政府债务清理的法制构建及其借鉴——以
《美国破产法》第九章地方政府的债务调整程序为中心［J］. 北
京行政学院学报，2014（1）：21-27.

［5］徐国栋. 罗马破产法研究［J］. 现代法学，2014（1）：9-21.

［6］夏草. 美国银行破产制度扫描［J］. 检察风云，2014（4）：13.

［7］韩玲. 美国商业银行破产法律制度设计对我国的启示探讨［J］.
宿州教育学院学报，2014（6）：17-18.

［8］赵振海，周丹．美国商业银行破产法律制度设计对我国的启示
　　［J］．知识经济，2014（10）：77-78．

［9］行江．德国破产刑法历史之考察［J］．电子科技大学学报（社
　　科版），2014（3）：83-88．

［10］林夕．美国地方政府债运行机制及启示［N］．21世纪经济报
　　道，2014-01-15（11）．

［11］徐美菊．自动冻结制度的利弊分析［N］．江苏经济报，2014-
　　09-17（B03）．

2015 年

［1］刘瀚波．美国地方政府破产制度探析［J］．经济与管理研究，
　　2015（12）：99-108．

［2］贺丹．美国地方政府破产拯救的法律与政治逻辑——以底特律
　　破产为例［J］．上海对外经贸大学学报，2015（6）：46-53，62．

［3］刘翰波．美国底特律破产事件的回顾和启示［J］．地方财政研
　　究，2015（9）：91-96．

［4］伊藤真，崔延花．日本金融机构破产处置法制［J］．中国政法大
　　学学报，2015（5）：37-43，158．

［5］刘瀚波．美国地方政府破产制度研究［J］．武汉金融，2015
　　（5）：38-42．

［6］杨开忠，荣秋艳．美国地方政府破产的经济因素初探［J］．广西
　　社会科学，2015（4）：144-150．

［7］吴三强．中集集团并购海外破产重整企业研究［J］．国际经济合
　　作，2015（4）：60-63．

［8］林燕，马海峰．合并规制"破产公司抗辩"原则的应用及启
　　示——以英国Kingfisher及Stericycle公司收购案为例［J］．枣庄
　　学院学报，2015（6）：105-109．

［9］唐晓晴．澳门破产（无偿还能力）制度检讨［J］．财经法学，
　　2015（3）：51-60．

［10］王庆立，马宇．底特律破产对我国资源型城市的启示［J］．山

东工商学院学报，2015（1）：19-23.

[11] 陈伯明，裘华鸣. 底特律破产案对我国地方政府性债务管理的启示 [J]. 现代商贸工业，2015（2）：50-51.

[12] 刘楠，张俊岩. 美国国际集团破产危机对中国保险业发展的启示 [J]. 生产力研究，2015（2）：89-92.

[13] 龚迎春. 帕尔马俱乐部破产的原因及启示 [J]. 体育成人教育学刊，2015（6）：14-16.

[14] 叶慧珏. 底特律提供了一个破产复苏的"好榜样"[N]. 21世纪经济报道，2015-03-09（17）.

[15] 李慧杰，刘琦敏. 日本地方债：渐变唯不允许地方政府破产未变 [N]. 中国经济导报，2015-04-28（B07）.

2016 年

[1] 陶乾，张世君. 意大利破产和解制度的发展及经验借鉴 [J]. 社会科学战线，2016（10）：216-223.

[2] 张昕. 产权制度演进的政治经济逻辑：来自俄罗斯破产法的证据 [J]. 俄罗斯东欧中亚研究，2016（1）：73-90，157-158.

[3] 赵全厚，王珊珊. 美国地方政府债务危机与债务重组 [J]. 财政科学，2016（3）：5-13.

[4] 赵全厚，王珊珊. 做好应对地方政府债务危机的预案——美国地方政府破产与债务重组的启示与借鉴 [J]. 经济研究参考，2016（9）：73-80.

[5] 胡文强. 巴西公司破产重组实践及对我国处置"僵尸企业"的借鉴 [J]. 经济师，2016（3）：80-81.

[6] 余雪扬. 德国银行破产相关规定对我国的启示 [J]. 时代金融，2016（26）：88，96.

[7] 周强，夏正清，霍玉娟. 英格兰职业足球俱乐部破产重整中的公司治理 [J]. 沈阳体育学院学报，2016（5）：24-29.

[8] 陈夏红. 印度新《破产法》"新"在哪里 [N]. 法制日报，2016-07-13（12）.

［9］陈夏红．外国如何在民法典中回应破产法［N］．法制日报，2016-08-03（11）．

［10］陈夏红．欧盟跨境破产信息登记系统及其启示［N］．法制日报，2016-08-10（11）．

［11］荣郁．美国破产城市为何这么多？［N］．国际商报，2016-08-19（A04）．

（二十）其　　他

1985 年

［1］吴荫祥．初探破产保险［J］．银行与企业，1985（2）：39.

1986 年

［1］破产法［J］．中国经济体制改革，1986（6）：7.

［2］李尚志，何平．打破"大锅饭"的重要措施——就企业破产法的制定访顾明［J］．瞭望周刊，1986（50）：14-15，1.

［3］曹振铺．也谈社会主义企业破产问题——向曹思源同志求教［J］．经济体制改革，1986（1）：24-26.

［4］李昌麒．怎样清理关停企业的债权债务［J］．现代法学，1986（3）：33-35.

［5］刘永贵，靳春明．关于建立破产倒闭企业救济基金探讨［J］．经济体制改革，1986（5）：55-57.

［6］孙云凌．人们能接受《破产法》吗？——对《破产法》实施的社会心理承受能力的调查［J］．瞭望周刊，1986（30）：16-17.

［7］饶原生，余力平．扑朔迷离话"破产"［J］．南风窗，1986（12）：34-35.

1987 年

[1] 王书江. 论破产 [J]. 政法论坛, 1987 (6): 21-27.

[2] 论企业破产法 [J]. 经济与管理研究, 1987 (1): 54-57.

[3] 朱国华. 试论破产清算程序中的合同补救 [J]. 贵州社会科学, 1987 (5): 45-48.

[4] 刘兆年, 肖文通. 企业租赁经营与企业破产法 [J]. 法学研究, 1987 (4): 65-66.

[5] 徐明. 论破产与企业法人所有权 [J]. 西北政法学院学报, 1987 (1): 22-24, 39.

[6] 邓大松. 实行企业破产制度对振兴我国保险事业的重要作用 [J]. 武汉大学学报 (社会科学版), 1987 (3): 25-30.

[7] 储有德. 企业破产法浅谈 [J]. 党政论坛, 1987 (6): 56-57.

[8] 张谦元. 破产制度对甘肃企业的挑战及适应建议 [J]. 开发研究, 1987 (6): 45-47.

[9] 杨凯生. 银行要为《企业破产法》的实施做好准备 [J]. 中国城市金融, 1987 (4): 32-34.

1988 年

[1] 郭晓炜. 第一讲企业破产法 [J]. 企业管理, 1988 (4): 23-25.

[2] 林晓. 试论破产企业合同的履行 [J]. 当代法学, 1988 (2): 30-31.

[3] 顾培东, 张卫平, 赵万一. 浅析破产法实施的文化—心理环境 [J]. 学习与探索, 1988 (6): 92-93.

[4] 薛暮桥. 《企业法》和《破产法》生效以后 [J]. 企业管理, 1988 (7): 4-6.

[5] 吴卫国. 关于破产承包整顿的法律探讨 [J]. 现代法学, 1988 (3): 53-56.

[6] 周汝成. 破产法 [J]. 中国工商, 1988 (10): 32-33.

［7］曹思源．浅谈企业兼并与企业破产法［J］．经济工作通讯，1988
（20）：26-28．

［8］段庆华．企业买卖与企业破产［J］．上海企业，1988（9）：7-9．

1989 年

［1］段庆华．试论破产企业未履行合同的处理——兼与林晓同志商
榷［J］．当代法学，1989（1）：50-53．

［2］李晓春．从企业破产法的实施看设立经济法院的必要性［J］．长
白学刊，1989（3）：62-36．

1990 年

［1］徐寿根．企业兼并优于企业破产［J］．探索，1990（5）：19-21．

1991 年

［1］邢玉卓．淘汰落后企业的可能与途径［J］．银行与企业，1991
（3）：37．

［2］力涛．审理企业破产案应注意社会稳定［J］．法学，1991
（11）：36-37．

［3］周桐年．浅谈企业破产与银行信贷、结算工作——从新光五金
厂破产案中引出的思考［J］．上海金融，1991（1）：17-18．

［4］符绍珊．破产法为何迟迟不能在深圳实施［J］．涉外税务，1991
（11）：46．

［5］王福谦．深圳企业破产为什么这样难？［J］．特区经济，1991
（6）：16-17．

1993 年

［1］刘阳明，马玉昆．关于破产企业的环境管理［J］．中国环境管

理，1993（5）：14.

1994 年

［1］王继民．建立现代企业制度的一种新思路——"破产保护"
［J］．财贸研究，1994（S1）：34-36.

［2］沈寅．行政干预与破产保护——企业"划小核算单位"现象的
剖析［J］．法学，1994（4）：31-32.

1995 年

［1］施晓红．破产纵横谈——访曹思源［J］．经济管理，1995（5）：
47-49.

［2］肖平．论企业主管部门在企业破产中的地位和作用［J］．法律适
用，1995（9）：19-20.

［3］郑育林，白石．关于企业破产的心理障碍问题［J］．交通企业管
理，1995（6）：30-31.

1996 年

［1］熊艳喜．恶意破产的成因与对策［J］．律师世界，1996（1）：
13-15.

1997 年

［1］曹思源．我为《破产法》诞生而奔波（上）［J］．企业销售，
1997（12）：7-11.

［2］冯笠心，孙勇．十年磨一剑　破产风云动——访思源兼并与破
产事务所所长曹思源［J］．企业改革与管理，1997（2）：24-
26.

1998 年

［1］曹思源．我为《破产法》诞生而奔波（下）［J］．企业销售，1998（1）：24-27．

［2］唐俐．企业破产对社会保障制度的挑战［J］．经济论坛，1998（18）：8-9．

［3］韦前．规范企业破产，提高资产运行质量——"完善破产法与推进产权改革研讨会"述要［J］．学术研究，1998（12）：49-51．

［4］王德中．先破产后收购——一起兼并案的启示［J］．财经科学，1998（2）：92-95．

［5］李平．资产重组及其法律调整［J］．社会科学研究，1998（5）：54-60．

［6］郭富青．关于破产企业实行债权股权化再建的构想［J］．甘肃政法学院学报，1998（1）：30-34．

［7］周小全，兰莹．重修《企业破产法》势在必行［J］．法学杂志，1998（2）：41．

［8］李平．资产重组及其法律调整［J］．社会科学研究，1998（5）：54-60．

［9］张红杰．浅析企业破产中银行资产保全存在的问题［J］．经济问题探索，1998（3）：31．

［10］晨笛．回眸10年论"破产" 汇聚羊城献计策 "完善破产法与推进产权改革研讨会"在穗召开［J］．探求，1998（6）：60．

［11］孟丽君．《企业破产法》出台回顾——也谈实践是检验真理的唯一标准［J］．长春大学学报，1998（Z1）：54-55．

1999 年

［1］曹思源．风风雨雨《破产法》［J］．珠江经济，1999（4）：10-

11.

［2］肖周录．陕甘宁边区的破产立法［J］．法学研究，1999（6）：135-141．

［3］朱良好．我国的参与分配制度与破产立法［J］．山东法学，1999（4）：20-23．

［4］刘亚丽．制定行业破产法规完善金融法律体系［J］．经济经纬，1999（4）：75-76．

［5］汪国斌，李玥．企业破产与银行资产保全［J］．中南民族学院学报（哲学社会科学版），1999（S1）：59-60．

［6］王建明，陈红喜．论企业破产过程中银行风险的防范［J］．南京化工大学学报（哲学社会科学版），1999（1）：25-27．

［7］李英敏．论企业破产几要件［J］．沙洋师范专科学报，1999（1）：21-24．

［8］柴荣．论我国破产主体资格的立法完善［J］．内蒙古社会科学（汉文版），1999（5）：26-29．

［9］魏建国，姚莉．企业破产的若干法律问题研究［J］．西北师大学报（社会科学版），1999（1）：88-91．

［10］冯林．市场经济呼唤统一的破产制度［J］．中国律师，1999（3）：64．

［11］慕庆国，梁启华，郑淑芳．实施企业破产制度的思考［J］．经济论坛，1999（14）：9-10．

［12］马行健．企业破产前的一些行为缘何无效［J］．企业活力，1999（2）：34-35．

［13］于金葵．企业破产障碍及法律对策［J］．中国煤炭经济学院学报，1999（1）：51-54．

［14］张建国．适应新形势重修破产法［J］．宿州师专学报，1999（2）：9-10．

［15］朱颖俐．论"破产热"现象的法律对策［J］．福建政法管理干部学院学报，1999（1）：66-69．

［16］陈军．冶金行业最大破产案例分析［J］．中国黄金经济，1999（4）：25-27．

［17］徐静．破产企业债务清偿率低的成因及对策——兼论破产立法的完善［J］．淮阴师范学院学报（哲学社会科学版），1999（5）：63-66．

［18］彭洁．被保证人破产后保证人如何承担民事责任［J］．黑龙江财专学报，1999（3）：57-59．

2000 年

［1］周杰普．金融危机后各国破产法的调整［J］．社会科学，2000（11）：46-48．

［2］韩长印，朱春和．参与分配制度与破产立法［J］．当代法学，2000（1）：54-59．

［3］张艳蕊．破产监督人设置必要性研究［J］．河南大学学报（社会科学版），2000（1）：26-30．

［4］周斌．我国企业法人非破产终止问题［J］．法学，2000（4）：45-46．

［5］李宝成，刘雅丽．浅谈"企业破产与企业兼并"［J］．理论探讨，2000（2）：52-54．

［6］宋小维．破产法的成本与效益［J］．北京科技大学学报（社会科学版），2000（4）：75-80．

［7］陈萍．试析建立企业破产预警制度［J］．陕西省行政学院．陕西省经济管理干部学院学报，2000（2）：46-48．

［8］陆启萍，茅梅．企业破产中的若干法律问题探析［J］．扬州大学税务学院学报，2000（4）：31-33．

［9］张艳蕊．破产监督人性质研究［J］．研究生法学，2000（3）：42-44．

［10］李龙吉．试论破产企业资产流失的渠道及对策［J］．金融科学，2000（2）：62-63，34．

［11］宋承敏．新的"破产法"何时出台［J］．中国经贸导刊，2000（13）：8-9．

[12] 吴亚频. 浅议保证人在破产程序中的保证责任 [J]. 法学天地，2000（5）：20-21.

2001 年

[1] 张怡. 相对破产立法模式——一个新概念的提出 [J]. 现代法学，2001（1）：117-120.

[2] 方丽达. "破产法"就是"保护法"——访中国《破产法》起草人曹思源先生 [J]. 市场观察，2001（8）：76-79.

[3] 鄂眉. 实行企业破产的意义、存在的法律问题及对策 [J]. 中国包装工业，2001（3）：16-18.

[4] 左祥琦. 破产企业的补偿金支付 [J]. 中国人力资源开发，2001（8）：50.

[5] 刘文. 我国破产兼并立法一元化的经济评析 [J]. 现代企业，2001（9）：59-60.

[6] 王东华. 国有煤炭企业关闭破产与《企业破产法》的比较与分析 [J]. 内蒙古煤炭经济，2001（4）：21-22.

[7] 汤茂仁，谭筱清. 破产企业名称权的性质及其消亡 [J]. 人民司法，2001（11）：40-44.

[8] 王宏忠. 企业破产选择与操作 [J]. 中国经贸导刊，2001（3）：15-16.

[9] 汪明. 新破产法出台时机已经成熟 [J]. 开放潮，2001（4）：16-17.

[10] 夏澍. 中国破产法如何投向市场经济——简议《破产法》的立法宗旨 [J]. 鄂州大学学报，2001（2）：65-67.

[11] 曹鹏辉. 构建面向市场的科学破产机制 [J]. 北方经贸，2001（1）：41-42.

[12] 董占涛，孙蕊. 企业破产的税收对策 [J]. 中国财政，2001（7）：31-32.

2002 年

［1］ 汪炜，李欣．我国破产分配的顺位设计［J］．武汉理工大学学报（社会科学版），2002（6）：557-559.

［2］ 蒙连图．完善我国公司非破产清算法律责任的思考［J］．江西社会科学，2002（12）：146-148.

［3］ 范传卿，高红梅，叶岷．依法规范企业破产行为［J］．金融理论与实践，2002（6）：59.

［4］ 李一星，金艳平．破产法重构之我见［J］．河南机电高等专科学校学报，2002（3）：91-93.

［5］ 蒋云贵．论破产能力——WTO 与中国破产立法［J］．湖南行政学院学报，2002（5）：62-64.

［6］ 林志强．破产无效行为立法向可撤销行为立法的转变——论我国《企业破产法（试行）》第 35 条的修改［J］．甘肃政法成人教育学院学报，2002（2）：39-43.

［7］ 于志峰，陈斌．揭开公司面纱理论在破产法中的产生、运用、发展趋势［J］．理论观察，2002（6）：60-61.

［8］ 夏金彪．新破产法即将出炉——李曙光教授谈新破产法的修订［J］．中国军转民，2002（3）：20-21.

［9］ 蒙连图．中国公司非破产清算人制度的缺陷及其完善［J］．社科与经济信息，2002（6）：91-93.

［10］ 耀星．国家将颁发新《企业破产法》［J］．粉末冶金工业，2002（2）：44.

［11］ 李利军，李艳丽，李静宁，李素英．非法人破产制度在构建企业信用中的独特作用［J］．经济论坛，2002（19）：45.

［12］ 杨桦．破产法八年难产起草者大申不满［J］．经济月刊，2002（6）：66-67.

［13］ 李利军，李艳丽，李静宁，李素英．非法人破产制度在构建企业信用中的独特作用［J］．经济论坛，2002（19）：45.

2003 年

[1] 郑金玉，王嘎利. 破产宣告对租赁合同的效力 [J]. 政法论丛，2003（4）：34-36.

[2] 张艳蕊. 破产监督人制度探讨——兼论破产法之修改 [J]. 政法论丛，2003（5）：15-17.

[3] 倪万英. 论我国破产法的适用范围 [J]. 当代法学，2003（4）：69-71.

[4] 姚秀兰. 近代中国破产立法探析 [J]. 现代法学，2003（5）：151-154.

[5] 李云峰. 论公司的破产及其治理 [J]. 广西社会科学，2003（5）：79-81.

[6] 郭平珍，雷富春. 从破产法的性质定位解读其适用范围 [J]. 中共山西省委党校学报，2003（2）：66-67.

[7] 蒙连图. 论我国公司非破产清算种类规定的不足及其完善 [J]. 经济与社会发展，2003（11）：116-118.

[8] 李韶杰. 建立我国破产监督人制度之构想 [J]. 新余高专学报，2003（3）：31-34.

[9] 胡海. 企业破产过程中的税收法律问题 [J]. 税务与经济（长春税务学院学报），2003（4）：63-66.

[10] 杨蓉. 破产机制在公司治理中的作用研究 [J]. 大连海事大学学报（社会科学版），2003（3）：40-43.

[11] 华州羊. 破产清算组织不是用人主体 [J]. 中国劳动，2003（10）：60-61.

[12] 罗襄珑. 私营有限责任公司能不能申请破产？[J]. 经营者，2003（1）：50.

[13] 朱伟一. 《公司破产法》难在哪里？[J]. 企业技术开发，2003（5）：16.

[14] 卢少敦. 论"政策性"破产的若干法律问题 [J]. 福建论坛

（经济社会版），2003（11）：75-77.

[15] 杨信，陈伟斌．破产企业的房地产有关法律问题的探讨［J］．湛江海洋大学学报，2003（2）：104-108.

[16] 贺绍奇．一柄悬在金融机构头上的达摩克利斯之剑——对有关主债务人破产时保证债务诉讼时效的司法解释缺陷的研究［J］．现代商业银行，2003（3）：53-55.

2005 年

[1] 刘珂，章秋琼．刍论恶意破产［J］．理论导刊，2005（2）：71-73.

[2] 董红，王有强．论治理企业破产逃债的法律对策［J］．经济与社会发展，2005（1）：92-94.

[3] 张庭华．恶意破产行为及其防治［J］．晟典律师评论，2005（1）：123-137.

2006 年

[1] 屠有根．破产监督人制度的若干问题［J］．法律适用，2006（4）：54-57.

[2] 王晓鑫．遗产破产能力刍议［J］．经济问题，2006（6）：21-22.

[3] 张晨颖．非法人企业破产能力否认的困境及其出路［J］．人文杂志，2006（4）：53-58.

[4] 李永燕．浅析遗产破产［J］．太原师范学院学报（社会科学版），2006（5）：72-73.

[5] 许浩．起草组专家李曙光谈新《破产法》［J］．中国经济周刊，2006（35）：32-33.

[6] 楼建波，刘燕．信托型资产证券化中的破产隔离——真理还是幻象［J］．金融法苑，2005（11）：9-17.

2007 年

[1] 丁艳．监管机构在银行破产法律制度中的定位 [J]．中国金融，2007（9）：27-29．

[2] 刘黎明．试论刑事破产 [J]．法商研究，2007（2）：98-103．

[3] 李曙光，王佐发．中国破产法实施的法律经济分析 [J]．政法论坛，2007（1）：3-16．

[4] 袁达松．论新破产法实施后我国存款保险制度的协调建构——从推进金融危机管理法治角度展开的分析 [J]．法学评论，2007（6）：35-41．

[5] 邹海林．我国企业再生程序的制度分析和适用 [J]．政法论坛，2007（1）：48-62．

[6] 孙晓敏、潘宜诚．法的溯及力实证分析——以新《企业破产法》为视角 [J]．法学杂志，2007（0）：133-135．

[7] 关迎霞．新《企业破产法》对商业银行的影响解析 [J]．金融理论与实践，2007（4）：63-64．

[8] 梁鸿飞．企业破产、重整与市场机制的完善 [J]．经济评论，2007（3）：128-135．

[9] 曹世中．企业破产法险象藏机 [J]．经理人，2007（7）：63．

[10] 杨娜．企业"破产"逃债及其规制 [J]．法制与社会，2007（6）：94．

[11] 程华邦．企业破产法具体实施需寻求市场化运作方式 [J]．上海国资，2007（9）：48-49．

[12] 董曙光，靳萍．新破产法对我国资本市场发展的影响 [J]．现代商业，2007（13）：150-151．

2008 年

[1] 赵俊．从破产法视角解读公司人格否认制度 [J]．中国社会科学院研究生院学报，2008（1）：101．

［2］檀钊．我国遗产破产制度的制度铺垫与体系归属［J］．牡丹江大学学报，2008（2）：26-28.

［3］刘岚．依法审理破产案件促进经济良性发展［N］．人民法院报，2008-08-18（4）.

［4］谢晓冬．银行破产条例现轮廓或与存款保险同步出台［N］．上海证券报，2008-06-02（1）.

［5］李冀．企业破产了，老名牌价值"归零"？［N］．南京日报，2008-05-05（A07）.

2009 年

［1］曹思源．2008 年破产案件数据出炉［J］．中国审计，2009（2）：11.

［2］曹思源．"破产难"为何见怪不怪［J］．沪港经济，2009（5）：24.

［3］许德风．论破产中尚未履行完毕的合同［J］．法学家，2009（6）：92-104，156.

［4］蒋云贵，柳思维．基于信用危机的破产能力新论［J］．求索，2009（6）：30-32.

［5］卢丹峰．新破产法的实施对银行的影响及应对策略［J］．中国农村信用合作，2009（5）：57-59.

［6］王辉，马思萍．企业破产时金融机构债权保障制度研究［J］．南京财经大学学报，2009（4）：83-86.

［7］威海市中级人民法院课题组，王继青．关于审理破产案件情况的调查报告［J］．山东审判，2009（1）：50-53.

［8］阮加文．绍兴企业破产潮［J］．法人杂志，2009（5）：12-14，16，18-19，96.

［9］陈煜儒．东星航空破产案 19 名飞行员每人被索赔 300 万［J］．法制与经济（中旬刊），2009（8）：4.

［10］朱青沙．连锁性破产应对策略探讨［J］．现代商贸工业，2009（5）：16-17.

［11］魏志义．信托的破产隔离功能探析［J］．商场现代化，2009（12）：284-285.

［12］崔晓红．首例地产破产案，假戏真做［J］．新财经，2009（5）：82-84，6.

［13］付明德．三鹿破产再审视——公司法律风险防范体系缺失的毁灭性打击［J］．董事会，2009（5）：84-86.

［14］杨录海．公司非破产清算通知公告之完善［J］．法制与社会，2009（22）：123.

［15］李诗鸿．破产是为了重生［J］．商周刊，2009（19）：71.

［16］张素伦．论公司非破产清算僵局及其策略［J］．甘肃联合大学学报（社会科学版），2009（1）：69-72.

［17］秋天．建言献策共创未来记第二届"中国破产法论坛"［J］．中国律师，2009（8）：16-19.

［18］赵勇．破产企业资产拍卖与民事执行中拍卖的本质区别［J］．中国拍卖，2009（11）：32-33.

［19］刘念学，颜艳．浅析信托制度中的破产隔离功能［J］．法制与社会，2009（4）：246-247.

［20］廖伟凡．论企业破产与财产管理［J］．重庆广播电视大学学报，2009（4）：28-30.

［21］于伟赞．浅析开发商破产后购房者利益的保护［J］．法制与社会，2009（24）：120-121.

［22］李佳．破产案件中政府职责的履行——以案件受理为切入点［J］．法制与社会，2009（34）：196-197.

［23］何志红．债务人申请破产相关问题探析［J］．消费导刊，2009（24）：124，126.

［24］刘静．试论"无人破产"与"无产可破"［J］．法制与社会，2009（36）：155-156.

［25］马丽．谁将《破产法》束之高阁？［J］．法人杂志，2009（5）：20-23，96.

［26］邵明涛．对关井破产改制企业隐名股东权益法律保护问题的思考［J］．中国煤炭，2009（6）：34-36.

［27］陈云. 破产企业债权清收存在的若干问题及对策 ［J］. 福建法学，2009（3）：84-87.

［28］姜蕊. 浅析企业破产案件中劳动争议纠纷解决途径的完善与不足 ［J］. 商业经济，2009（14）：113-114.

［29］罗海山，栾春娟. 破产法研究国际前沿的可视化分析 ［J］. 学理论，2009（17）：114-116.

2012 年

［1］陈秋兰. 欲穷千里目更上一层楼第五届中国破产法论坛综述 ［J］. 中国律师，2012（12）：39-41.

2013 年

［1］韩长印，何欢. 隐性破产规则的正当性分析——以公司法相关司法解释为分析对象 ［J］. 法学，2013（11）：24-35.

［2］张钦昱. 论融资租赁中的破产 ［J］. 政法论坛，2013（5）：59-68.

［3］娄爱华. 《破产法》第 42 条涉不当得利条款解释论 ［J］. 社会科学，2013（4）：99-106.

［4］金海. 判定融资租赁法律性质的经济实质分析法——以承租人破产时租赁物归属为例 ［J］. 华东政法大学学报，2013（2）：43-49.

［5］李曙光. 我所经历的破产法立法过程 ［J］. 中国经济报告，2013（5）：122-125.

2014 年

［1］屈志一，杨文升. 论破产与国际商事仲裁的冲突及应对——以外国商事仲裁裁决的承认与执行为视角 ［J］. 河北法学，2014（7）：177-184.

[2] 秦春. 知识产权许可人破产情形下的许可使用研究 [J]. 中国版权, 2014（6）：78-82.

[3] 张钦昱. 论许可人破产时对知识产权许可协议的处理 [J]. 经济纵横, 2014（2）：90-93.

[4] 周及真. 从企业破产重组看政府与市场的关系——以无锡尚德为例 [J]. 上海经济研究, 2014（12）：114-121.

[5] 庄加园. 预告登记的破产保护效力 [J]. 南京大学学报（哲学·人文科学·社会科学）, 2014（6）：53-63.

[6] 何嘉. 论不动产预告登记的破产保护效力 [J]. 浙江学刊, 2014（5）：156-162.

[7] 董春华. 生产者破产后产品责任的解决路径 [J]. 南通大学学报（社会科学版）, 2014（4）：35-42.

[8] 段宝玫. 民国时期破产规范在实践中的表达——以商会个案裁断为视角 [J]. 学术探索, 2014（5）：86-89.

[9] 崔文玉. 危机企业治理的法律对策研究 [J]. 政治与法律, 2014（2）：123-133.

[10] 左菲菲, 樊谦谦. 企业破产逃债的成因及对策探索 [J]. 产业与科技论坛, 2014（1）：36-37.

2016 年

[1] 许德风. 破产中的连带债务 [J]. 法学, 2016（12）：94-103.

[2] 浙江省杭州市余杭区人民法院课题组, 罗鑫. 涉房破产企业在建工程续建的困境与解决方法的探索 [J]. 法律适用, 2016（3）：25-29.

[3] 陈政. "和谐人居梦"背景下预告登记效力的拓展思考——以房地产企业破产中购房人的利益保护为视角 [J]. 河北法学, 2016（11）：95-102.

[4] 解正山. 对衍生合同在破产中豁免的反思——系统性风险的视角 [J]. 法学评论, 2016（4）：125-138.

［5］刘颖．反思《破产法》对合同的处理［J］．现代法学，2016（3）：52-61．

［6］刘丽珠．金融合同中破产约定变更条款的效力模式研究［J］．研究生法学，2016（3）：1-33．

［7］李杰海．僵尸企业 ABC 的破产难题［J］．现代国企研究，2016（13）：78-85．

［8］崔景怡．创业企业破产后竞业限制条款还有效吗［J］．企业改革与管理，2016（9）：34，41．

［9］唐卫华．新常态下的企业破产逃债及其法律规制［J］．改革与开放，2016（21）：9-10．

［10］郭峰．对"去产能"过程中企业破产有关问题的研究［J］．经贸实践，2016（10）：82．

［11］王俊凤．企业破产助企业再次腾飞［J］．经营管理者，2016（8）：188．

［12］宋炜．浅议我国破产法上信息披露制度［J］．传播与版权，2016（7）：164-165．

［13］李曙光．我所经历的破产法立法过程［J］．民主与科学，2016（2）：4-7．

［14］谭保罗．淘汰"僵尸企业"，须真正落实《破产法》［J］．南风窗，2016（6）：24-26．

［15］何佳艳．吴晓灵：让"僵尸企业"依法破产出清［J］．投资北京，2016（7）：43-46．

2017 年

［1］陈夏红．我国清算与破产审判庭的设置与运转［J］．甘肃社会科学，2017（1）：164-171．

［2］王志涛，王翔翔．食品企业的风险交流、交易成本与破产风险——基于我国上市公司的经验证据［J］．经济经纬，2017（2）：116-121．

［3］金晓文. 破产程序中的金融合约"安全港"——安全边界的功能性定位［J］. 现代法学，2017（1）：108-116.

［4］陈伟. 共益债务的认定——从"绝对程序标准"到"双重标准"［J］. 南京航空航天大学学报（社会科学版），2017（1）：22-26.

［5］李涛. 第一届破产法珞珈论坛暨《企业破产法》实施十周年纪念研讨会综述［J］. 社会科学动态，2017（7）：119-121.

［6］蓝寿荣，罗梦婷. 银行破产中的监管责任——评苏洁澈著《银行破产监管责任研究》［J］. 审计与理财，2017（3）：44-46.

三、博士学位论文

1994 年

[1] 程清波. 国际破产法研究 [D]. 武汉大学，1994.

1998 年

[1] 石静霞. 跨国破产的法律问题研究 [D]. 武汉大学，1998.

2002 年

[1] 张作顺. 破产程序法律制度研究 [D]. 中国政法大学，2002.

2003 年

[1] 管锡展. 公司破产重组中的产权保护问题研究——兼论中国的破产法改革 [D]. 复旦大学，2003.

2004 年

[1] 文秀峰. 个人破产法律制度研究——兼论我国个人破产制度的构建 [D]. 中国政法大学，2004.

[2] 刘建新. 银行接管及破产法律制度研究 [D]，武汉大学，2004.

2005 年

［1］丁文联. 论企业破产程序中的利益平衡［D］. 对外经济贸易大学，2005.

［2］李洪国. 中国企业破产问题研究［D］. 吉林大学，2005.

［3］汪世虎. 公司重整中的债权人利益保护研究［D］. 西南政法大学，2005.

［4］程春华. 破产救济研究［D］. 西南政法大学，2005.

［5］张玲. 跨境破产合作中的国际私法问题研究［D］. 中国政法大学，2005.

2006 年

［1］钱晓晨. 论我国证券公司破产的法律规制［D］. 对外经济贸易大学，2006.

［2］贺丹. 破产重整控制权的法律配置［D］. 中国政法大学，2006.

［3］金星均. 韩国公司重整制度立法的研究——与中国《企业破产法（草案）》相关规定比较［D］. 中国政法大学，2006.

［4］赵东. 我国担保机构破产掠夺及其监管研究［D］. 上海社会科学院，2006.

［5］王福祥. 破产法理念研究［D］. 吉林大学，2006.

［6］杨学波. 我国银行业破产法律制度分析与构建［D］. 中国政法大学，2006.

［7］马胜. 企业破产制度重构——一个基于相机治理分析的研究框架［D］. 西南财经大学，2006.

［8］吴敏. 论法律视角下的银行破产［D］. 西南政法大学，2006.

［9］王颖. 两类风险模型的破产问题［D］. 中南大学，2006.

［10］杨忠孝. 破产法上的利益平衡问题研究［D］. 华东政法学院，2006.

［11］王晓琼. 跨境破产中的法律冲突问题研究［D］. 华东政法学

院，2006.

[12] 徐彦冰．公司清算法律制度之国际比较 ［D］．华东政法学院，
2006.

[13] 郭新华．家庭借贷、违约和破产 ［D］．华中科技大学，2006.

2007 年

[1] 张宇．资产证券化破产隔离机制的法理基础与中国实践 ［D］．
中国政法大学，2007.

[2] 赵廷军．商业银行破产制度设计研究 ［D］．中国政法大学，
2007.

[3] 赖丕仁．论公司债权人保护制度 ［D］．对外经济贸易大学，
2007.

[4] 刘明尧．破产债权制度研究 ［D］．武汉大学，2007.

[5] 行江．虚假破产罪研究 ［D］．武汉大学，2007.

2008 年

[1] 殷慧芬．消费者破产制度研究 ［D］．上海交通大学，2008.

[2] 陈泽桐．破产管理人制度研究 ［D］．吉林大学，2008.

[3] 吕曜均．海峡两岸困境企业重整程序之比较研究 ［D］．中国政
法大学，2008.

[4] 孙向齐．关联企业破产法律问题研究 ［D］．中国人民大学，
2008.

[5] 李志强．破产管理人民事责任论 ［D］．中国政法大学，2008.

[6] 王佐发．公司重整的契约分析 ［D］．中国政法大学，2008.

2009 年

[1] 齐明．美国破产重整制度研究 ［D］．吉林大学，2009.

[2] 马改云．破产机制、债券价格与最优资本结构的数值模拟与案

例研究 [D]. 暨南大学, 2009.

[3] 王福强. 重整制度营业保护机制研究 [D]. 中国政法大学, 2009.

[4] 禹芳. 俄罗斯破产重整中债权人利益保护法律制度研究 [D]. 中国政法大学, 2009.

2010 年

[1] 兰晓为. 破产法上的待履行合同研究 [D]. 武汉大学, 2010.

[2] 卜璐. 消费者破产法律制度比较研究 [D]. 武汉大学, 2010.

[3] 陈英. 破产重整中的利益分析与制度构造——以利益主体为视角 [D]. 武汉大学, 2010.

[4] 郑维炜. 破产的国际私法问题研究 [D]. 吉林大学, 2010.

[5] 李雪田. 我国反破产欺诈法律制度研究 [D]. 吉林大学, 2010.

[6] 解正山. 跨国破产立法及适用研究——美国及欧洲的视角 [D]. 复旦大学, 2010.

[7] 朱晓燕. 论我国破产企业环境法律责任制度的设立 [D]. 中国海洋大学, 2010.

2011 年

[1] 郑志斌. 公司重整制度下股东权变异研究 [D]. 吉林大学, 2011.

[2] 王建平. 论破产重整中的利益平衡 [D]. 中国政法大学, 2011.

[3] 王龙刚. 救赎与博弈: 公司重整融资的法律制度研究 [D]. 中国政法大学, 2011.

[4] 段政华. 我国企业法人重整制度之研究——以重整计划为中心 [D]. 中国政法大学, 2011.

[5] 李雨松. 我国上市公司破产重整计划研究 [D]. 西南政法大学, 2011.

[6] 李钢. 准金融控股企业集团的发展及其破产风险控制与处置研

究——以德隆案例为背景［D］.电子科技大学，2011.

［7］邢丹.关联企业破产法律制度研究［D］.吉林大学，2011.

［8］方俊.上市公司破产重整的利益平衡论——基于优先权规则的实证研究［D］.华东政法大学，2011.

［9］邓瑾.跨国企业集团破产的国际私法问题研究［D］.武汉大学，2011.

［10］李震东.破产重整制度之债权人利益保护问题研究［D］.武汉大学，2011.

2012 年

［1］李连祺.俄罗斯企业重整制度研究［D］.黑龙江大学，2012.

2013 年

［1］王欣.破产财产制度研究［D］.吉林大学，2013.

［2］陈密.保险风险理论中的破产和分红问题［D］.南开大学，2013.

［3］李琦.美国地方政府破产原因探析［D］.吉林大学，2013.

［4］邹德刚.银行破产法律理论逻辑——一个法律经济学的视角［D］.吉林大学，2013.

［5］周杰明.几类风险模型中的破产问题及最优控制问题研究［D］.湖南师范大学，2013.

［6］张利国.民办学校退出法律问题研究［D］.西南政法大学，2013.

2014 年

［1］杨立.跨境破产法律制度研究［D］.吉林大学，2014.

［2］徐辉.论个人破产制度中的债务人财产［D］.对外经济贸易大学，2014.

［3］ 陈政．破产债权清偿顺序问题研究——以权利冲突及其解决为
视角［D］．西南政法大学，2014．

［4］ 邹杨．中外企业不良资产债务重组方式的法律比较研究［D］．
大连海事大学，2014．

2015 年

［1］ 吴世庸．关于韩国金融机构破产的研究［D］．中国政法大学，
2015．

［2］ 方芸．银行重整法律制度构建——以模式选择为中心［D］．中
国政法大学，2015．

2016 年

［1］ 贾晶．保险公司破产中的保单持有人权益保护比较研究［D］．
对外经济贸易大学，2016．

［2］ 崔艳峰．破产劳动债权优先保护研究［D］．吉林大学，2016．

［3］ 杨东勤．中国商业银行破产法律制度构建研究［D］．对外经贸
大学，2016．

四、法律、司法解释

1986 年

[1] 中华人民共和国企业破产法（试行）［失效］

1990 年

[1] 最高人民法院关于佛山市中级人民法院受理经济合同纠纷案件与青岛市中级人民法院受理破产案件工作协调问题的复函

1991 年

[1] 最高人民法院关于内蒙古化肥生产供销技术服务联营公司申请破产一案的复函

[2] 最高人民法院关于贯彻执行《中华人民共和国企业破产法（试行）》若干问题的意见［失效］

1992 年

[1] 最高人民法院关于胶州市第二棉纺织厂破产一案和佛山市石湾区对外贸易公司诉胶州市第二棉纺织厂联营合同投资纠纷一案有关问题的复函

1993 年

[1] 最高人民法院关于审计（师）事务所执业审计师可以接受清算组的聘任参与企业破产清算的通知

[2] 最高人民法院关于对破产案件的债务人未被执行的财产均应中止执行问题的批复

[3] 最高人民法院关于人民法院受理破产案件后对以破产案件的债务人为被执行人的执行案件均应中止执行给四川省高级人民法院的批复［失效］

1995 年

[1] 最高人民法院关于如何认定中国农业银行湖北省分行国际业务部申请宣告武汉货柜有限公司破产一案中两份抵押合同效力问题的复函

[2] 最高人民法院关于破产债权能否与未到位的注册资金抵销问题的复函

[3] 最高人民法院关于哈尔滨百货采购供应站申请破产一案的复函

1996 年

[1] 最高人民法院关于在破产程序中当事人或人民检察院对人民法院作出的债权人优先受偿的裁定申请再审或抗诉应如何处理问题的批复［失效］

[2] 最高人民法院关于人民法院审理企业破产案件若干问题的紧急通知［失效］

[3] 最高人民法院关于实行社会保险的企业破产后各种社会保险统筹费用应缴纳至何时的批复

1997 年

[1] 最高人民法院关于当前人民法院审理企业破产案件应当注意的几个问题的通知［失效］

[2] 最高人民法院关于上海啤酒厂破产案中转让"天鹅"注册商标问题的答复

[3] 最高人民法院关于对企业法人破产还债程序终结的裁定的抗诉应否受理问题的批复

[4] 最高人民法院关于新疆石河子地区中级人民法院裁定转移给石河子八一棉纺织厂的财产不应列入承德市针织二厂破产财产问题的复函

1998 年

[1] 最高人民法院副院长李国光在全国法院审理企业破产案件工作座谈会上的讲话

[2] 最高人民法院关于贯彻执行《关于当前人民法院审理企业破产案件应当注意的几个问题的通知》第三条应注意的问题的通知

2000 年

[1] 最高人民法院关于企业被人民法院依法宣告破产后在破产程序终结前经人民法院允许从事经营活动所签合同是否有效问题的批复［失效］

2001 年

[1] 最高人民法院关于人民法院在审理企业破产和改制案件中切实防止债务人逃废债务的紧急通知

[2] 最高人民法院关于审理军队、武警部队、政法机关移交、撤销

企业和与党政机关脱钩企业相关纠纷案件若干问题的规定

2002 年

[1] 最高人民法院关于破产企业拖欠税金是否受破产法规定的破产债权申报期限限制问题的答复

[2] 最高人民法院关于企业离退休人员的养老保险统筹金应当列入破产财产分配方案问题的批复 [失效]

[3] 最高人民检察院关于涉嫌犯罪单位被撤销、注销、吊销营业执照或者宣告破产的应如何进行追诉问题的批复

[4] 最高人民法院关于审理企业破产案件若干问题的规定

[5] 最高人民法院副院长李国光在公布最高人民法院《关于审理企业破产案件若干问题的规定》新闻发布会上的讲话

[6] 最高人民法院关于人民法院在审理企业破产案件中适用最高人民法院《关于审理企业破产案件若干问题的规定》的通知

2003 年

[1] 最高人民法院关于蓬莱京鲁通讯视像设备厂破产还债案有关法律适用问题的复函

[2] 最高人民法院关于破产企业国有划拨土地使用权应否列入破产财产等问题的批复

[3] 最高人民法院关于河南省高级人民法院就郑州亚细亚五彩购物广场有限公司破产一案中董桂琴等 50 家商户能否行使取回权问题请示的答复

[4] 最高人民法院关于对《最高人民法院关于审理企业破产案件若干问题的规定》第五十六条理解的答复

[5] 最高人民法院关于外商投资企业特别清算程序中法院应否受理当事人以侵权为由要求返还财产或物品诉讼请求问题的请示的复函

2004 年

[1] 最高人民法院对《关于审理企业破产案件若干问题的规定》第三十八条、第四十四条第二款的理解与适用的请示的答复

[2] 最高人民法院关于破产清算组在履行职责过程中违约或侵权等民事纠纷案件诉讼管辖问题的批复

[3] 最高人民法院关于如何理解《最高人民法院关于破产法司法解释》第六十八条的请示的答复

2005 年

[1] 最高人民法院副院长奚晓明在全国部分中、高级人民法院审理证券公司破产案件座谈会上的讲话（节选）

2006 年

[1] 中华人民共和国企业破产法

[2] 最高人民法院关于适用《中华人民共和国公司法》若干问题的规定（一）

2007 年

[1] 最高人民法院关于执行《最高人民法院审理企业破产案件指定管理人的规定》、《最高人民法院审理企业破产案件确定管理人报酬的规定》几个问题的通知

[2] 最高人民法院关于审理企业破产案件确定管理人报酬的规定

[3] 最高人民法院关于审理企业破产案件指定管理人的规定

[4] 最高人民法院关于《中华人民共和国企业破产法》施行时尚未审结的企业破产案件适用法律若干问题的规定

[5] 最高人民法院关于执行《最高人民法院关于〈中华人民共和国

企业破产法〉施行时尚未审结的企业破产案件适用法律若干问题的规定》的通知

[6] 最高人民法院副院长奚晓明在全国法院证券公司破产案件审理工作座谈会上的讲话——公正高效审理证券公司破产案件，为巩固证券公司综合治理成果、促进证券市场健康发展提供有力司法保障

[7] 最高人民法院民二庭庭长宋晓明在全国法院证券公司破产案件审理工作座谈会上的总结讲话

2008 年

[1] 最高人民法院关于债权人对人员下落不明或者财产状况不清的债务人申请破产清算案件如何处理的批复

[2] 最高人民法院关于适用《中华人民共和国公司法》若干问题的规定（二）（2014 年修订）

2009 年

[1] 最高人民法院关于正确审理企业破产案件为维护市场经济秩序提供司法保障若干问题的意见

[2] 最高人民法院副院长奚晓明在第二届中国破产法论坛上的讲话——正确审理企业破产案件为维护市场经济秩序提供司法保障

[3] 最高人民法院关于上诉人宁波金昌实业投资有限公司与被上诉人西北证券有限责任公司破产清算组取回权纠纷一案的请示的答复

[4] 最高人民法院关于受理借用国际金融组织和外国政府贷款偿还任务尚未落实的企业破产申请问题的通知

[5] 最高人民法院关于依法审理和执行被风险处置证券公司相关案件的通知

[6] 最高人民法院印发《关于审理公司强制清算案件工作座谈会纪

要》的通知

2010 年

[1] 最高人民法院关于部分人民法院冻结、扣划被风险处置证券公司客户证券交易结算资金有关问题的通知

[2] 最高人民法院关于广州金丰房地产有限公司清算纠纷系列案若干问题的请示的复函

[3] 最高人民法院关于对因资不抵债无法继续办学被终止的民办学校如何组织清算问题的批复

2011 年

[1] 最高人民法院关于适用《中华人民共和国企业破产法》若干问题的规定（一）

[2] 最高人民法院关于正确适用《中华人民共和国企业破产法》若干问题的规定（一）充分发挥人民法院审理企业破产案件司法职能作用的通知

[3] 最高人民法院关于印发《管理人破产程序工作文书样式（试行）》的通知

[4] 最高人民法院关于印发《人民法院破产程序法律文书样式（试行）》的通知

[5] 最高人民法院关于适用《中华人民共和国公司法》若干问题的规定（三）

2012 年

[1] 最高人民法院关于税务机关就破产企业欠缴税款产生的滞纳金提起的债权确认之诉应否受理问题的批复

[2] 最高人民法院印发《关于审理上市公司破产重整案件工作座谈会纪要》的通知

［3］最高人民法院关于个人独资企业清算是否可以参照适用企业破产法规定的破产清算程序的批复

2013 年

［1］最高人民法院关于适用《中华人民共和国企业破产法》若干问题的规定（二）

2014 年

［1］最高人民法院关于人民法院为企业兼并重组提供司法保障的指导意见

［2］最高人民法院针对山东省高级人民法院就处置济南彩石山庄房屋买卖合同纠纷案请示的答复

2016 年

［1］最高人民法院关于依法开展破产案件审理积极稳妥推进破产企业救治和清算工作的通知

［2］最高人民法院发布 10 起关于依法审理破产案件、推进供给侧结构性改革典型案例

［3］最高人民法院印发《关于在中级人民法院设立清算与破产审判庭的工作方案》的通知

［4］最高人民法院关于调整强制清算与破产案件类型划分的通知

［5］强制清算与破产案件信息业务标准

［6］最高人民法院关于企业破产案件信息公开的规定（试行）

［7］最高人民法院关于印发《企业破产案件法官工作平台使用办法（试行）》的通知

［8］最高人民法院关于印发《企业破产案件破产管理人工作平台使用办法（试行）》的通知

［9］最高人民法院关于破产案件立案受理有关问题的通知

［10］最高人民法院印发《关于进一步做好全国企业破产重整案件信息网推广应用工作的办法》的通知

2017 年

［1］最高人民法院关于执行案件移送破产审查若干问题的指导意见

五、案 例 选 集

2003 年

※［1］广东国际信托投资公司破产案，《最高人民法院公报》2003
年第 3 期①

2007 年

［1］朝华科技（集团）股份有限公司破产重整案（2007）渝三中民
破字第 2 号

［2］袁建华诉浙江海纳科技股份有限公司申请破产重整纠纷案
（2007）杭民二初字第 184 号

［3］沧州化学工业股份有限公司股份有限公司（2007）沧民破字第
6-11 号

［4］兰宝科技股份有限公司（2007）长民破字第 21-1 号

［5］天发石油股份有限公司（2007）鄂荆中民破字第 13-5 号

［6］天颐科技股份有限公司（2007）鄂荆中民破字第 14-5 号

［7］长岭（集团）股份有限公司（2007）宝市中法破字第 14-1 号

---

① 标※的为《最高人民法院公报》刊载的案例。

2008 年

[1] 中国农业银行苏州市吴中支行等申请雅新电子（苏州）有限公司破产重整案（2008）吴民破字第 1-2 号

[2] 昆明聚仁兴橡胶有限公司破产重整案（2008）昆民重整字第 1-14号

[3] 无锡长椿金属制品有限公司破产重整案（2008）锡破字第 4 号

[4] 无锡明特化纤有限公司破产重整案（2010）锡破字第 6 号

[5] 广东华龙集团股份有限公司（2008）阳中法民破字第 3-23 号

[6] 星美联合股份有限公司（2008）渝三中民破字第 1-3 号

[7] 焦作鑫安科技股份有限公司（2008）焦民破字第 2-1 号

[8] 上海华源股份有限公司（2008）沪二中民四（商）破字第 2-1 号

[9] 山东九发食用菌股份有限公司（2008）烟民破字第 6-4 号

[10] 承德帝贤针纺股份有限公司（2008）承民破字第 9 号

[11] 广西北生药业股份有限公司（2008）北破重字第 1-5 号

[12] 河北宝硕股份有限公司（2008）保民破字第 6-14 号

2009 年

[1] 江苏群发化工有限公司破产清算案（2009）扬民破字第 0001-22 号

[2] 厦门火炬集团有限公司与夏新电子股份有限公司申请破产重整纠纷案（2009）厦民破字第 01 号

[3] 佳通科技（苏州）有限公司申请破产重整案（2009）吴民破字第 2 号

[4] 纵横集团"1+5"公司合并破产重整案（2009）浙绍商破字第 1、2、3、4、5、6 号

[5] 广东中谷糖业集团有限公司及其下属公司破产重整案（2009）湛中法民破字第 13、14、15、16、17、18、19、20 号

［6］华伦集团有限公司破产重整案（2009）杭富商破字第 2 号

［7］宁波华辰君临房地产开发管理有限公司破产重整案（2009）甬仑商破字第 1-7 号

［8］新太科技股份有限公司（2009）番法民破字第 1-5 号

［9］丹东化学纤维股份有限公司（2009）丹民三破字第 2-3 号

［10］陕西秦岭水泥（集团）股份有限公司（2009）铜中法民破字第 01-15 号

［11］夏新电子股份有限公司（2009）厦民破字第 01-3 号

［12］光明集团家具股份有限公司（2009）伊商破字第 1-5 号

［13］深圳市深信泰丰（集团）股份有限公司（2009）丹民三破字第 2-25 号

［14］咸阳偏转股份有限公司（2009）咸民破字第 00001-9 号

2010 年

［1］浙江溢佳香食品集团有限公司等四公司破产重整案（2010）浙杭商破字第 1、2、3、4 号

［2］建德市新安江镍合金有限公司破产重整案（2010）杭建商破字第 3 号

［3］舟山市华泰石油有限公司破产重整案（2010）舟普商破字第 1 号

［4］广东省盛润集团股份有限公司（2010）深中法民七重整字第 5-1 号

［5］创智信息科技股份有限公司（2010）深中法民七重整字第 6-1 号

［6］上海华源企业发展股份有限公司（2010）沪二中民四（商）破字第 1-1 号

［7］广夏（银川）实业股份有限公司（2010）银民破产字第 2 号

［8］四川金顶（集团）股份有限公司（2010）乐民破（裁）字第 1-1 号、（2010）乐民破（通）字第 1-2 号、（2010）乐民破（决）字第 1-1 号

［9］锦化化工集团氯碱股份有限公司（2010）葫民二破字第 00001号

［10］辽源得亨股份有限公司（2010）辽民破字第 1 号

［11］浙江天听纸业有限公司破产重整案（2009）金浦商破字第 2 号

2011 年

※［1］青岛源宏祥纺织有限公司诉港润（聊城）印染有限公司取回权确认纠纷案，《最高人民法院公报》2012 年第 4 期

［2］宁波市唐鹰服饰有限公司破产重整案——"经营转让"与"重整计划附条件"提高重整成功率（2011）甬奉商破字第 1 号

［3］四川方向光电股份有限公司（2011）内民破字第 1 号

［4］中国科健股份有限公司（2011）深中法民七重整字第 1 号民事裁定书

［5］西安宏盛科技发展股份有限公司（2011）西民四破字第 00007-145 号

［6］延边石岘白麓纸业股份有限公司（2011）延中民三破字第 1 号

2012 年

※［1］深圳市佩奇进出口贸易有限公司与湖北银行股份有限公司宜昌南湖支行、华诚投资管理有限公司破产债权确认纠纷案（2012）民申字第 386 号

※［2］闽发证券有限责任公司与北京辰达科技投资有限公司、上海元盛投资管理有限公司、上海全盛投资发展有限公司、深圳市天纪和源实业发展有限公司合并破产清算案，《最高人民法院公报》2013 年第 11 期

［3］建德市金太阳假日宾馆有限公司破产重整案（2012）杭建商破字第 2 号

［4］温州海鹤药业有限公司、温州市兴瓯医药有限公司申请破产重

整案——公司财产与股东财产混同情况下债权审查标准的确立（2012）浙温商破字第 1、2-4 号

[5] 中核华原钛白股份有限公司（2012）嘉破字第 01 号

[6] 山东海龙股份有限公司（2012）潍破字第 1 号

[7] 金城造纸股份有限公司（2012）锦民一破字第 00015 号

[8] 深圳中华自行车（集团）股份有限公司（2012）深中法破字第 30 号

[9] 新疆中基实业股份有限公司：（2012）农六法破字第 01 号和（2012）农六法破字第 01-1 号

2013 年

[1] 肖法清等诉河南省明港莹石（集团）总公司破产清算组追索劳动报酬纠纷一审民事判决书（2013）平民初字第 0151 号/2015.08.30

[2] 浙江虹桥控股集团有限公司破产重整案（2013）湖长商破字第 1 号/2013.09.22

[3] 葫芦岛锌业股份有限公司（2013）葫民二破字第 0001-3 号

[4] 江苏中达新材料集团股份有限公司（2013）锡破字第 0007 号、（2013）锡破字第 0007-4 号

[5] 青海贤成矿业股份有限公司（2013）号宁民二破字第 002-5 号

[6] 长航凤凰股份有限公司（2013）鄂武汉中民商破字第 1 号

2014 年

[1] 王洪亮与江苏奥法玛维生素有限公司破产债权确认纠纷一审判决书（2014）沭商初字第 01078 号

[2] 江苏联泰生物科技有限公司与江苏奥法玛维生素有限公司破产债权确认纠纷一审判决书（2014）沭商初字第 01116 号

[3] 尤东亚与江苏奥法玛维生素有限公司破产债权确认纠纷一审判

决书（2014）沭商初字第 01102 号

［4］刘正东与江苏奥法玛维生素有限公司破产债权确认纠纷一审判
决书（2014）沭商初字第 01100 号

［5］孙以法诉泗洪光发彩印包装有限公司破产债权确认纠纷案
（2014）洪商初字第 00524 号

［6］张惠与江苏奥法玛维生素有限公司破产债权确认纠纷案（2014）
沭商初字第 01069 号

［7］南通鼎基化工科技有限公司与江苏奥法玛维生素有限公司破产
债权确认纠纷一审判决书（2014）沭商初字第 1047 号

［8］山东省济阳县农业机械公司破产还债清算组诉魏法廷侵权纠纷
一审民事判决书（2014）济阳民初字第 619 号

［9］上海超日太阳能科技股份有限公司（2014）沪一中民四（商）
破字第 1-1 号

［10］江苏霞客环保色纺股份有限公司（2014）锡破字第 0009 号申
请破产重整一案破产清算民事裁定书

2015 年

［1］余汝法与仙居机械厂破产清算组保险纠纷一审判决书（2015）
台仙民初字第 1249 号

［2］原告吉林省交通建设集团有限公司与被告闫法志破产债权确认
纠纷案（2015）长经开民初字第 01728 号

［3］黄甫法与佛山市焕发排栅工程服务有限公司职工破产债权确认
纠纷一审民事裁定书（2015）佛城法湾民初字第 359 号

［4］浙江浦江宏业有限公司破产管理人与赵仲法、张序庆等请求撤
销个别清偿行为纠纷一审判决书（2015）金浦商初字第 1950 号

［5］深圳新都酒店股份有限公司（2015）深中法破字第 100 号

［6］新疆亿路万源实业投资控股股份有限公司（2015）塔中民破字
第 1-11 号

［7］江苏舜天船舶股份有限公司（2015）宁商破字第 26 号

2016 年

[1] 梅丐法等与楠溪江农业集团有限公司职工破产债权确认纠纷一审判决书（2016）浙 0324 民初 3794 号

[2] 定陶县黄店供销合作社破产管理人与陈程法排除妨害纠纷一审判决书（2016）鲁 1727 民初 1630 号

[3] 刘小法诉济源市邵原焦化有限责任公司破产债权确认纠纷一审判决书（2016）豫 9001 民初 1343 号

[4] 川化股份有限公司（2016）川 01 民破 1-1 号

[5] 云南云维股份有限公司（2016）云 01 民破 6 号

2017 年

[1] 象山华坤汽车销售有限公司破产管理人等诉杨法增、蒋伟等请求撤销个别清偿行为纠纷一审民事裁定书（2017）浙 0225 民初 1325 号

后 记

　　最近三十年来，我国破产法领域涌现了大量优秀成果，涉及破产法理论研究、立法、司法等方方面面。如何快速地从众多的文献中提取最为切合的资料是我们在研究破产法时经常遇到的问题。基于此，我们编写本书，试图为学者和实务工作者提供一本实用的资料索引。为了尽可能囊括所有研究成果，除了在网上搜集之外，我们还前往包括武汉大学在内的几所高校图书馆搜集纸质文献资料。文献搜集工作完成后，我们对所有文献进行筛选，剔除了属于会计学、审计学等研究领域的著作和文章，删除了仅以破产法基础知识、时事新闻、法律法规介绍等为内容的文章。资料群初步形成后，为增强本书的实用性，我们将大量的期刊、报纸文章细分为二十个小专题。经过反复的调整与校对，最终形成本书。本书定有疏漏与不足之处，敬希读者批评。

　　在本书即将付梓之际，特别感谢武汉大学法学院民商法研究生谭俊楠、陈雯、高琪、李小勤、冯令泽南、陈碧盈、周雯瑶、余江波、李晨等同学在本书编写过程中付出的艰辛劳动。

　　感谢武汉大学出版社终审室郭园园主任、陈帆编辑以及其他工作人员！正是你们以专业的编辑素养和严谨的工作态度对本书进行严格把关和细致编校，才使本书得以顺利出版！

张善斌　宁　园

2017 年 10 月